한류, 다음

한류, 다음

United States
Canada
United Kingdom
Australia

권역특서 영어권 편

0. 한류의 주류 담론 확장하기 ──────── 1. '링구아 프랑카', 공통어로서의 영어와 문화적 함의 ──────── 2. 미국 사회와 샤이 케이팝 팬 / 2022년 미국 사회와 한류 / 한류는 1인치의 장벽을 넘어섰을까 ──────── 3. 캐나다 문화와 한류 / 스토리텔링을 통한 한국과 캐나다의 문화교류 ──────── 4. 영국에서의 한류 소프트파워, 현실 혹은 허상 / 영국에서 찾은 K-Food의 과거와 현재 그리고 미래 ──────── 5. 유럽-북미와 아시아의 절충적 선택자, 호주 / 다양성 속의 한류

KOFICE

목차

0. 프롤로그: 한류의 주류 담론 확장하기: ········· 8
   '이미 와 아직 Already but not yet'의 경계에서
   조소영 한국국제문화교류진흥원 조사연구팀 연구원

1. '링구아 프랑카', 공통어로서의 영어와 문화적 함의 ········· 22
   신견식 번역가·저술가

2. 미국 United States
   1) 미국 사회와 샤이 케이팝 팬 ········· 50
      방희경 서강대학교 서강대 국제한국학선도센터 연구교수
   2) 2022년 미국 사회와 한류: 미국 주류사회가 바라보는 ········· 78
      한류와 케이팝 팬덤
      강기향 한국국제문화교류진흥원 미국(뉴욕) 통신원
   3) 한류는 1인치의 장벽을 넘어섰을까: '코리아부'에 대한 ········· 100
      언론분석과 빌보드 칼럼리스트 제프 벤자민 인터뷰
      박지윤 한국국제문화교류진흥원 미국(LA) 통신원

3. 캐나다 Canada
   1) 캐나다 문화와 한류: 상호 존중과 공감의 미학 ········· 130
      강석진 한국항공대학교 자유학부 학부장·**고미진** 주한캐나다 대사관 수석공보관

Contents

  2) 스토리텔링을 통한 한국과 캐나다의 문화교류 ·············· 155
    고한나 KOFICE 캐나다(토론토) 통신원

4. **영국** United Kingdom
  1) 영국에서의 한류 소프트파워, 현실 혹은 허상 ·············· 186
    김화정 이화여자대학교 국제지역연구소 학술연구교수

  2) 영국에서 찾은 K-Food의 과거와 현재 그리고 미래 ······ 216
    윤태연 한국국제문화교류진흥원 영국(케임브리지) 통신원

5. **호주** Australia
  1) 유럽-북미와 아시아의 절충적 선택자, 호주 ····················· 240
    신성철 뉴사우스웨일즈대학교 한국학과 교수

  2) 다양성 속의 한류: 앤디 트리우, 블레어 윌리엄스, ·········· 267
    러셀 애드워즈 인터뷰
    김민하 한국국제문화교류진흥원 호주(시드니) 통신원

0
프롤로그

Prologue

한류의 주류 담론 확장하기:
'이미와 아직 Already but not yet'의 경계에서

조소영 한국국제문화교류진흥원 조사연구팀 연구원

언어와 문화의 연결고리: 영어와 한류

 2021년, 서구권을 대표하는 온라인 커뮤니티인 '레딧Reddit'에 흥미로운 포스팅이 게재됐다. '당신의 나라에서 한류의 영향은 얼마나 큰가? 한류가 미국의 문화적 영향력을 능가할 것이라 생각하는가?'라는 주제였다. 게시글에는 총 146개의 댓글이 달렸는데, 다양한 견해를 종합하자면 케이팝과 드라마를 필두로 한 한류 현상은 상대적으로 낮은 연령대의 여성 사이에서 주로 관찰되기는 하나, 그 영향력이 미국의 문화적 영향을 압도할 정도는 아니라는 것이었다.◆ 한류가 미국문화와 비견되거나 그 이상이라고 평가한다든가, 한류는 없다고 주장한 유저도 있었다. 물론 레딧 이용자들의 의견이 실제 한류 소비자의 패턴을 정확히 반영한다고 볼 수는 없다. 그러나 한류가 한국을 넘어 지구적 차원에서 논의되고 있는 현상이 관찰된다는 점은 고무적이며, 한류가 해외 소비자에게 어떻게 인식되고 있는지를 파악할 수 있는 단서가 된다는 점에서 주목할 만하다.

◆ 현재 해당 게시글은 삭제되었으나, 이용자들이 견해를 공유한 댓글은 확인이 가능하다. https://www.reddit.com/r/AskEurope/comments/mu2uw8/deleted_by_user/?sort=new

레딧의 게시글은 '한류는 주류문화인가'의 문제와도 연관된다. 이 의문은 한국문화의 해외 진출과 여러 성과에 늘 그림자처럼 뒤따라온 것이기도 하다. 한류가 글로벌 문화계에서 주류라고 평가받아야만 하는 이유도, 흔히 말하는 '주류사회'의 구성원이 소비하는 콘텐츠가 되어야 할 당위성도 없지만, 현재의 한류 담론을 다음 세대의 한류, 혹은 한류 이후로 발전시키기 위해 현 상황에 대한 정확한 진단은 거쳐야 할 관문이다. 이러한 논의는 '한류는 명백한 주류문화'라든지 '한류는 특정 계층에 한정하여 소구가 있는 하위문화'라는 이분법적인 명제보다는 글로벌 주류로 불리는 향유자에 대한 이해와 그들의 문화 그리고 그 속에서 한류가 상호작용하는 형태와 맥락 등 여러 준거들을 다층적으로 살피는 작업이 동반되어야 한다.

이러한 점에서 언어적 접근은 효과적인 지표다. 언어와 문화는 상호 밀접한 관계성을 지니고, 커뮤니케이션의 기반이 되는 언어가 문화의 전달과 수용에서 핵심 역할을 하기 때문이다. 특히 영어는 모국어 구사자와 영어를 공용어公用語로 사용하는 인구를 비롯해 링구아 프랑카Lingua Franca, 즉 서로 다른 모국어를 사용하는 화자들이 의사소통을 위해 사용하는 공통어共通語로서의 사용 인구까지 합산하면 약 14억 5,200만 명으로, 전 세계 언어 중 구사자가 가장 많은 언어이다(Ehonologue, 2022). 아울러 영어는 영어권 국가뿐 아니라 전 세계 청년 세대가 국적에 구애 없이, 특히 디지털 환경에서 구사하는 언어라는 점에서 글로벌 문화의 한 갈래로서의 한류에 시사하는 바가 크다. 문화는 언어를 매개로 형성되고 확산하기 때문이다.

앞서 언급한 언어와 문화의 관계성을 고려했을 때, 영어는 지구적 차원에서 문화적으로도 가장 큰 영향력을 행사하는 언어가 된다. 이를 뒷받침할 수 있는 근거 중 하나로 영어권의 주요 국가로 지칭되는 미국, 캐나다, 영국, 호주가 글로벌 컨설팅 업체 브랜드파이낸스$^{Brand\ Finance}$가 발표한 「글로벌 소프트파워 지수$^{Global\ Soft\ Power\ Index}$」에서 상위권을 기록하고 있다는 점을 들 수 있다. 2022년 발표된 해당 조사의 문화 부문에서 미국, 캐나다, 영국, 호주는 각각 1위, 4위, 10위, 12위를 기록했다(Brand Finance, 2022).◆

한편, 영어는 영어권 시민 대다수가 상호 소통을 위해 사용하는 언어라는 일차원적 기능에 더불어 다양한 인종적·민족적 배경을 보유한 다문화사회의 통합을 위한 정책적 수단으로 활용되어 온 언어이기도 하다. 그 속에서 이민자들의 모국어도 공존하고 있다는 언어적 특성은 영어권 사회의 다문화주의 표방을 방증한다.

종합하자면 영어권, 특히 주요 4개 국가에서 한류는 그만큼 두텁고도 다양한 언어적·문화적 정체성을 지닌 대중들에게 수용되는 한편, 일련의 특성들은 최근 한류가 영어권에서 다양성을 상징하는 문화적 아이콘으로서 작용하는 추세와 결부된다는 특수한 맥락을 형성하고 있다. 이에 『한류, 다음』은 영어라는 언어로 문화권을 설명하면서, 영어권 주요 4개 국가의 문화적 맥락이라는 큰 틀 속에서 한류 현상과 문화 간 상호작용에 대하여 조망하고자 한다.

◆ 「글로벌 소프트파워 지수」를 산정하는 기준은 문화 외에도 인구수, 친근감, 명성, 기업환경, 국제관계, 교육, 코로나19 위기 대응 등을 포함한다. 종합 순위에서는 미국이 1위, 영국이 2위, 캐나다가 7위, 호주가 13위를 기록했다. 자세한 순위는 브랜드파이낸스의 웹사이트(https://brandirectory.com/softpower)를 참조.

한류는 허상 아닌 현실, 그러나 뒤따르는 비하와 팬덤의 대응

영국은 20세기에 접어들며 과거 제국주의에서 현대 자유민주주의를 선도하는 국가로의 변환을 실천했다. 신자유주의의 핵심 가치는 '영국적인 규범'을 형성했고, 이는 서구권의 보편적 규범으로 확장되면서 영국은 자유주의를 선도하는 리더십을 행사하고 있다. 이와 함께 비틀즈의 유산을 등에 업고 대중문화의 전 세계적인 성공사례 등을 선도하게 되면서, 영국 사회를 관통하는 영국적인 것Britishness에 대한 영국인의 자부심은 매우 높다. 2021년 아카데미 시상식에서 여우조연상을 수상한 윤여정의 수상 소감처럼 이처럼 '콧대 높은snobbish' 영국에서 한류는 주영한국문화원을 개원함으로써, 다양한 교류사업을 통해 확산되며 민간 주도의 팬덤 활동이 안착될 수 있는 기틀을 마련했다. 더불어 온라인 공간에서 이루어지는 활발한 소셜미디어 활동과 맞물려 영국에서 한류는 더욱 확산되고 있다. 물론 영국에서의 한류는 주 향유층이 아시아계 영국인이고, 케이팝을 소비하는 계층이 젊은 세대에 한정돼 있어 때때로 '비주류 문화 현상'이라는 꼬리표가 붙기도 하지만, 1960년대 중반부터 다문화사회로 진입한 영국에서 한류는 인종·세대 간 화합을 도모하며, 영국의 미래가치를 대변하는 전략적 매개가 될 수 있다. 아울러, 런던과 몇몇 대도시를 제외하고 한국 문화에 대한 인지도가 낮다는 사실만으로 런던에서 감지되는 한류를 간과해서는 안 된다. 런던은 세계 문화의 중심지이자 영국적 정체성을 일으키는 원천이기 때문이다. 본고는 이러한 점을 종합하여 영국에서 한류 현상을 소프트파워 관점에서 분석하는 한편, 한류가 특유의 미덕과 실천력,

그리고 커뮤니케이션 방식에 힘입어 보편적 영어권 문화 속에서 영향력을 발휘하는 과정에 대해 살폈다.

이처럼 영어권에서 한류는 소프트파워를 형성하며 영향력을 지속적으로 확대하고 있지만, 한류를 향한 혐오와 비하 역시 빈번히 함께 관찰된다. 미국의 주류사회가 미국의 케이팝의 팬덤을 비하하기 위해 만든 용어인 '코리아부Koreaboo'는 혐오 표현의 구체적 사례다. 코리아부는 한국과 한국인, 한국 대중문화에 과도한 집착을 보인 나머지 한국어를 무작위로 사용하고 한국인처럼 행동하며 한국인 애인을 갖고 싶어하는 사람들을 의미한다. 이 용어를 사용하는 사람들은 코리아부가 한국문화에 과도한 집착을 보여 나머지 다른 문화를 비난한다며 용어의 사용을 합리화하는 양상을 보인다. 그러나 그 이면에 한국과 아시아 문화에 대한 비하의 시선이 존재한다는 점은 부인할 수 없다. 코리아부라는 낙인은 미국인을 향해 있지만, 미국 사회에 존재하는 한국문화에 대한 비하의 의미를 담고 있기 때문이다. 이에 미국의 한류 수용자들은 미국 주류의 담론에 대항하여 대안 담론을 생산하여 대응하기도 하지만, 그와 동시에 비하의 시선을 의식해 침묵으로 일관하며 공개적으로 자신이 케이팝의 팬임을 드러내지 않는 '샤이 케이팝 팬Shy K-Pop Fan'의 입장을 보인다. 『한류, 다음』은 이처럼 수용자 간 상반된 특성을 분석하는 한편, 부머세대Boomer Generation◆부터 Z세대까지의 다양한 사회 구성원이 한류를 어떻게 인식하고 있는지 대담을 통해 구체화했다.

◆ 1946년부터 1964년 사이, 제2차 세계대전 이후 약 10년간 태어난 미국인을 일컫는 용어로, 2019년 기준 부머세대는 미국 전체 인구의 21.19%를 차지한다.

더 나은 문화교류를 위한 문화권 이해:
수교 60주년 호주와 캐나다

한류가 글로벌 문화 향유자들과 소통하며 확산되기 위해서는 해당 문화권을 구성하는 역사와 전통, 문화에 대한 이해가 선행되어야 한다. 호주와 캐나다는 각각 2021년, 2023년에 한국과의 수교 60주년을 맞이하는 국가로, 이를 기념하기 위한 다양한 문화교류 프로그램이 기획·추진돼 오고 있다. 수교 계기는 상대 국가에 대한 깊은 이해를 도모할 기회가 되기도 한다.『한류, 다음』은 이와 같은 맥락에서 그들의 문화를 이해하고, 상호 협력과 공조를 더욱 공고히 하고자 두 국가의 핵심 가치와 사상 등, 문화연구의 큰 틀 속에서 한류를 조망했다.

국제사회에서 호주는 여러 의제에 당당히 발언하고 개입하고 공헌하면서 국익에 따라 절충적인 선택을 하는 국가다. 즉, 호주는 미국과 외교·안보·군사적으로 동조를 이루는 한편, 문화적으로는 영국으로 대표되는 유럽의 문화에 뿌리를 두고 있고, 경제 교류와 무역은 주로 동북아시아와 이루는 '절충적 선택자'인 것이다. 일련의 기회를 선택하게 하는 호주의 소프트파워의 배경에는 크게 세 가지의 요소가 복합적으로 작용하고 있다. 첫째는 안정적으로 운영되는 민주주의 정치 시스템이다. 인권, 법치, 공정, 기회의 균등이라는 사회적 가치의 실제적 실행은 호주가 국제사회에 적극적으로 참여하고 개입하게 만드는 원동력이다. 둘째는 다민족·다문화·다언어라는 풍부한 사회자원이다. 호주 사회는 이민자들의 언어와 문화 발전을 지원하며 호주 사회가 추구하는 문화와 생활을 배양하도록 유도한다. 이 과정에서 존중과 배려는 가장 중요한 사회 덕목으로, 다문화사회에서 무엇보다 중요하게 여기는 가치로 작동한다. 셋째는 영어권 유럽계 문화를 바탕으로 하는 소통력과 중견국가로서의 리더십이다. 미국과 유럽 주요국과 언어·문화적 거리가 없는 호주는 국제 외교에서 유리한 위치를 점하며 국제기구에서 다양한 리더십을 발휘하고 있다. 이렇듯 다양성과 절충으로 점철된 호주 사회에서 한국에 대한 인식이 과거 '전쟁과 분단'에서 현재 '한류'로 변모하고 있다는 점은 고무적이다. 이러한 추세 속에서 본고는 전술한 호주의 소프트파워를 구성하는 요소를 면밀히 살피는 한편, 호주가 국제사회에서 보여주는 일련의 리더십이 한류와 한국 사회에 시사하는 바를 담아냈다.

캐나다 역시 대표적인 이민 국가로, 매년 평균 20만~30만 명의 이민자를 수용하며, 이민을 통한 우수한 인재 영입으로 경쟁력을 강화하고 있다. 한국인이 가장 이민을 희망하는 국가 역시 캐나다이다. 이와 같은 다양성의 가치와 중요성을 일찌감치 인식한 캐나다는 세계 최초로 다문화주의를 공식적인 국가 정책으로 선언한 나라로서 영어와 프랑스어를 공식 언어로 사용하지만 그 외의 언어의 사용에도 수용성을 보여주며, 인종·피부색·조상·출신 민족·신념·종교에 관계없이 모든 국민의 사회적 평등을 법으로 보장하고 있다. 이렇듯 다채로운 구성원이 평등하게 존재하는 캐나다에서 캐나다의 정신과 영혼을 표상하는 문화적 아이콘을 구성하는 콘텐츠는 무엇일까. 본고는 루시 모드 몽고메리Mucy Muad Montgomery의 『빨강머리 앤Anne of Green Gabbles』과 어니스트 톰슨 시턴Ernest Thompson Seton의 '동물기'를 제안하며, 이 작품들이 어떻게 캐나다인의 정체성과 문화를 대변하게 되었는지 함께 살폈다. 이와 같은 단단한 상상력과 믿음을 보여주는 캐나다의 스토리텔링은 캐나다만의 독특한 지형과 역사를 토대로 하고 있지만, 그와 동시에 지역적 한계를 넘어 현실을 살아가는 전 세계의 어른들에게도 보편적인 감동을 선사한다는 점에서 한류의 스토리텔링에도 결부된다.

한류의 외연 확장: '신한류' 이끄는 스토리텔링과 한식

대중음악과 영상 콘텐츠를 중심으로 한 한류가 세계 곳곳으로 확산되면서, 한류의 범주가 전반적인 한국문화를 포괄해야 한다는 '신한류'의 개념이 등장했다. 최근 몇 년간 한류콘텐츠의 영향력이 확장된 배경에는 한류가 품고 있는 이야기 자체의 희소성과 참신함에 더해 세계를 관통하는 보편적 정서로 지구적 공감대를 형성했다는 점이 자리한다. 이러한 점에서 한국적 스토리텔링은 신한류의 확장에도 시사하는 바가 크다.

특히 과거 한국을 '전쟁으로 가난했던 나라', '공산국가와 대치하고 있는 나라'로 인식해 온 캐나다에서 최근 몇 년 사이 한류가 문화적 역량을 발휘하며 '익숙하지 않은 새로운 이야기'가 된 현상은 주목할 만하다. 전술한 바와 같이 세계 최초 다문화국가로서 다양성을 중시하는 캐나다 사회에서 한국문화는 캐나다의 문화 문법 속에 한국의 이야기를 녹여내고 현지화함으로써 대중들과 소통하고 있다. 이러한 양상은 《CBC》에서 방영된 시리즈 〈김씨네 편의점〉에서 잘 드러난다. 〈김씨네 편의점〉은 한국적 스토리를 보여주는 한편, 캐나다 사회가 지향하는 주요 가치를 표현하고 있다. 젠더와 인종 등, 혐오 범죄의 증가로 자성의 목소리가 높아지는 현시점, 〈김씨네 편의점〉을 비롯한 한국의 스토리텔링은 기존의 문화 지형에 대안적인 메시지를 던지고 있다는 점에서 고무적이다. 그러나 캐나다에서 한국적 스토리텔링의 콘텐츠화는 드라마와 영화 등의 영상 분야에만 국한되지 않는다. 마영신의 『엄마들Moms』, 김금숙의 『풀Grass』 등의 사례에서 보이듯 그래픽 노블Graphic Novel은 마블Marvel과 디씨DC로 통칭되는 슈퍼 히어로물에 익숙한 캐나다인들에게 한국 사회의 특징적 단면을 보여주는 동시에 일상적이면서도 보편적인 매력 역시 함께 선사하고 있다.

스토리텔링은 이야기를 담는 플랫폼의 확장과도 연관된다. 한국 네이버가 캐나다 토론토에 본사를 둔 북미 최대 웹소설 플랫폼 왓패드Wattpad를 인수한 사례는 한국의 이야기가 더욱 많은 대중들에게 소개될 가능성을 보여주는 한편, 단단한 스토리텔링을 기반으로 한 웹소설·웹툰 기반의 지식재산Intellectual Property, IP은 드라마, 영화, 게임, 애니메이션, 캐릭터 등으로 확장할 수 있는 경쟁력의 확보 역시 시사한다(김동준, 2021). 이처럼 한국의 스토리텔링은 콘텐츠 자체뿐 아니라 글로벌 문화 지형의 변동을 선도하고 있다.

신한류의 또 다른 핵심 분야는 한식이다. 이를 반영하듯, 세계에서 가장 권위 있는 영어사전으로 손꼽히는 『옥스퍼드 영어사전Oxford English Dictionary, OED』은 이른바 'K-업데이트'를 통해 26개의 한국어 단어를 추가했는데, 그중 9개가 한식과 관련된 것이었다. 그렇다면 실제 영국에서 한식은 어떻게 소비되고 있을까. 본고는 세계문화의 중심지이자 영국적 정체성의 자신감을 일으키는 원천인 런던과 인구 13만 명 규모의 소도시 케임브리지 두 도시에서 거주한 이력이 있고, 해당 도시에서 한식을 체험해

본 경험이 있는 사람들과의 대담을 통해 통찰을 얻고자 했다. 그 결과 한식은 단순히 맛의 탁월함을 넘어, 젊은 세대 사이에서 '인스타그램에 올릴 만한instagrammable' 콘텐츠로 인식된다는 점이 관찰됐다. 소셜미디어를 통해 한식의 유행이 번지면서, 과거 한국음식에 대해 설명해야 했던 영국의 한식 마니아들은 이제 그럴 필요가 없어진 것이다. 이제 영국에서 한국을 테마로 한 음식은 하나의 셀링포인트로 작용하고 있다. 그러나 경계해야 할 지점 역시 존재한다. 한식을 모방한 중국계 한식당의 존재에서 드러나듯, '한국식'이라는 용어의 오남용은 정통 한식에 위협적일 수 있기 때문이다. 이는 문화의 확산 과정에서 자연스레 나타나는 현상인 동시에 한식의 영향 확대에 대한 방증이기도 하다.

지역의 다층적 정의를 통한 한류의 '다음' 단계 모색

한국국제문화교류진흥원은 2016년 『포스트 한류, 비욘드 아시아(유럽·북미편)』, 2017년 『동남아시아 한류스토리』, 2018년 『라틴아메리카 한류스토리』로 이어지는 한류 리소스북을 발간해 왔다. 2019년부터는 권역 특서로서 차별성을 더욱 명확히 하기 위해 새롭게 단장하여 『한류, 다음』을 출간하여 동북아시아를 시작으로, 2020년에는 이슬람문화권에서 벌어지는 여러 한류 관련 쟁점들을 다각도로 제시했다. 2021년은 영어라는 언어로 문화권을 구획하여 영어권 주요 4개국의 문화적 배경에서 한류가 현지 대중과 교류하는 지점을 살폈다. 한편, 영어권 주요 4개국은 모두 프로테스탄트 국가라는 점에서 종교적 관점의 연장선에서도 분석할 수 있다.

개신교도들이 가진 보편적 정서와 가치관, 나아가 자유주의 체제 속에서 '선진국'으로서의 정체성은 이들 국가가 공유하고 있는 공통점이다.

영어를 주 언어로 사용하고, 자유주의라는 보편적 정체성을 가지고 있으며, 다양성으로 점철된 스스로의 문화유산에 대해 높은 자부심을 보이고 있는 영어권 국가에서 한류는 때로는 현지의 문화에 스며들고, 때로는 문화 지형의 변동을 선도하는 글로벌 문화로 작용하고 있다. 서두에서 언급한 주류 담론으로 다시 돌아와 보자. 한류가 완벽한 주류의 문화라고 단언할 수는 없지만, 문화의 본질과 힘은 해당 문화가 얼마나 그리고 누구에게 소비되는가를 넘어 수용자의 삶을 더욱 풍요롭게 만드는 데 있음을 헤아려볼 때, '무엇이, 혹은 누가 주류인가'의 문제는 어쩌면 그 결론이 무의미한 명제가 될 수 있다.

한편, 지역 구분의 기준이 되는 지표가 지리적 인접성뿐만이 아니라는 점은 『한류, 다음』이 지속적으로 반영해야 할 과제다. 권역을 물리성을 기준으로만 구획했을 때 드러나는 한계점을 보완하기 위해 올해의 초점은 언어로 향했다. 본고에 수록된 내용들이 현실적인 동시에 미래지향적인 한류 담론을 형성하는 데 보탬이 되길 기대해 본다.

참고문헌

- Brand Finance (2022). Global Soft Power Index 2022. URL: https://brandirectory.com/softpower/nation?country=175&rRegion=1&rCountry=0
- Ethnologue (2022). What are the top 200 most spoken languages? URL: https://www.ethnologue.com/guides/ethnologue200
- 김동준 (2021. 6. 24.). <네이버, '왓패드 웹툰 스튜디오' 설립… 글로벌 IP에 1000억원 투자>, https://biz.newdaily.co.kr/site/data/html/2021/06/24/2021062400068.htm

'링구아 프랑카', 공통어로서의 영어와 문화적 함의

신견식 번역가·저술가

1. 세계 공통어 lingua franca 로서의 영어

　유라시아 대륙의 동단과 서단을 각각 발원으로 하는 한국어와 영어는 그 지리적 거리만큼이나 문화·언어적으로도 멀었다. 한국어는 서양의 언어들과 직접 접촉한 규모도 작고 역사도 짧다. 19세기와 20세기 초엽까지는 중국어와 일본어를 통해 간접적으로 서양 언어들과 접촉했고 이후에는 미국 영어를 집중적으로 받아들였다. 지금도 물론 영어가 지닌 세계 공통어로서의 지위에 견줄 수는 없으나 한국의 경제적·문화적 발전으로 인해 덩달아 한국어의 위상도 21세기 들어 특히 높아져서, 이제 영어와 한국어도 순전한 일방적인 관계에서는 벗어났다. 케이팝과 한국 드라마를 비롯한 한류의 세계적인 확산 덕에 한국어의 위상이 높아진 것이 사실이지만, 이와 동시에 한류가 세계에 퍼지도록 하는 매개 언어 또는 한류 팬들 사이의 공통어로서 영어가 갖는 의미도 새로이 부각되고 있다.
　인류 역사상 시대에 따라 영향력을 행사한 언어들은 대개 일정 지역에 국한되어 특정 영역에서 공통어 구실도 했다. 동아시아의 중국어(한문), 일본어, 남아시아의 산스크리트어, 팔리어, 서아시아와 중동의 페르시아어, 아랍어, 터키어, 유럽의 그리스어, 라틴어, 프랑스어, 독일어, 구소련의 러시아어, 중남미의 스페인어가 모두 그렇다. 그런데 유례없이 영어는 20세기 이래 거의 모든 언어에 크든 작든 영향을 미치고 있다. 라틴어나 그리스어는 서양 문명을 등에 업고 세계의 다른 언어에 간접적 영향도 미쳤지만 전 지구적 차원에서 수많은 영역에서 공통어 구실을 한 적은 없다. 세계 공통어로서 영어에 맞먹는 언어는 현재까지 없고 당분간도 없을 것이다.

'공통어'는 뜻이 다른 '공용어'로 잘못 일컬어질 때가 많다. 다시 말해 영어는 '세계 공통어' 또는 '국제 공통어' 취급을 받기는 해도 '세계 공용어'는 아닌데, 국가나 기구에서 공식적으로 정한 공용어(公用語: official language)와 모어가 서로 다른 사람들 사이에 명시적 또는 묵시적으로 합의한 공통어(共通語: lingua franca)는 다르다. '세계'는 구체적인 나라나 기구도 아니고, 세계 어느 나라 모두 똑같이 공식적으로 쓰자고 정한 공용어도 없기 때문이다.

하지만 실제로는 둘을 헷갈리는 사람이 매우 많아 세계 '공통어'보다 '공용어'를 더 흔하게 접할 수 있다. 두 가지 이유가 있다. 첫째는 공통어·공용어 자체의 경계가 꽤 모호하다. 법으로 정한 공용어가 없는 미국은 영어가 공통어이자 사실상 공용어다. 대개 여러 민족끼리 쓰는 공통어가 공용어 지위를 얻고, 특정한 나라나 지역에서 공용어로 정해지면 그게 공통어가 되기에 둘은 상호작용을 하는 관계이다. 둘째는 공식적으로 씀을 일컫는 公用도 있고, 함께 씀을 일컫는 共用도 있기에 흔히들 '공용어'를 共用語라고 여기기 때문이다. 이런 혼동은 주로 한국어에서 일어난다. 일본어는 한자를 쓰므로 公用語, 共通語를 크게 헷갈리지 않고 共用語라는 말도 거의 안 쓴다. 중국어 官方語言(공용어), 通用語(공통어), 베트남어 ngôn ngữ chính thức(言語正式: 공용어), ngôn ngữ chung(공통어)도 용어상 혼용될 일은 드물다.

'공통어'든 '공용어'든 일상용어가 아니라서 흔히들 틀리는 게 당연하지만, 특별히 사회언어학이나 언어정책 같은 분야에 관심이 없다면 언어학자나 언어 전문가라 해도 자주 헷갈리기는 매일반이다. 共用語 항목은 아직 『표준국어대사전』을 비롯한 남한의 사전에 없으나 북한의 『조선말대사전』에서는 공식적으로 '공통어'의 뜻으로 인정받았고◆, 남한에서는 널리 통용되니 '공용어'를 넓게 쓰는 관습을 봐줄 수는 있겠다. 언어의 용법이란 틀리는 사람이 많으면 그게 맞는 것이라고 할 수도 있다. 언어는 여러 층위와 양상을 품기에 전문용어와 일상용어가 간극이 있고 누구나 모든 분야를 알 수는 없으니 비전문가가 일상에서 전문적인 용어나 개념을 잘못 쓰는 것은 자연스럽다. 오히려 일상어의 역동성과 유연성을 무시한 채로 전문어만 맞는다고 그걸 편협하게 앞세우는 태도도 경계해야 한다. 그래도 아직은 언어에 관한 공적인 논의에서는 '공용어'와 '공통어'를 웬만하면 가려서 쓰는 편이 낫다.

한국과 관련지어 영어가 지닌 의미는 지금까지 크게 두 가지로 정리할 수 있다. 마치 모든 한국인이 영어를 잘해야 된다는 느낌을 주는 영어

◆ 조선말대사전의 '공통어' 정의는 다음과 같다. ①《언어》한나라, 한령토안에서 언어발전력사의 일정한 단계에 모든 사람들에게 서로 통하여 쓰이고 리해되는 언어. 례구: 민족~. ②《언어》《국제공통어》를 줄여 이르는 말. ③ 어떤 콤퓨터에서나 공통으로 쓸수 있는 프로그람언어. 포트란, 코볼, 알골 등이 대표적인것들이다. 동의어: 공동코드.

강박증 또는 이를 벗어나는 방편으로서의 영어 공용화였다. 이 둘은 서로 이어지는데 한국은 영국이나 미국의 식민지도 아니었고 다민족국가도 아니기에 영어가 공용어로 쓰일 동기도 없고 허상 속에 머무른 셈이었다. 그러나 이제는 한국에 사는 외국인 인구도 늘고 있고, 외국에 나가는 한국인과 영어권에 사는 해외 교포도 점점 많아지면서 이에 따라 영어가 세계 공통어로 쓰일 실질적인 기회가 늘었다.

세계적으로도 문화적 다양성의 의미가 커지면서 미국과 영국의 표준 영어에 매달리기보다는 이를 넘어 사투리나 변종 등 한 언어가 가진 여러 양상도 더욱 주목을 받게 됐다. 특히 영어는 이제 세계인의 공통어가 됐기 때문에 마치 옛날의 라틴어가 그랬듯이 일정한 기준은 있더라도 많은 변이형을 받아들이는 분위기로 옮겨 가고 있다. 영국 영어가 꼭 멋있는 것도 아니고 호주 영어가 촌스러운 것도 아니다. 실은 영국 영어 안에도 여러 사투리와 변종이 있다. 필리핀이나 싱가포르에서는 대부분의 사람이 영어를 제1언어가 아닌 제2언어로 구사하지만 그들의 영어는 틀린 것이 아니고 다른 것일 뿐이다. 물론 한국인에게 영어는 싱가포르나 필리핀과 달리 나라 안에서 통용되는 언어가 아닌 외국어이므로 사정은 또 다르다. 그럴지라도 이제 그전처럼 단순히 '본토 원어민' 영어를 따라 하는 것에 급급하기보다는 세계인의 의사소통 수단인 영어를 한국인이 어떤 식으로 익히고 써먹을지를 궁리해 보는 이들도 늘었다. 월드 잉글리시World Englishes의 발현은 다문화적 이념 덕도 있겠으나 실제적인 필요성 때문이기도 하다. 언어적·문화적 배경이 서로 다른 수많은 사람이 쓰는 영어를 하나의 틀에 가두기란 어렵다. 그동안은 영어와 한국어의 관계가 단선적인 일방통행이었다면 이제는 한국어가 영어를 지나 또 다른 언어로 이어지기도 하면서 다채로운 모습을 지닌다.

2. 매개 언어로서의 영어

언어들이 접촉할 때 차용어는 서로 주고받기도 하지만 양적으로 더 많이 전해 주는 쪽은 대개 전해 줄 문물이 있거나 새로운 문물을 만들어낸 언어이다. 예컨대 스페인어는 중남미 원주민 언어로부터 각종 동식물 관련 및 여러 어휘를 받아들였으나 나중에는 결국 그 언어들에 훨씬 더 많은 차용어를 전해 줬다. 정도는 다르지만 영어, 프랑스어, 포르투갈어, 네덜란드어 등 유럽 밖의 지역에 넓은 식민지를 가졌던 나라들의 언어도 양상이 비슷하다. 이렇게 제국의 언어들은 식민지의 여러 어휘를 세계 여러 언어에 퍼뜨리는 매개 언어 구실도 했다.

한국어는 물론 그런 대부분의 근현대 외래 어휘를 일본어와 영어를 통해 받아들였다. 해방 이후에는 도마도-토마토, 사라다-샐러드, 카레-커리 등의 관계에서 보이듯 일본어의 색채가 옅어지면서 영어의 색채가 짙어졌다. 그런데 독일어 Arbeit[아르바이트]처럼 과거에는 일본어를 거쳐서 유럽 어휘를 받은 게 많고 이후 직접 받기도 했으나 상당수는 매개 언어인 영어를 거칠 때가 많다. 이를테면 독일어 Hamster[함스터]가 영어 hamster를 거쳐서 한국어 '햄스터'가 됐듯이 한국어는 매개 언어인 영어의 영향을 압도적으로 많이 받았다. 물론 20세기 이후 영어는 비영어권 어휘를 다른 언어로 매개하는 데 가장 큰 구실을 하고 있다. 바로

kimchi(김치)와 taekwondo(태권도)도 그 철자에서 드러나듯 한국어에서 영어를 통해 다른 언어들에 들어갔다.

영어는 중세와 근대 초기까지는 유럽에서 그렇게 영향력이 크지는 않았다. 그런데 프랑크왕국에 라틴어의 전통을 다시 일깨워준 학자 알퀸(Alcuin, 735~804)과 같은 앵글로색슨족은 서유럽에 라틴어와 기독교를 전파하는 데 직간접적으로 꽤 큰 역할을 했고 그런 흔적이 언어에도 남아 있다. 잉글랜드에서 태어나 파리에서 라틴어를 가르쳤던 존 오브 갈런드(John of Garland, 1195~1282)는 dictionarius(사전)라는 말을 처음 썼고 이는 영어 dictionary를 비롯해 프랑스어 dictionnaire 등 여러 로망스어로 퍼졌다. 정도가 크지는 않으나 영어 또는 영국인은 중세부터 라틴어를 다시 로망스어로 매개해 주는 역할도 했다. 또한 8세기 즈음 프랑크왕국에 진출한 앵글로색슨 선교단 덕에 독일어에 번역 차용어로 들어온 말도 몇 가지 있다. 예컨대 '토요일'을 뜻하는 말로 표준어 Samstag 대신 북부 독일 및 구동독 지역에서 쓰는 Sonnabend[존아벤트, Sonn(해)+Abend(저녁)]도 고대영어 Sunnanæfen의 번역 차용어이다.

이렇게 말들을 주고받다 보면 처음에는 주로 주던 언어가 받는 입장이 되기도 한다. 일본에서 만든 한자어가 중국으로 다시 역수입되었듯, 유럽에서도 프랑스어, 독일어, 영어 등에서 라틴어와 그리스어를 조합해 만든 신조어가 다시 현대 그리스어로 차용된 어휘가 많다. 예컨대 둘 다 그리스어 어근인 tele와 phone이 합쳐진 영어 telephone처럼 말이다. 이런 역차용back borrowing은 차용어를 많이 주고받는 언어들 사이에는 드물지 않은 일이다. 20세기 후반에는 일본 대중문화의 아니메

(animation→anime), 코스프레(costume+play→cosplay) 같은 일제^{日製} 영어가 다시 영어로 들어가기도 했다. 여태 차용어를 주로 받는 입장에만 있었던 한국어는 21세기부터 파이팅^{fighting}을 비롯한 콩글리시를 영어에 전해 주기 시작했다.

영어의 위상이 아직 높은 탓에 콩글리시는 정작 '본토'인 한국에서 제대로 대접을 못 받고 있으나 이와 무관하게 국외에서는 받아들일 만한 말이라면 무엇이든 받아들인다. 마치 케이팝이 국내에서 주로 마니아층에게 관심을 받다가 오히려 해외에서 뜨면 역으로 인기 저변이 넓어지는 것과도 유사하다. 이런 일은 꼭 한국에서만 벌어지는 문화 현상은 아니며, 어휘의 역차용과도 비슷한 현상이다. 한국어가 영어를 받아들여 콩글리시를 만들고 이것이 다시 영어에 들어가서 또 다른 여러 언어권으로 퍼지는 것은 문화 전파나 접촉과도 유사한 양상을 띤다.

3. 영어에 들어가는 한국어와 콩글리시

『옥스퍼드영어사전^{OED}』은 1989년 제2판 및 1993년과 1997년 보유편이 마지막 인쇄판이다. 2017년 현재 약 28만 표제어 가운데 한국어 차용어는 딱 18개이다. 당연하게도 다들 한국적 용어일 뿐이라 딱히 영어의 일상어에 스며든 낱말은 없다. 아시아 언어 가운데 가장 많은 차용어를 제공한 힌디어 527개, 일본어 524개와도 현격히 차이가 난다.

인쇄판에 실린 한국어 차용어는 10개가 채 안 된다. makkoli는 2000년, myon(행정단위 면)은 2003년, ondol, hapkido는 2004년, bibimbap, ri는 2010년, soju는 2016년 온라인판에 등재됐다. 어원이 같은 일본어 aikido가 한참 전에 영어에 들어왔음에도 hapkido까지 수록된 게 좀 특이한데 둘이 같은 뿌리에서 나왔어도 세계적으로 이제 상이한 무술로 인정받는 듯하다. 『웹스터Webster』사전에도 '합기도'가 나온다.

2017년은 3월에 gochujang, 6월에 doenjang이 실렸다. 표준 발음으로서 영 /ˈkəʊtʃuːˌdʒaŋ/, 미 /ˈkoʊtʃuˌdʒaŋ/, 영 /ˈtwɛnˌdʒaŋ/, 미 /ˈtwɛnˌdʒɑŋ/을 한국어에 음성학적으로 더 가까운 무성음을 채택한 것이 흥미롭다. 철자만 보고서 저렇게 딱 발음할 영어권 사람이 얼마나 될지 궁금하다. 그런데 bibimbap은 영 /ˈbiːbɪmbap/, 미 /ˈbibɪmˌbɑp/이라서 위와는 다르다.

『아메리칸 헤리티지 사전American Heritage Dictionary』은 된장·고추장이 없고 bulgogi와 kalbi가 있다. 발음은 철자대로 bulgogi는 /b/, kalbi는 /k/가 우세한데 둘 다 어두에서 유무성음 변이를 나타낸다. 하필 두 사전 모두 첫소리가 ㅂ인 불고기, 비빔밥 두 낱말만 유성음 /b/가 우세하다. 낱말이 조금밖에 없어서 판단을 내리기는 어렵지만 음성학자 피터 래디포기드 Peter Ladefoged가 『Phonetic Data Analysis(2003)』에서 짚은 바대로 파열음은 입속에서 더 뒤쪽으로 갈수록 성대 진동 시작 시간이 길어진다(Ladefoged, 2003). 즉 많은 언어에서 유기음(기식음) 정도가 가장 높은 게 k, 낮은 게 p이다. 목구멍에서 숨소리가 나오기 때문이다. 한국어도 ㅂ이 ㄷ과 ㄱ보다 기식음 정도가 약해 영어 화자에게도 유성음에 더 가깝게 들릴 듯싶다.

그럼『옥스퍼드영어사전』에는 왜 '불고기·갈비' 보다 먼저 '고추장·된장'만 올랐을까? 고기 요리보다는 이 두 가지 장이 좀 더 한국적이기 때문일까? 그것도 한 가지 이유는 될 수 있겠다. 하지만 사용 빈도도 영향을 미친 것 같다. 구글에서 영국 뉴스를 검색하면 gochujang, doenjang이 bulgogi, kalbi보다 훨씬 많이 나온다. 요리는 소스가 핵심이니 불고기와 갈비보다는 고추장과 된장이 딴 요리에도 더 응용성이 높을 텐데 그러다 보면 한국 음식 이름이 영어 사전에 더욱 많이 실릴지도 모르겠다.

2021년 9월 『옥스퍼드영어사전』 업데이트에서는 한국어 외래어가 무려 스무남은 개나 새로 등재됐다. 그때까지 한국어 낱말이 스무 개쯤이었으니 느닷없이 단번에 갑절로 불었다. 절대적인 수치는 표제어 27만여 개라는 어휘의 바다에서 고작 한 방울에 불과한 정도이니 별것 아닐 수도 있겠지만 한국어 어휘가 이만큼씩이나 외국 사전에 오른 적이 없었다는 걸 생각한다면 꽤 고무적이다. 글로벌화된 한국 대중문화 팬들 사이의 공통어로도 중요한 구실을 하는 영어에 한국어가 섞이지 않을 수 없음을 반영한 것이다.

새로 등재된 한국어 어휘는 김밥^{kimbap}, 반찬^{banchan}, 불고기^{bulgogi} 등 한국 음식 이름을 비롯해 애교^{aegyo}, 학원^{hagwon} 등 한국 문화, 먹방^{mukbang}, 치맥^{chimaek}, 대박^{daebak}처럼 21세기 신조어부터 심지어 파이팅^{fighting}, 스킨십^{skinship} 같은 콩글리시^{Konglish}까지 넓은 범위를 포괄한다. 여태까지 콩글리시 낱말은 웹툰^{webtoon} 하나뿐이었고 그것도 web의 하위 표제어였는데 파이팅과 스킨십은 따로 표제어로 올랐다. 이것만 가지고 한국어가 영어에 미치는 영향이 눈에 띄게 커졌다고 하면 성급한 판단이겠으나 한국어와 영어와 콩글리시도 이제 좀 더 새로운 각도에서 바라볼 필요가 있을 것이다.

오빠^{oppa}와 언니(표제어는 로마자 표기법 eonni가 아닌 영어식 unni)도 있다. 둘 다 친족 명칭, 사회적 호칭 및 연예인 애칭의 뜻으로 올랐다. '오빠'와 '언니'가 훨씬 많이 알려진 까닭은 글로벌 케이팝 팬들도 여자가 많아서이기도 하겠다. 누나^{nuna, noona}는 연예인 애칭의 뜻이 없고 형^{hyeong, hyung}은 아직 표제어로도 없다. '누나'도 연예인 뜻은 안 나오니, '형'은 단순히 그냥 빠진 것도 같지만 외국 케이팝 남성 팬들이 대개 여성을 좋아는 해도 남자를 좋아하지는 않아서 그런 듯싶다.

4. 영어를 지나 세계로 퍼지는 콩글리시

21세기 들어 한국은 한류를 통해 언어적·문화적 영향력을 행사하는 나라가 되었다. 비록 그 수가 아직 매우 적기는 해도 『옥스퍼드영어사전』에 수록된 한국어 차용어도 주로 21세기에 수입됐다. 그러나 아직은 대부분이 한국 문화나 역사와 관련된 말들이다. 한국어 차용어로 나오지는 않지만 눈에 띄는 webtoon^{웹툰}은 한국적 개념이라고 설명된다. 즉, 영어 web과 cartoon의 toon을 더해 한국적 인터넷 만화 포맷을 일컫는 콩글리시 합성어로, 영어권에서 완전히 정착되진 않았으나, 고전 그리스어나 한문 어근으로 다른 언어에서 만들어진 말이 다시 현대 그리스어 중국어에 들어간 것과 비슷하다. 단적인 사례이지만 한국어도 이처럼 외래 요소를 결합해 새 말을 만들고 다시 외국어에 전할 수 있다. 한국에서 새 지식이 만들어진다면 한국어가 새로운 시대에 새롭게 앞장설 수도 있을 것이다.

한류는 영어 단어가 한국어를 통해 다른 언어들로 퍼지는 계기도 된

다. 영어 encore는 일본어 アンコール(안코루)를 거쳐 20세기에 한국어 '앙코르(표준어)' 또는 '앵콜(비표준어)' 따위로 들어왔다. 중국어도 앙코르를 安可(안커)라 하지만 2000년대 나온 중국어 사전들을 보면 그 말이 없다. 태국어 อังกอร์(앙코)도 주요 태국어 사전에 안 나온다. 이 두 언어에서 '앙코르'에 해당하는 말은 모두 위키피디아에 나오는데 2000년대 이후의 용법으로 보이고, 상당수는 케이팝과 관련된 맥락에서 나온다. 일본 대중문화의 영향일 수도 있으나 한류가 급격히 퍼진 1990년대 후반부터 '앙코르'가 더 널리 통용된 것으로 볼 때 한국어의 영향일 가능성이 좀 더 높다. 따라서 2000년대부터 주로 쓰이기 시작했고 영어나 일본어보다는 한국어에서 많이 쓰는 '앙코르 콘서트' 같은 용법이 중국어나 태국어에서 쓰이므로 직접적 영향은 한국어로 짐작된다. 실은 이 말의 어원인 프랑스어 encore는 '여전히'나 '또다시'라는 뜻의 부사이고, '앙코르'에 해당하는 프랑스어는 bis이다. 프랑스어 단어가 영어에서 뜻이 변해 한국어를 통해 중국어나 태국어로도 들어간 것이다.

한국어는 일제日製 영어를 많이 수입했으나 이제는 콩글리시가 일본어에 들어가기도 한다. 영어에서 만들어진 selfie는 거의 전 세계적으로 통하는 말인데 한국어는 self+camera의 준말인 '셀카selca'가 콩글리시로 따로 있다. 요즘은 한국에서도 영어 영향으로 '셀피'의 쓰임도 늘고 있지만 '셀카봉'을 '셀피봉'이라고 말하는 경우는 매우 드물듯 아직은 '셀카'가 우세하다. 일본어에서는 '셀카'의 뜻으로 '스스로 찍기'라는 뜻의 自撮り(지도리)를 가장 많이 쓰는데 외래어로서 영어 セルフィー(셀피)와 더불어 콩글리시 セルカ(셀카)도 최근 들어 많이 퍼지고 있다. 일본 넷플릭스 인기 순위

에서 한국 드라마가 상위권을 차지하고 있는 것에서도 알 수 있듯이 한국 대중문화는 콩글리시가 일본으로 들어가는 발판도 된다.

한국 대중문화 발전 덕에 한국어를 익히는 사람도 늘면서, 다른 한편으로는 영어가 모국어가 아닌 사람들끼리 공통어로 영어를 쓸 때 콩글리시 낱말도 섞여 퍼지게 됐다. 2010년대 들어 더욱 널리 퍼진 콩글리시 피지컬(체격, 몸집, 몸매), 멘털·멘탈(정신력, 정신상태), 비주얼(사람의 외모, 얼굴, 사물의 외관, 외양)은 영어 명사 physical(신체검사), mental(정신질환자[드문 용법]), visual(영상·시각 정보·자료, 사진, 화면, 장면)과 뜻이 다르다. 인터넷에서 케이팝을 언급하는 영어 글에서는 visuals를 수식하는 형용사로 hot, good, jaw-dropping, stunning, doll-like, gorgeous, heart-stopping 따위가 자주 보인다. 무대나 뮤비의 장면에 관한 것도 있으나 보통은 케이팝 스타의 멋진 외모나 스타일, 즉 '비주얼'을 일컫는다. '(멋진) 영상→장면→모습→외모'로 의미가 확대되는 게 그리 어려운 일도 아니므로 작성자의 국적을 따지기보다는, 콩글리시가 이렇게 '본토' 영어의 지평도 조용히 한 뼘씩 넓히고 있다는 데 방점을 찍어야겠다. 21세기 한국어는 콩글리시도 품에 안으며 이제 쉽게 무너지지 않는 멘털과 튼튼한 피지컬과 멋진 비주얼을 갖춘 언어로 점점 변모하고 있는데, 영어가 지닌 포용성이 한국어에서도 점차로 더욱 크게 자라고 있는 듯하다.

5. 한국 문학의 번역과 영어

한국어는 역사 및 규모(사용 인구)에 비해 다른 언어에 별로 영향을 주지 못했다. 동아시아의 중국어가 워낙 거대했고 유라시아 대륙 동쪽 끝에 고립됐기 때문이다. 이는 좀 특수한 상황이다. 이제는 명실상부한 선진국이긴 해도 한국이 유럽에 있었다면 지금보다 훨씬 더 강대국 행세를 할 수 있었으리라는 역사적 가정도 흔히들 하는데 한국어도 마찬가지이다. 한국어가 중국어(한문)에 묻혀 고립되지 않고, 유럽처럼 수많은 언어가 각축하는 상황에 놓였다면 역사도 사뭇 달랐을 것이다.

유럽도 물론 주요 고전 언어야 있지만 중국어처럼 거대한 하나만 있었던 것도 아니다. 그리스어와 라틴어라는 두 개의 큰 축에 히브리어, 아랍어 등도 곁다리로 끼는 셈이며 유럽 이외의 언어에도 열려 있었다. 국민 언어로서는 이탈리아어, 프랑스어, 독일어, 영어 등이 지역적 차이야 있지만 거의 온 유럽에 걸쳐, 스페인어, 네덜란드어(저지독일어)는 주로 남유럽 및 서북유럽 등지에서 그리고 고교회슬라브어(고대 불가리아어), 체코어, 폴란드어, 러시아어 등이 동유럽에서 영향력을 행사했다. 여기에 안 끼는 이른바 군소 언어 상당수가 표준문어를 비교적 일찍 확립해 거대 언어들과 어깨를 나란히 하지는 못해도 옆에 서 있기는 했다. 또한 수많은 유럽 언어가 상호 영향을 주고받으며 문화적으로 성장했다.

반면에 동아시아는 한문(중국어)이라는 거대 언어가 하나밖에 없었고 외부의 고전 언어는 완전히 차단된 상태였기에 유럽 문어들과 같은 역사가 거의 없다. 불교 언어인 산스크리트어 역시 순전히 한문 번역으로만 받아들였을 뿐이다. 일본어가 근대 이후 동아시아의 선도적 언어가 된 것도 포르투갈어, 스페인어, 네덜란드어 등과 만나고 영어, 독일어, 프랑스어 등을 가공하면서부터이다.

노벨문학상도 언어권 수상자 수로 보면 영어에 이어 독일어와 프랑스어인데 역시 세계 3대 출판 언어라 할 만하다. 그다음도 대부분 유럽 언어이고 아시아 언어는 중국어와 일본어 정도이다. 비판이야 늘 있으나 노벨문학상이 유럽(서양) 중심적인 것은 어찌 보면 당연한 일이다. 바로 서양 언어들이 현대 문명을 세운 문자언어이며 다른 문화권의 현대 언어들에 큰 영향을 줬고 지금도 주고 있기 때문이다.

독일어 및 프랑스어 역시 지식 원천 및 생산 언어로서의 역할은 아직도 크지만 이제 영어의 자리를 넘볼 수는 없다. 그래도 뭉뚱그려 본다면 출판 언어로서 근대에 자리를 굳힌 서양 언어의 위치는 딴 지역들의 언어가 아직 뛰어넘기가 힘들다. 게다가 앞서 말했듯 유럽은 저들끼리 상호작용한 역사도 길다. 다른 곳에서는 이런 문화권이 형성된 적이 아직 없다. 중근동의 아랍어, 페르시아어, 터키어 등이 유럽에 문화적 주도권을 넘기지 않았다면 그 안에서 더욱 풍성해졌을 것이다. 이를테면 동남아시아 책을 많이 번역하지 않는 한국의 상황이 아쉬울 수는 있고 동남아시아의 지식도 중요하지만 세계의 지식이 된 것은 많지 않다. 그래서 동남아시아 언어는 한국뿐만 아니라 다른 어디서도 아직까지 번역이 많이 되지 않았다.

한때 제3세계 언어와 문학이 해방(발전)되면서 (문학)번역량이 늘어나리라는 장밋빛 전망도 있었다. 탈중심적 문화 다양성이 추구되리라는 예측이었다. 이는 초판이 1983년 나온 독일 문예학자 프리트마르 아펠 Friedmar Apel의 입문서 『Literarische Übersetzung(문학 번역)』에서 전망된 바이다(Apel, 1983). 2003년 개정판에는 그 내용이 빠졌다. 초판 이후 20년을 보니 별로 안 맞는다는 판단이 들었나 보다. 개정판이 나오고 20년 가까이 지난 지금을 봐도 비슷하다.

현재 인구가 가장 빨리 증가하고 있는 동남아시아, 인도, 아프리카 등지의 언어는 당분간도 텍스트 생산에서 주도적 위치를 차지할 가능성이 낮은 듯하다. 문화다양성을 추구하는 지금도 이들 지역의 작가나 작품은 도통 안 떠오른다. 좋든 싫든 그만큼 유럽 언어의 텍스트 축적은 엄청나고 동아시아 언어가 그나마 얼추 쫓아가는 형국이다. 아프리카 출신 작가나 예술가는 유럽 종주국 언어의 그늘이 매우 짙고 유럽이나 미국에서 태어났거나 활동하는 이가 본국에도 영향을 미친다.

도서시장 위기로 출판번역 전망은 썩 안 좋다고 이미 2003년 개정판에도 나오는데(Apel, 2003) 지금은 더 나빠졌다. 세계적인 문제이다. 현대적 텍스트 생산·축적 면에서 한국어는 어중간한 위치에 있다. 주도권에서 당분간도 서양 언어에 밀릴 것으로 보이는 텍스트 생산에서 한국이 세계적으로 꼭 두각을 나타내지 않더라도 케이팝과 한국 드라마의 발흥으로 한국어의 영향력은 더 커질 수도 있을 텐데, 기존 세계 주요 언어와 달리 수백 년 이상의 굳건한 텍스트 전통을 지니지 않고도 세계로 발걸음을 내딛는 첫 언어가 아닐까 싶다. 물론 한국 문학은 한국 영상물과의 상호작용 속에서 성장할 가능성도 있으며 한국어 텍스트가 세계로 퍼지는 데는 영어의 간접적인 역할이 크다.

작가 한강의 『채식주의자』 영어 번역은 맨부커상을 받을 때부터 오역 시비가 일었는데 2017년 《문학동네》 봄 호에서 번역학자 조재룡도 문제를 제기했고 일반 언론에서도 관련 기사가 나왔다(조재룡, 2017). 요약하면 특히 예컨대 외국인으로서 주어 파악이 어려운 한국어를 제대로 해석하지 못해 글 솜씨로 때운 대목이 적지 않다는 것이다. 그런데 번역가나 번역에 관심을 가진 이라면 다들 알다시피 어느 언어의 번역이든 원어를 속속들이 몰라서 오역이나 이른바 뭉개기가 적지 않게 나온다. 사람이 하는 일인데 (기계가 해도) 어느 정도까지는 봐줄 만하겠다.

도착 언어에서 오역을 하든 말든 그건 그쪽 사정이니까 출발 언어를 쓰는 쪽에서 크게 기분 상할 까닭은 없다. 우리 문화를 오해하면 기분이 나쁠 수도 있겠지만 문화 사이의 만남에서의 오해는 기본이 아닐까? 다만 이것도 어느 정도까지냐가 문제이다. 근데 그런 시빗거리를 두고서도 그저 한국어를 외국어(특히 영어)로 번역해 '줬기'에 찬사를 보낸다든가 과도하게 주목해 '드린다'면 곤란하다.

꼭 한국인만 자국어의 외국어 번역에 신경 쓴다기보다는 인터넷 덕에 원문과 번역문의 비교가 용이해졌기 때문이기도 한데, 물론 영어라서도 그렇다. 다만 두 언어권은 상대방 언어 학습자 및 번역 상황이 너무나도 극단적 비대칭을 보이므로 역으로 영어권에서 한국의 번역으로 트집 잡는 일은 드물다. 기계번역이 발달하면서 인간번역의 의의를 새로이 보고 번역에 관심 갖는 이가 영어권에서도 늘어날 수 있다. 영어권은 20세기 이후 영어가 국제 공통어가 되면서 여태까지 외국어에 비교적 무심했지만 이제는 좀 달라지는 분위기이다. 이미 여러 언어로 나온 이 작품은 크게 세 가지 번역 유형으로 나뉜다.

한국인 (교포) 번역: 독일어, 프랑스어, 스페인어, 헝가리어

한국어 전공 현지인 번역: 일본어, 중국어, 베트남어, 터키어, 폴란드어, 체코어

영어 중역: 네덜란드어, 덴마크어, 스웨덴어, 핀란드어, 이탈리아어, 포르투갈어, 우크라이나어

한국어를 모르는 외국인이 감수한 한국인 번역도 있고 한국인이 감수한 현지인 번역도 있는데 굳이 따진다면 후자가 이상적일 듯싶다. 중역은 매개 언어의 오역을 곧이곧대로 옮긴다면 원어 기준의 오역이 어쩔 수 없이 생기게 마련이다. 그 오역을 다시 오역하거나 혹은 문맥 파악을 잘 해서 공교롭게도 원어에 맞는 번역이 나오는 경우는 매우 드물다. 현재 확인 가능한 영어 중역 대부분은, 예컨대 '안방'을 living room(거실)으로 알맞지 않게 옮긴 경우처럼, 영어판 오역을 그대로 따랐고 한국어에서 바로 번역한 언어는 외국인이 옮긴 폴란드어에서도 보이듯 적어도 의미는 제대로 살렸다.

한국에서 나오는 네덜란드어, 스웨덴어, 덴마크어 작품은 대개 중역인데 독일어 및 프랑스어에서 중역하는 경우도 많다. 영어 번역이 상대적으로 현지화도 심하지만 원래 독일어 및 프랑스어권에서 번역이 더 많이 나오기 때문이기도 하다. 네덜란드 및 스칸디나비아는 오히려 내용상 더 정확한 독일어 및 프랑스어에서 옮겨도 됐을 텐데 아무래도 맨부커상 효과와 더불어 딱히 한국어 자체를 잘 모르니 오역을 크게 문제 삼지 않았을 것이다. 한국 문학이 더 잘 알려진다면 중역이더라도 더 나은 번역에서 고르게 되지 않을까?

비록 이런저런 문젯거리가 있어도, 번역이 활발한 큰 언어권인 독일어, 프랑스어, 스페인어를 제치고 번역 무풍지대 영어권 현지인이 한국어

를 옮겼다는 게 사실 꽤 이례적이다. 영어 역자도 상을 안 받았으면 이렇게까지 주목은 안 받았을 것이다.

6. 한국 영상물의 번역과 영어

한국에서야 영화나 드라마 번역에 대해 드물지 않게 논란이 일곤 하지만 영어권에서는 거의 일어나지 않는 일이다. 지금까지 번역되던 영상물은 미국 및 영어권에서 나온 게 압도적으로 많아 주로 영어→기타 언어 방향이다. 〈오징어 게임〉은 영어권뿐 아니라 세계 여러 나라 사람들이 한국어와 영상 번역이라는 좀 생소한 문제 덕분에도 영상 번역을 새로이 눈뜨게 하는 계기도 됐고, 그 밖에도 이와 관련된 여러 가지 얘깃거리도 많이 나왔다.

맨 처음은 한국계 2세 미국인이 영어 자막을 문제 삼으며 논란의 불씨를 지폈다. 근데 비판자가 본 자막은 영어 더빙의 캡션Closed Caption이지 번역 자막이 아닌데, 당사자나 이 코멘트를 본 사람들, 이를 보도한 언론에서 다들 좀 헷갈렸다. 넷플릭스 같은 OTT에서 독일어, 프랑스어, 일본어 등 원래 주요 번역 영상물에 더빙·자막 옵션이 둘 다 있는 언어들은 더빙 자체의 청각장애인용 자막Subtitles for the Deaf or Hard-of-Hearing, SDH까지 보통은 굳이 따로 마련하지 않는다. 그런데 영어로 번역되는 경우는 비교적 적었고, 이와 무관하게 영어권 영상물은 청각장애인용 자막도 달리면서, 더빙 음성을 전사한 자막도 함께 서비스가 되는 듯하다. 더빙은 음성 언어가 잘 전달되도록 음절이나 입 모양까지 맞춰야 해서 번역 자막과 다르고 내용만 본다면 원어에 딱 안 맞기도 한다. 청각장애인이 볼 때는 입 모양과 더 맞는 캡션에서 더 생생한 느낌을 전달받을 수도 있다.

한미녀의 대사 "내가 공부를 안 해서 그렇지 머리는 장난 아니라니까."의 영어 더빙 "I'm not a genius, but I still got it worked out."과 자막 "I never bothered to study, but I'm incredibly smart."를 견줘도 그렇고 전반적으로 입 모양은 자막보다 더빙이 잘 맞는다. 영어 번역 자막은 내용상 더 맞으니 하나를 골라서 보면 된다. 비판자는 더빙 캡션만 보고 "I am very smart, I just never got a chance to study."가 알맞다며 한국 사회의 불평등을 나타내는 대사라고 했지만 다소 과잉 해석이다. 대사도 '공부를 안 했던' 것이지 '못 했던(할 수 없던)' 것이 아니다. 비판이 모두 틀렸다는 것은 아니고 영어권 사람들에게 번역의 중요성을 일깨워 줬다는 의미도 있다. 자막은 나중에 insanely savvy라고 약간 더 센 말로 살짝 바꿔서 비판을 조금 반영한 듯하다.

스페인 영상 번역가들은 인건비 절감을 이유로 〈오징어 게임〉의 유럽 스페인어 자막이 기계번역 후편집포스트에디팅을 거쳤다며 강하게 비판했다. 기계번역 사후 편집은 이미 번역계에서 논란을 일으키는 중이다. 업체에서 그러기도 하고 일을 맡은 번역가가 그러기도 하는데, 사후 편집 추세는 어쩔 수 없이 받아들여야 하겠지만, 품질 관리가 아직 안 되는 게 문제이다. 실제로 나도 누가 구글번역을 돌리고 거의 안 다듬은 번역을 다시 고친 적도 있다. 언젠가는 더빙도 음성합성 후편집을 거치는 날이 올지도 모르겠다.

드라마나 영화 등의 주요 영상물 스페인어 번역은 기본적으로 네 가지 버전이 나온다(유럽·중남미 자막·더빙). 중남미 스페인어는 일종의 중립적 스페인어를 쓰는 셈이지만 대개는 멕시코 스페인어에 가깝다. 넷플릭스 덕에 비영어권 드라마나 영화가 영어권에 더욱 널리 알려지면서 이제 영어도 자막뿐 아니라 더빙판도 따로 내놓는 경우가 많다. 더빙과 자막의 버전이 대개 두 개씩 있는 스페인어와 달리 영어는 영국과 미국 버전이 따로 있는 경우는 어린이 대상 일부 영상물 말고는 드물다. 영어권에서도 해외 영상물의 수요가 더욱 증가한다면 두어 개 버전이 따로 나올 수도 있을 것 같다.

 외국인 배우들의 영어 연기도 논란이 됐다. 미국 영화도 그렇고 외국어 대사는 제대로 관리 안 될 때가 많다. 〈오징어 게임〉 영어가 아쉽긴 해도 봐줄 만은 할 텐데 워낙 글로벌 대히트를 치니 트집도 잡힌 것 같다. 출연했던 무명 배우 제프리 줄리아노도 스타가 됐다고 기뻐하면서, 이를테면 숙어 cut some slack(몰아붙이지 않다, 봐주다)이 대본에서 동사 give로 나왔는데 실제로는 cut이 맞지만 그냥 따랐다고 한다(Heritage, 2021). 한국인이 번역한 영어 대사를 교정하는 과정을 거쳤다 해도 구멍도 있을 텐데, 이 부분은 좀 애매하긴 하다. 『옥스퍼드영어사전』을 비롯한 주요 사전도 give와 cut이 같이 나온다. 과연 give가 틀린 말인가? 현재의 쓰임을 따져야겠다. 1990년대 이후의 학습용 영어사전 및 관용어 사전 대부분은 cut만 나올 때가 많다. 신문 기사에서 give도 쓰긴 하지만 영화 대사나 트위터, 페이스북 등 사람들이 실제로 하는 말은 cut이 훨씬 많다.

 그러니까 give도 틀린 말은 아니지만 현재 실제로 영어를 쓰며 살아가는 사람들한테는 cut보다는 어색할 것이다. 언어란 이렇듯 딱 부러지게

이게 맞고 저게 틀리고를 말할 수 없을 때가 많다. 서로 다른 언어들을 매개해 주는 번역가는 그때그때 맞는 걸 고르면서 징검다리를 건너는 느낌도 든다. 여기부터 저기까지 건너가면서 아무리 못 해도 한 번은 빠지기 마련이다. 그래도 〈오징어 게임〉에서처럼 징검다리에서 한 번 떨어지면 죽는 건 아니니 다행이랄까? 너무 느슨한 번역이 아니라면 좀 마음에 안 드는 게 보여도 봐주는 아량도 필요할 것이다. 그래도 번역가 스스로는 웬만하면 밑으로 자주 안 떨어지도록 고삐를 단단히 죌 수밖에 없다.

조상우(배우 박해수)가 알리(배우 아누팜 트리파티)에게 이제 '사장님' 말고 그냥 '형'이라 부르라는 대목도 나온다. 동아시아 언어들의 자막 및 더빙 번역은 다음과 같이 '형'에 해당하는 말로 옮겼다. 일본어 兄貴(아니키), 중국어 哥(꺼), 베트남어 anh(아인), 태국어 พี่(피). 영어는 Call me Sangwoo라 나오고 대개의 유럽 언어들도 비슷한 뜻이다. 일본어는 또 다른 등장인물이 친형을 부를 때는 兄さん(니이상)으로 나온다. 특이하게 독일어 더빙은 그 대목에서 großer Bruder라 설명하고 '형'이라고 말한다. 간혹 '황'이라고도 잘못 발음하는데 '형'이나 '황'이나 대개의 유럽어에 없는 음절 구조라서 hyung, hyong, hyeong 따위가 hwung, hwong, hwang으로 잘못 보일 수도 있다. 케이팝 남성 팬들이 앞으로 hyeong·hyung이라는 말을 더 많이 쓰면 영어 자막도 왕왕 oppa를 쓰듯 Call me hyung도 자주 나올 것이다.

영어 번역으로도 눈길을 끈 바 있는 영화 〈기생충〉은 예컨대 '서울대'와 '짜파구리'를 '옥스퍼드대'와 '람돈(라면+우동)'으로 옮긴 자국어화 전략도 호평을 받았다. 번역에서 자국화·외국화(이국화)의 선택에 정답은 없으니 그때그때 봐 가면서 해야 하는데 상대적으로 영어는 자국화 번역이 많은 편이다. 영어권의 문화나 언어는 외국에서 익숙한 경우가 많으나 그 역은 꼭 그렇지 않기 때문이기도 하다.

일본어, 중국어 자막은 한국어에서 바로 옮겼다. 한중일 상호 번역은 웬만하면 영어를 거치지 않는 편이 낫다. 아직 한국어 번역가가 모자라서인지 태국어, 베트남어 자막은 영어 중역인데 영어에서 축약된 것이 어쩔 수 없이 빠졌다. 특이하게도 체코어 자막 번역은 영어 중역이 아니라서 눈에 띄며, 한글 체코어 표기법에 따라 Kidžong(기정), Soulská univerzita(서울대), ččapchaguri(짜파구리)로 나온다.

한국어 번역의 외국화 전략 중 하나는 호격 생략이다. 번역이라도 호격 조사 '이여/이시여'는 '젊음이여/임금이시여'처럼 왕왕 붙지만, 일부 아동용 도서나 영상물 말고는 '존아/메리야'처럼 외국 이름에 '아/야'가 붙는 경우는 드문데, 복잡한 한국어 경어법에 녹아들기 어려워 단순해진다. 원래 외래어는 형태론적으로 동떨어져 취급받기도 하며, 몇몇 유럽 언어에서 외래어에 단수·복수 또는 격 변화가 없는 것도 이와 비슷하다. 체코어는 외래어도 형태론적으로 흡수하는 경향이 크고 호격도 그렇다.

체코어 자막에서 '김 기사님!'은 Pane Kime(주격 Pan Kim), '다송아!'는 Tasongu(주격 Tasong)이다. 슬라브어 중에서 아직 호격이 남아 있는 체코어, 세르보크로아티아어, 우크라이나어 등은 영어 이름 John도 부를 때는 Johne(존아!)가 된다. 고유명사가 다 그렇진 않으나 어쨌든 외국 이름도 호격이 자주 붙는다. 체코어 번역은 자국화(외래어 표기법 및 형태론), 외국화(원어 고유명사 유지)를 알맞게 섞은 셈이다.

영화 〈미나리〉에서 할머니는 "데이빗아!", 부모는 "데이빗!"이라고 부른다. 이런 호격 사용은 재미교포 노인의 특징인데 영어에 덜 동화됐기 때문일 것이다. 실질형태소(명사 데이빗)에 형식형태소(조사 아)가 붙으므로 꽃 위[꼬뒤]나 꽃잎[꼰닙]과 달리, 꽃에/꽃이/꽃아[꼬체/꼬치/꼬차]처럼 [데이비사]이고 극중에서도 그렇게 발음한다.

외국 이름에 호격을 붙이는 어쩌면 더 한국어다울 수 있는 한국어는 이제 한국에서 오히려 이질적인데 미국 땅에서는 겹겹으로 이질적일 것이다. 언어들의 만남은 착 밀착될 수 없으니 언제나 크든 작든 틈새를 만든다. 번역은 그런 틈새를 메우기도 하고 더 벌리기도 한다. 언어문화 매개자는 그런 틈새를 매만지는 데 늘 힘을 쓴다. 유라시아대륙 동서쪽 끄트머리에서 가장 멀리 떨어진 한국어와 영어의 틈새는 이제 점점 더 좁혀지고 있다.

7. 맺으며

한국은 한류를 통해 언어적·문화적 영향력을 행사하는 나라가 되었다. 비록 그 수가 적은 편이긴 해도『옥스퍼드영어사전』에도 한국어 차용어가 21세기에 등재된 게 많다. 마찬가지로『메리엄-웹스터 Merriam-Webster』나『콜린스 Collins』등 다른 주요 사전에도 한국어 차용어가 늘었다. 다른 유럽 언어들의 주요 사전에는 '김치'나 '태권도' 말고는 거의 없고,『노르웨이 학술원 사전 Det Norske Akademis ordbok』최신판에 한국과 관련된 영어 차용어 'k-pop'이 수록되어 눈에 띈다.

영어 특유의 포용성 덕분에 세계 공통어가 됐는지 아니면 세계 공통어라서 포용성을 지니게 됐는지는 닭이 먼저냐 달걀이 먼저냐를 따지는 것과 비슷하다. 이런 특징으로 인해 영어는 한류와 상호작용을 하면서 한류가 세계에 퍼지는 또 다른 허브 역할도 하고 있다. 한국 교포가 영어권에 가장 많은 것도 또 다른 이유일 수 있겠다. 영어라는 세계 공통어의 모습이 다양해지는 맥락 안에서 한국어나 콩글리시의 새로운 모습이 더욱 돋보일 수 있을 것이다.

영어에서 콩글리시를 새 어휘로 받아들이는 것에서도 드러나듯 언어 접촉과 외래어 차용은 너무나도 자연스러운 현상이다. 이제 콩글리시는 다시 영어로 들어가 세계로 나아가고 있다. 영어의 자리를 한국어가 차지하는 것이 아니고, 영어라는 배에 올라타서 세계를 항해하는 것으로 봐도 되겠다. 영어는 중세에 프랑스어에서 엄청나게 많은 차용어를 받아들였으나, 방위를 일컫는 말처럼 몇몇 어휘는 영어에서 프랑스어로 차용돼 (north→nord, east→est, south→sud, west→ouest) 이탈리아어와 스페인어를 비롯한 로망스어에 퍼졌다. 이제는 한국어와 한국 문화가 영어를 통해 동서남북으로 뻗어나가는 시대이다.

참고문헌

- Apel, Friedmar (1983). *Literarische Übersetzung*. Stuttgart: Metzler.
- _____ (2003). *Literarische Übersetzung(2nd ed)*. Stuttgart: Metzler.
- Heritage, Stuart (2021. 10. 19.). "'They didn't just pick us up off the street!' Meet the globally derided Squid Game VIPs", The Guardian. URL: https://www.theguardian.com/tv-and-radio/2021/oct/19/they-didnt-just-pick-us-up-off-the-street-meet-the-globally-derided-squid-game-vips
- Ladefoged, Peter (2003). *Phonetic Data Analysis: An Introduction to Fieldwork and Instrumental Techniques*. Oxford: Blackwell.
- 조재룡 (2017). 번역은 무엇으로 승리하는가. 《문학동네》. 90호(2017년 봄호).

2
미국

United States

미국 사회와 샤이 케이팝 팬
American Society and Shy K-pop Fans

방희경 서강대 국제한국학선도센터 연구교수

1. 한국에서 바라보는 '케이팝의 미국인 팬덤'

1990년대 중반부터 등장한 케이팝이 해외 시장으로의 진출을 시도하기 시작한 것은 1990년대 후반부터이다. IMF 경제위기로 내수시장이 부진해지자, 드라마에서 시작된 한류 붐을 타고 케이팝이 해외 시장을 겨냥한 것이다. 2000년대에 들어 아시아에 성공적으로 안착했고, 곧이어 동남아시아로, 유럽으로, 아프리카와 남아메리카로 빠르게 진출해 갔다. 이제 케이팝 산업에는 자신감이 붙는다. 해외 시장으로의 성공적인 진출은 음반 산업과 매니지먼트 산업을 통합해 구축해 낸 케이팝 생산시스템의 원활한 작동을 의미하기 때문이다. 실제 케이팝 산업은 질적으로 성장하며 아이돌 상품을 효율적으로 생산하고 있었다. 케이팝의 개척자로 알려진 SM 엔터테인먼트사의 이수만은 아이돌 생산시스템을 '문화기술 Cultural Technology, CT'로 소개하며, 해외 시장 진출에 대해 한국 대중의 찬사를 이끌어냈다. 2010년대에 들어서면서 케이팝 산업은 팝의 종주국이자 글로벌 음악시장의 중심지인 미국을 목적지로 삼아 더욱 힘차게 노를 저어가고 있었다.

특히 JYP의 원더걸스와 SM의 소녀시대가 미국과 캐나다 등 북미 시장의 문을 두드렸다. 그러나 해당 시도가 만족할 만한 성과를 이루지는 못했다. 당시 미국에서 출간되는 잡지, 《뉴요커The New Yorker》의 저널리스트 시브룩(Seabrook, 2012)은 케이팝 아이돌을 '공장형 걸그룹factory girls'이라고 부르며 케이팝의 미국 진입 실패 이유를 설명한 바 있다. 엔터테인먼트사의 훈련을 통해 생산된 케이팝 아이돌에게서는 미국 아티스트가 지닌 독립성과 자율성을 기대하기 어렵기 때문이라는 것이다. 다시 말해, 케이팝 아이돌은 철저하게 계산된, 체계적인 시스템을 통해 탄생했고, 그런 만큼 '과도하게 순응적'이며, '미성숙해 보이고,' '로봇 같아robotic' 자유와 해방감을 중시하는 미국 시장에 적합하지 않을 수 있다고 진단한 것이다. 당시 유튜브Youtube의 확산에 힘입어 싸이PSY가 미국 진출에 성공했지만, 싸이가 아이돌과 전혀 다른 면모를 지니고 있었던 점은 시브룩의 진단에 더욱 무게를 실어주었다(Kang, 2015). 싸이는 케이팝 산업의 훈련을 통해 탄생한 아이돌이 아니기 때문이다.

 기존의 예상을 깨고 케이팝 아이돌 BTS가 미국 시장 진입에 성공한 것은 2013년 이후의 일이다. 당시 미국에서 데뷔했던 BTS가 2018년 빌보드 앨범차트 정상에 오르면서 빌보드 뮤직 어워드BBMAs 총 5회, 아메리칸 뮤직 어워드AMAs 총 6회, MTV 비디오 뮤직 어워드 총 6회를 비롯해, 400여 회의 국제수상 경력을 이뤄냈으며 '24시간 내 최다 유튜브 조회수'를 비롯해 '기네스 세계기록' 23개를 보유하게 되었다(2021년 7월 4일 기준). 이에 한국의 각종 언론매체는 BTS의 웸블리 공연과 사우디 공연, UN 연설 소식을 대대적으로 보도하고 이들이 만들어가는 기록적 성과를 민족적 자부심에 결합시켰다. 그로 인해 케이팝에 대한 한국 대중의 관심이 더욱 확대되었고, 한류 연구에 초점을 둔 학계에서도 BTS 현상에 주목하는 일이 많아졌다.

학자들의 주된 관심은 'BTS가 어떻게 미국 시장에서 성공할 수 있었을까'에 있었다. BTS는 힙합 아이돌 가수로 데뷔해 가사를 스스로 작성하고 있다는 점에서 앞서 제기된 '공장형 아이돌이라는 오명에서 벗어났다'는 평가가 내려졌다(홍석경, 2019). 또한 BTS가 '흙수저 아이돌'로 불리고 있는 만큼 대형기획사 출신의 아이돌에 비해 주체적이었던 점도 그 이유로 꼽혔고, 무대 뒤에서 팬들과 끊임없이 소통하면서 진솔한 모습을 보여준다는 점도 '진정성 있는 아티스트'로 여겨지는 데 기여했다고 평가되었다. 특히 BTS가 전하는 메시지가 신자유주의 시대에 청년 세대가 경험하는 불안정한 삶의 조건과 숨 막히게 하는 경쟁 시스템을 비판하면서 수용자의 공감을 이끌어냈다는 분석이 제기되기도 했다(이동배, 2019a; 조민선·정은혜, 2018; 차민주, 2017; 홍석경, 2020). 결국 BTS는 주체적인 성격과 성실하고 진지한 태도 그리고 시기적절하게 내놓은 치유의 음악으로 미국 시장에서 성공할 수 있었다는 결론이 내려졌다.

하지만 텍스트적 미학이 전부는 아니다. 그동안 많은 학자는 BTS가 미국 시장에서 대대적 성공을 이루는 데에 수용 공동체가 결정적 역할을 했다는 주장을 강하게 제기했다(서정민, 2019; 이동배, 2019b; 이지영, 2018; 이지행, 2019; 홍석경, 2020). 아미A.R.M.Y라는 이름으로 결성된 BTS의 팬클럽이 적극적인 태도를 보이며 BTS의 성공에도 지대한 영향을 미쳤다는 것이다. 지금까지 아미에 주목했던 학자들은 아미가 다음과 같은 특징을 지닌다고 설명한다. 첫째, 아미는 전 세계의 젊은이들이 한국 대중문화를 둘러싸고 이룬 팬덤으로, '글로벌 공동체'의 형태를 띠고 있다(김문정·김면, 2018; 이민하, 2019; 이동배, 2019a; 조민선·정은혜, 2018; 류은주·변정민, 2019; 이규탁, 2018).◆ BTS는 유튜브, 트위터 등 다양한 플랫폼을 활용해 다양한 배경의 대중과 소통을 시도했으며, 팬들도 소셜미디어를 이용해 초국가적 네트워크를 이루고 있다. 특히 미국 팬덤은 '흑인과 라티노의 비율이 높고,' 콘서트 참석 관객도 연령과 인종 구성에 다양성을 보이는 것으로 알려져 있다(미묘, 2019). 이런 점에서 학자들은 BTS 팬덤을 젠더와 인종, 연령과 세대, 민족과 국가, 직업, 성정체성, 종교 등의 경계를 뛰어넘어 폭넓은 정체성을 지닌, 진정한 의미의 '글로벌 공동체'로 규명하고 있다(이지행, 2020).

둘째, 다양한 인구통계학적 배경을 가진 BTS 팬덤은 적극적이고 능동적으로 팬 활동에 참여하고 이를 계기로 공동체 의식을 다져나가고 있다. 오늘날에는 문화콘텐츠의 생산자와 소비자의 경계가 뚜렷하지 않으며, 소비자가 수동적 소비만 하는 것이 아니라 직접 콘텐츠를 만들거나 적극적으로 팬 활동에 참여하며 의미 생산의 주체가 되고 있다. 같은 맥락에서 아미 구성원은 BTS가 데뷔했을 때부터 이들을 스타로 만들기 위해 열과 성을 다하는 모습을 보였다. BTS의 음반 및 음원을 대량으로 구매하고, 미국 라디오의 방송 횟수를 늘리기 위해 라디오 투표에 집단적으로

◆ 케이팝 세계지도에 따르면 BTS 팬클럽 아미를 차지하는 국가별 비중은 한국, 인도네시아, 태국, 미국 등의 순으로 높다(2022년 2월 10일 기준). URL: https://www.kpop-radar.com/brief/34.

참여한 것이다. 라디오 방송 횟수는 빌보드 차트에도 영향을 주기 때문에 아미는 이 사안을 중요하게 취급했다. 미국 라디오 방송이 영어 노래가 아니라는 이유로 BTS를 외면하는 모습을 보이자, 라디오 디제이들과 관계를 수립해 BTS 노래가 방송될 수 있도록 하는 노력을 보인 것이다.

셋째, 스타의 발걸음을 쫓으며 '선한 영향력'을 발휘하고 있는 점도 아미의 특징으로 언급된다. BTS는 2017년에 유니세프[UNICEF]와 함께 아동·청소년 폭력 근절을 위한 "Love Yourself" 캠페인을 진행했고, 2019년 캠페인 2주년이 되는 시기에 26억 원의 지원금을 기부하기도 했다. 또한 매해 BTS 멤버들의 생일에 맞추어 멤버의 이름으로 헌혈과 기부, 각종 후원에 참여하고 있다. 이에 팬들은 스타를 본받겠다고 선언하고 지금까지 시너지적 협업을 이루어냈다. 2020년에는 인도 아삼[Assam] 지역의 홍수 피해를 돕기 위해 8천 달러(약 964만 원)를 기부했고, 박해를 피해 고향을 등진 성 소수자를 지원하는 '퀴어 난민을 위한 기찻길'에 기부금을 전달했으며, 흑인 인권운동[Black Lives Matter]에 BTS를 따라 100만 달러(약 12억 450만 원)의 기부금을 전달했다. 아미는 이와 같은 BTS의 발자취를 따라 선한 활동에 동참함으로써 '팬덤'에 대한 인식을 바꾸어 놓기도 했다. 팬[fan]이란 용어가 'fanatic[광적인]'에서 유래한 것처럼 비평가들에게 팬들은 일반 수용자에 비해 강박적이고 폐쇄적이라는 인상이 강했으나, 아미는 이러한 부정적 평가를 바꾸어 놓았다.

마지막으로, 아미는 한국어로 구성된 BTS의 노래 가사와 멘트를 영어로 번역해 팬덤 내부의 결속을 다지고, 미국 사회에 만연해 있는 '영어 중심주의'에 도전하고 있다. BTS 팬덤에는 한국어를 영어로, 혹은 영어를 한국어로 자발적으로 번역하는 구성원들이 존재한다. 그들은 국내와 해외 팬덤 사이의 소통을 확대하고 결속력을 다지는 데에 기여하고 있으며, 다른 한편으로 그들의 번역 활동은 미국의 영어중심주의에 정면으로 도전하는 의미를 지닌다. 영미권의 대중과 주류 미디어가 BTS의 해외 팬에 대해 가장 의아해하는 것은 '어떻게 이해하지 못하는 한국어 노래를 좋아할 수 있느냐'는 것이라고 한다(이지행, 2020). 이 질문에는 '가사의 뜻도 모르면서 그저 비주얼만 보고 좋아할 것'이라는 단정이 내포되어 있지만, 실제로는 BTS가 새로운 노래를 발표할 때마다 팬덤 내부에서 가사 번역물이 유통되고 있다는 것이다(이지행, 2020). 팬들은 BTS가 직접 쓰는 가사의 메시지를 중요하게 생각하는 만큼 가사 한 줄, 한 줄을 낱낱이 분해하고 여기에 추가적 해석을 제시함으로써 명확한 의미를 읽어내고, 이를 통해 영어 가사의 노래만을 노래로 치는, 미국 음악시장에 비판을 제기한다(이지행, 2019).

지금까지 살펴본 바와 같이, 한국 학자들이 BTS 팬덤을 파악하는 방식은 매우 긍정적이다. 팝의 종주국으로서 진입장벽이 높은 미국에서 BTS가 팬덤을 형성하고 있다는 사실이 민족적 자부심을 형성했고, 이에 따라 팬덤에 대해서도 긍정적 평가가 내려지고 있는 것이다. BTS 팬덤에 미국인이 포함되어 있다는 이유로 그들은 '글로벌 공동체'로 불린다. 또한 그들은 적극적이고 진취적인 면모를 보이고 BTS를 스타덤에 올려놓음으로써 자신의 정체성을 형성하고 있으며, 선한 영향력을 발휘하며 전 세계 젊은이들의 귀감이 되고 있는 것으로 이해된다. 한국에서는 BTS의 미국 팬덤은 BTS의 노래 가사와 멘트를 영어로 번역해 미국 사회의 음악시장에 깊게 뿌리내리고 있는 영어중심주의에 정면으로 도전하는 용기를 보이고 있다고 평가한다. BTS 팬덤에 대한, 이 아름다운 평가와 지적은 모두 사실이다. 그러나 이러한 팬덤의 특징이 미국 사회에서 BTS, 나아가 케이팝이 수용되는 양상을 온전히 대변한다고 볼 수는 없다. 미국 사회가 한국의 대중문화를 수용하는 양상을 보다 상세하게 이해하기 위해서는 미국 사회에 대한 이해가 선행돼야 할 것이다.

2. 미국 사회와 아시아인을 향한 인종주의적 편견

역사적으로 미국은 수많은 이주민과 외국인이 모여 이룩한 나라이다. 19세기부터 서로 다른 국적과 문화, 가치관을 가진 사람들이 아메리칸 드림을 품고 미국으로 몰려들었고, 미국은 인종적·문화적 다양성을 강조하며 이를 정치적 올바름 political correctness의 영역으로 파악하고 있다. 실제 몇몇 문화인류학자와 사회학자들은 미국이 2차 세계대전 이후에 패권국가로 우뚝 설 수 있었던 데에는 문화적·언어적 다양성을 강조함으로써 '열린 사회'를 구성하고 있던 점을 꼽는다. 하지만 미국이 반드시 다양성을 수용하는 방식으로 변화해 온 것은 아니라는 지적도 존재한다. 문화적 다양성은 피상적 수준에서 존재했을 뿐, 미국 사회를 좀 더 심도 있게 들여다보면 '백인 남성 우월주의'가 공고히 작동하고 있다는 것이다.

특히 2009년 버락 오바마가 미국의 44대 대통령으로 당선되었을 당시, 미국 사회 내에서는 인종주의가 종식되었다는 논의가 있었다. 그러나 미국 사회의 인종주의에 대해 다각적 연구를 수행해 온 보닐라 실바

(Bonilla-Silva, 2009)는 그와 다른 견해를 개진한다. 미국이 1980년대를 관통하면서 인종주의적 차별은 가시적인 수준에서 사라졌다. 그러나 인간의 잠재적 차원, 즉 비의도적인 수준에서는 여전히 인종주의가 작동한다는 것이다. 실바(2009)는 미국인들을 상대로 인터뷰를 실시한 결과, 인터뷰 응답자들이 미국 사회 내에 인종주의적 차별이 존재한다는 사실을 부인하고 있음을 발견한다. 미국인들이 의식적 차원에서 부인하고 있지만, 무의식적 차원에서 여전히 작동하고 있는 인종주의를 보닐라 실바는 '컬러-블라인드color-blind 인종주의'로 명명한다. 코로나19를 계기로 미국 사회에 아시아인들을 향해 발생한 혐오범죄는 바로 '컬러-블라인드'로 파악되는 미국의 인종차별적 무의식의 징후이다.

결국 미국 사회는 겉으로 드러난 피부색에 연연하지 않은 듯해 보이지만 내면 깊숙이 인종주의를 작동시키고 있는 것으로 볼 수 있다. 백인 남성 커뮤니티가 정치, 경제, 사회, 문화적 헤게모니를 장악하고, 인종주의racism와 가부장제가 특권 계층으로서의 백인 남성의 위치를 정당화하며 이를 자연스러운 것으로 받아들이게 하는 이데올로기적 장치로 이용되어 온 것이다(이숙희, 2007). 여기에서 인종주의는 흑인뿐 아니라 남미 출신의 라틴계열 이민자에게도 적용되어 그들을 백인보다 인종적으로 열등한 소수자minority로 규정하고 있다. 이는 아시아계 이민자에게도 마찬가지이다. 그런데 한 가지 특기할 만한 사실은, 아시아계 이민자는 미국 사회에서 '모범적인 소수자,' 즉 '모델 마이너리티model minority'로 불려 왔다는 점이다.

아시아계 이민자가 모델 마이너리티로 불리기 시작한 것은 1960년대 중반부터이다. 1965년 「이민법」 개정 이후 아시아계 이민자 수가 급속히 늘어났다. 이때 유입된 아시아계 이민자는 그 규모, 배경, 교육 정도, 계급 등에서 이전 이민자와 많은 차이를 보였다. 중국계와 일본계 위주의 이민 구성이 한국계, 베트남계, 필리핀계, 인도계 등으로 다변화되었고, 타 이민자와 달리 아시아계는 높은 교육 수준과 경제력을 가진 고급 기술자, 자본가, 고학력자 등을 포함하고 있었다(이숙희, 2007). 또한 그들은 정치적 이유로 고국을 떠나야 했던 이전의 이민자와 달리, 보다 나은 경제적 환경을 좇아 '미국'을 적극적으로 선택한 경우였다. 그런 만큼 그들은 미국 내 주류가 요구하는 표준적 규범을 성실히 이행하고 성취해 내는 모습을 보였고, 《뉴욕 타임즈 매거진New York Times Magazine》이 이들을 '모델 마이너리티'로 부르기 시작했다(이숙희, 2007). 아시아계 미국인은 다른 유색 인종과 달리 겸손과 지혜, 준법정신을 보유하고 있고, 미국 주류사회의 규범과 질서를 신속히 수용·실천해 성공적으로 주류사회의 일원으로 안착하고 있다는 내용의 기사를 실은 것이다. 결국 모델 마이너리티 담론은 이민자 누구라도 주류사회의 법과 질서를 준수하는 한 적법한 시민성 citizenship을 부여받을 수 있다는 의미를 함축하고 있었다(이숙희, 2007).

이후 1980년대 미국 대통령 로널드 레이건이 '모델 마이너리티'란 카드를 다시 꺼내든다(Won, 1994). 당시 레이건이 아시아계 이민자를 쇠퇴하는 미국 사회의 해결책이자, 인종적 소수자의 모범 사례로 지목한 것이다. 미국 언론은 해당 발언을 이어받아 아시아계 미국인이 거둔 사회적 성공을 발굴해 소개하고, 중국, 일본, 한국, 베트남, 필리핀 등 아시아 출신의 이민자를 다른 소수 인종이 본받아야 할 이상적인 사례라고 치켜세웠다. 이로 인해 '평등한 시민권'과 관련해 논의되던 인종문제가 '사회·경제적 성공'이라는 주제로 전환되었고, 성공을 향한 부단한 노력은 시민이 지켜야 할 도덕이자 윤리로 자리 잡았다.

사실상 1980년대 모델 마이너리티 신화의 확대는 미국 사회 내 인종적 지형 변화로 인해 만들어진 구성물이라고 볼 수 있다. 당시 남미로부터 라틴계열의 이민자가 대규모로 이주해 오면서, 미국 사회에서는 외부 인구 급증에 따른 불안이 커졌고 '미국의 발칸화'라는 위협 담론이 등장하기도 했다. 이를 막고자 했던 미국 주류사회는 아시아계를 인종적 소수자의 모델로 삼아, '개인의 노력과 그에 따른 성공'이라는 미국의 국가 이념을 강조했다. 전통적으로 이어져 온 미국의 이념을 강조함으로써 백인 남성 중심의 사회적 질서를 공고히 하고자 한 것이다(이숙희, 2009).

아시아계 이민자가 '모델 마이너리티'로 지목되는 것은 얼핏 그 당사자에게 긍정적일 거라는 생각이 들게 하지만, 실제로는 그렇지 않다. 모델 마이너리티라는 이름표 뒤에는 백인화whitewashing라는 폭력적인 작동 기제가 숨어 있다(Won, 1994). 아시아계 이민자는 다른 인종적 소수자가 모방해야 할 대상이지만 다른 한편으로는 백인 주류사회를 뒤따르는 모방의 주체이기도 하다. 다시 말해 미국 사회는 백인 남성의 문화를 '순수하고 동질적인' 것으로 간주하고, 새로운 이민자나 인종적 소수자가 미국 주류문화를 '오염'시킬 수 있다고 본 것이다. 따라서 백인 남성의 문화를 주류로 분류하고 이에 강력한 구심성을 부여해 이질적인 문화를 통합해 내고자 했다. 이와 같은 동화assimilation를 강조함으로써 인종적 소수자가 지닌 사회 변혁적 동력을 원천적으로 봉쇄했다. 결국 미국 사회에 새롭게 편입되는 이민자는 미국 영토 내에서 살아남기 위해 백인 남성의 문화를 적극적으로 모방해야 했다. 특히 아시아계 이민자는 백인의 주류문화를 능동적으로 받아들이고 그들의 삶의 방식을 적극적으로 모방한 결과 '명예 백인honorary white'이란 호칭을 부여받았다(이숙희, 2009).

다시 말해 모델 마이너리티 담론은 아시아계를 부단히 타자화하고 주변화하는 기능을 전략적으로 수행한다. 미국 사회는 모델 마이너리티 담론을 통해 아시아계 이민자를 인종적 차이와 위계의 대상으로 만든다. 인종적 소수자에게 백인 문화를 선망하고 모방하기를 요구하면서도, 완전한 동일시는 좌절시킨다. 모델 마이너리티는 미국 주류문화에 동화된 이들이지만 여전히 그들은 진품이 아닌 모조품에 불과하다. '비슷하기는 하지만 완전히 같아서는 안 되는', 즉 이들은 '모델model, 모범적인 사례'이긴 하지만, 여전히 소수자minority일 수밖에 없는 존재이다(Bhabha, 1994:89; 이숙희, 2007 재인용). 결국 모델 마이너리티 담론의 직접적인 목적은 지배적인 인종 집단인 백인의 '훌륭한 모사품'을 생산하는 것이다.

그뿐만 아니라 모델 마이너리티 담론은 미국 사회에 뿌리 깊게 자리하고 있던 인종 차별의 모순을 은폐하고 사회 체제를 정당화하는 효과를 발휘하기도 한다. 문화적 재현물에서 아시아계 이민자는 유교 등의 문화적 유산을 통해 근면·성실한 성향을 이어받았으며, 부모에게 은혜를 갚기 위해 성공을 이루려고 최선의 노력을 다하는 것으로 그려진다(Chou & Feagin, 2015; Won, 1994). 그들 특유의 성실함과 사명감이 성공의 원인이라는 칭송을 받고 있는 것이다. 여기에서 문제는 아시아계 이민자가 보여주는 '모범적' 특성이 자연발생적이고 본질적인 것으로 묘사되고 있는 점이다.

이는 미국 사회 내 인종차별 문제가 사회제도와 구조적 모순 속에서 발생하는 것이 아니라, 특정 인종의 고유한 특성에서 기인하는 것처럼 보이게 한다는 점에서 문제적이다. 다른 인종 집단이 '아시아인처럼 열심히 공부하고 일하지 않아서' 인종문제나 불평등이 발생한 것이라는 착시를 만들어낸다. 따라서 이런 논리는 아시아계와 라틴아메리카계 혹은 아프리카계 사이에 갈등을 야기하기도 했다. 다른 소수자 집단(예를 들면 아프리카계 집단)의 백인에 대한 혐오가 굴절되어 아시아계를 향했던 일이 바로 그러한 예에 해당한다(Chou & Feagin, 2015; Won, 1994). 즉, 모델 마이너리티 담론은 자본주의 사회의 복잡한 불평등과 모순, 폭력을 은폐하고, 개인주의와 기회의 균등이라는 미국적 신화$^{American\ Dream}$를 강화하는 장치로 활용되어 왔다.

또한 모델 마이너리티 담론으로부터 아시아인을 남성성이 결핍된 존재로 파악하는 전통이 이어졌다. 1990년대 들어 영미권에서 남성성 연구가 자리 잡았는데, 이 연구들은 시작부터 서구 백인 남성을 주요 분석 대상으로 삼았고 아시아 남성을 백인 남성과 다른 존재로 파악했다(김수연, 2021). 백인 남성을 남성적인 것으로 보았던 반면, 아시아 남성은 '수동적인 여성으로 성애화'했던 것이다(Louie, 2017; 김수연 2021:146 재인용).◆ 이런 연구의 틀 안에서 '아시아 남성성'은 그 자체로 모순 어구로 치부되었으며, '거세된 아시아 남성'이란 부정적 기호로 고정되어 있었다. 다시 말

◆ 캠 루이(Kam Louie)는 「서구의 아시아 남성성 연구: 소수자에서 부드러운 권력으로」라는 논문에서 1980년대 남성성 연구가 서구 백인 남성을 주요 대상으로 삼았으며 아시아 남성은 '유색인이나 소수자' 맥락에서만 다루어져 왔음을 지적한다(김수연, 2021:156).

해, 아시아계, 특히 중국, 일본, 한국 중심의 동아시아계 미국인에 대해서는 '부지런하고 열심히 일한다', '공부 잘하고, 모범적인 생활습관을 가지고 있다', '수학에 강하다' 등의 인식이 오래 전부터 형성되어 있었다(Gupta, Szymanski, & Leong, 2011; Maddux, Galinsky, Cuddy, & Polifroni, 2008). 하지만 아시아계 남성은 공부를 잘하고 똑똑하지만, 성적으로 무력하고asexual, 사교성과 재미가 없으며, 공붓벌레nerd 같다는 공동 인식이 만들어진 것이다(이숙희, 2007; Won, 1994).◆ 미국 사회는 아시아계 남성의 사회·경제적 성취는 찬양했지만 그들의 인성이나 육체성은 실종되거나 열등한 것으로 규정하였다. 지적 능력이 과도하게 부각되면서, '머리brain'는 있되 '몸body'이 없는 존재로 인식되었다. 그러면 이런 인식이 케이팝 스타를 바라보는 미국 주류의 시선에는 어떤 영향을 미쳤을까.

3. 한국 대중문화에 관한 미국 주류의 시선

최근 BTS를 비롯한 케이팝 스타들이 미국 사회에서 인기를 끌면서 아시아계 남성에 관한 담론에 변화가 일기 시작했다. 이전에 가수 싸이가 〈강남스타일〉로 미국 미디어에 등장하면서 '아시아계 남성은 재미가 없다'는 인식을 바꾸는 데 일조한 바 있다. 그러나 싸이는 아시아계 남성은 '성적 매력이 없고 우스꽝스러운 행동을 한다'는 이미지를 강화했다는 우

◆ 아시아계 여성은 미디어 재현에서 성적 대상으로 등장해 백인 남성을 상대로 치명상을 남길 수 있는 위험한 존재(dragon lady)의 이미지로 소개되기도 한다. 이들의 지적 능력은 드러나지 않고, 육체성만이 과잉된 존재로 묘사되는 것이다(Won, 1994).

려를 불러일으키기도 했다. 하지만 BTS는 싸이와 전혀 다른 반응을 이끌어냈다. 화려한 춤과 노래뿐 아니라, 수려한 외모와 세련되고 스타일리시한 패션을 통해 아시아계가 충분한 성적 매력을 지니고 있음을 보여주었다. 미국 주류 남성을 물리치고 수많은 소녀 팬의 로맨스 판타지 속으로 진입한 것도 사실이다. BTS를 비롯한 케이팝 스타들이 미국 사회에서 영향을 미치는 범위가 아직까지는 젊은 세대(MZ 세대), 특히 여성 그리고 도시 등에 집중되어 있긴 하지만, 그 영역 내에서 '머리'만을 가지고 있던 아시아계 남성에게 '몸'을 돌려주었다. 실제 BTS가 아시아인에 대한 인종적 편견을 전복시키고 있다는 내용이 줄지어 보도되기도 했다(Godinez, 2018; Jong, 2018; Lim, 2018).

BTS를 비롯한 케이팝 스타들로 인해 미국 사회 내 아시아계가 얻게 되는 것은 남성성만이 아니다. BTS는 아시아인에게 부여된 '로봇 같은', '과도하게 순응적'이고 '미성숙해 보이는' 이미지에도 균열을 가했고, 소셜 미디어SNS를 통해 각 멤버의 성격과 특성을 적극적으로 드러내어 아시아인에게도 '개성'이 존재함을 확인시켜 주었다. 또한 'Speak Yourself'를 주제로 UN 총회 연설을 주도했을 때에는 뚜렷한 개성뿐 아니라 자주성을 보여주기도 했다. 이처럼 BTS는 미국 사회 내 모델 마이너리티 담론에 균열을 유발하고 아시아계 남성에 대한 우호적 태도를 형성하고 있다.

하지만 미국 사회에서 '아시아적인 것'과 '아시아적인 것을 추구하는 과정'에 항상 너그러운 시선을 기대하는 것은 아직 섣부른 일이다. BTS가 미국에서 영역을 확장해 가고 있는 가운데 주류사회로부터의 공격이 있었음을 인식할 필요가 있다. 백인을 중심으로 한 인종주의가 강한 환경에서 타 인종은 주변부에 머물러 있어야 한다. 하지만 BTS는 그러지 않았다. 싸이가 주류의 공격을 피할 수 있었던 것은 그가 "거세되고 광대 같은 …… 기존의 지배적 남성성에 전혀 위협적이지 않은 희화된 아시아 남성성의 전형"에 부합했기 때문이라는 평가가 있었다(Park, 2015:197, 김수연, 2021:156). 그러나 BTS는 아시아계 남성의 매력을 발산하며 주류 남성에게 맞섰다(미묘, 2019). 미국 주류 관점에서 보자면 BTS는 위협적이며 불안을 야기하는 '외부 침입자'이다. 결국 미국 주류는 BTS에 관한 부정적인 담론을 생산해 낸다. 그들의 음악성을 신뢰할 수 없으며, 케이팝 팬들은 이국적인 음악에 한때의 유행처럼 매료되어 있는 것에 불과하다는 것이다(이지행, 2020).

미국 주류는 BTS를 폄훼하기 위한 근거들을 다음과 같이 구체화한다. 첫째, 미국 주류는 케이팝 산업이 지나치게 자본주의적 속성을 지니며, 팬덤은 케이팝 산업에 착취당하는 어리석은 희생양에 불과하다는 주장을 내놓았다. 케이팝 산업이 주도하는 팬 사인회, 포토카드로 유인하는 여러 버전의 앨범, 응원봉 구매 유도, 수많은 시즌별 영상 DVD 발매 등은 자본주의적 계략에서 비롯된 마케팅이라는 것이다(이지행, 2020). 특히 2019년 BTS가 앨범 《Map of the Soul: PERSONA》로 빌보드 1위를 차지하고 19만 6,000장이라는 실물 앨범을 판매했을 당시, 주류 미디어는 "앨범을 네 가지 콜렉터 버전으로 발매한 '약삭빠른canny' 전략에 힘입은 것"이라고 보도하기도 했다(이지행, 2020:93).◆ 같은 앨범을 네 가지의 버전으로

◆ 정상을 차지한 타 아티스트는 판매된 실물 앨범이 500장이 되지 않는 것으로 알려져 있다(이지행, 2020).

발매한 것을 '약삭빠른' 마케팅적 전략으로 볼 수 있지만, 미국 가수들이 투어 티켓이나 굿즈에 실물 앨범을 끼워 파는 이른바 '번들' 수법이 일반화되어 있는 미국 시장의 현실을 감안하면 BTS의 성과를 순전히 마케팅 효과로 평가할 수는 없는 일이다(이지행, 2020).

둘째, 미국 주류는 케이팝은 공장 시스템을 통해 만들어진 음악으로, 거기에는 예술성이 부재하다는 주장을 제기하고 있다(이지행, 2020). 앞서 언급한 바와 같이 BTS는 힙합 아이돌 가수로 데뷔해 가사를 직접 작성한다는 점에서 공장형 아이돌이라는 오명에서 벗어났다. 또한 대형 기획사 출신의 아이돌에 비해 주체적인 면모를 보이는 것으로 평가받는다. 그러나 미국 주류는 BTS와 기존의 케이팝 아이돌을 구분하지 않으며 이들을 통틀어 비하하는 태도를 보인다. 케이팝 아이돌이 타고난 음악적 재능을 가지고 있기보다 연습생 시스템에 의해 만들어지고 있기 때문에 선천적으로 타고난 예술성을 갖춘 서구의 아티스트와 대비된다고 지적한 것이다. 연습생 시스템은 마치 공장처럼 똑같은 것을 반복적으로 찍어내고 있어 케이팝 아이돌에게는 자율성과 개성이 존재하지 않으며, 대부분의 예술적 권한도 기획사가 가지고 있다는 주장도 제기되었다.

셋째, 미국 주류는 모델 마이너리티 담론을 상기시키며 케이팝 아이돌이 보여주는 근면·성실한 면모를 아시아인의 전형적인 특성으로 규정짓는다. 믿을 수 없을 만큼 정확하고 잘 다듬어진 퍼포먼스를 보여주기 위해 아이돌 연습생이 고된 훈련을 받는다는 것은 오래 전부터 지적되어 왔다. 아이돌로 데뷔하기 위해서는 2~10년의 긴 연습 기간이 필요하고, 연습생은 연예기획사가 주도하는 강도 높은 춤과 노래 훈련에 참여함으로써 케이팝 아이돌로 데뷔한다. 연습생은 고단한 육체노동을 수행할 뿐아니라 언제나 열정적이고 겸손하며 동시에 친근한 이미지를 보여주는 식으로 감정노동을 수행하는 것으로 알려져 있다(방희경·오현주, 2018). 미국 주류는 아시아인의 근면성을 긍정적인 것으로 논의하면서도, 다른 한편으로 케이팝 아이돌을 '극한직업'으로 소개하는 경향을 보인다. 또한 케이팝 아이돌의 자살 사건을 언급하며 '어린 시절부터 혹독하게 연습생 시절을 거쳐야 하는 케이팝 공장 시스템이 만들어낸 비극'이라는 뉘앙스의 주장을 제기하기도 했다(이지행, 2020).

넷째, 미국 주류는 케이팝 남자 아이돌을 남성성의 결핍으로 특징지으며 폄훼하는 태도를 드러내기도 했다. BTS의 '부드러운 남성성'은 팬들에게 긍정적이고 '안전한' 것으로 받아들여지고 있으나, 미국 주류는 아시아 인종이 타 인종에 비해 상대적으로 체구가 작고 가늘다는 점을 들어 '정상적' 남성성을 갖추지 못한 것으로 조롱하거나 '게이'라고 부르기도 한다. BTS를 비롯한 케이팝 남자 아이돌은 도드라지는 염색 머리와 도자기 피부, 진한 메이크업(눈 화장과 립스틱), 젠더를 가로지르는 패션, 감정의 적극적 표현 등으로 특징지어지며, 이는 희화화의 대상이 되기도 한다. 또한 미국 주류는 성형수술과 다이어트가 케이팝 아이돌이 되는 필수 단계로 언급하기도 한다. 결국 미국 주류는 백인 남성만을 '정상적' 남성으로 분류하고 아시아 남성성을 여성성과 동성애[homo sexuality]에 연결함으로써, 이 두 범주를 모두 부정적인 것으로 치부한다.

4. 미국인 케이팝 팬덤을 향한 미국 주류의 시선

미국 주류가 BTS를 비롯한 케이팝 아이돌을 향해 표출하고 있는 인종주의적 차별은 팬덤에 대한 비하로도 이어진다. BTS로 인해 느끼게 된 불안과 위협의 징후가 그들의 팬들에 대한 폄하로 나타난 것이다. 미국 주류는 어린 여성 팬들이 BTS를 향해 보이는 열렬한 추종은 그들이 미국 아티스트의 위대함을 알아볼 만한 지성과 취향이 없기 때문이라고 깎아 내린다(이지행, 2020). BTS를 향한 팬들의 열광은 단지 이국적인 것에서 잠시 느끼는 호기심에 불과하다는 것이다. 마치 영화 〈기생충〉에서 글로벌 IT 기업의 CEO인 박 사장의 막내아들 다송이 인디언 문화에 호기심을 보이지만 그 관심이 피상적인 수준에 머무르고 있었던 것처럼 말이다.

'코리아부Koreaboo'라는 용어는 미국 주류가 케이팝의 미국 팬덤을 본격적으로 비하하기 위해 만들어진 용어이다. 이 용어는 일본의 대중문화의 열성팬을 비하하기 위해 만들어진 '위아부Weeaboo'에서 유래했다. 2000년대 초반 미국에서 인터넷 이용이 급속하게 확대되던 가운데 온라인상에서 다양한 신조어가 등장했다. 그때 일본 만화와 애니메이션에 관심을 두는 백인을 일컫기 위해 와이트white와 제패니즈Japanese를 합쳐 와패니즈Wapanese라는 용어가 만들어졌다. '와패니즈'는 처음 '일본의 대중문화를 좋아하는 백인'을 지시했지만, 곧 그 의미가 변화하면서 인터넷 혐오 표현으로 진화하였다(McGee, 2012). '뚱뚱하고 지저분하며 냄새가 난다'는 '햄비스트hambeast'의 의미를 포함하게 된 것이다. 그 당시 대중문화 관련 정보공유 사이트, 포찬(4chan, http://www.4chan.org)의 운영자는 해당 용어의 모욕적인 의미를 문제 삼으며, 일본 대중문화 팬을 의미가 없는 단어인 위아부Weeaboo로 고쳐 부르자고 제안했다(McGee, 2012).

'위아부'란 용어의 사용이 확대되면서, 해당 용어를 정의하는 데에는 다음과 같은 몇 가지 사례가 이용되었다. 일본어를 과도하게 쓰는 사람, 즉 '가와이'를 후렴구처럼 사용하거나 영어 문장 끝에 억지스럽게 '데스'를 붙여 말하는 사람, '포키Pocky'를 진정한 일본 음식이라고 여기는 사람 그리고 동네 서점의 일본 만화 섹션에서 죽치고 앉아 있는 사람이다(McGee, 2012). 결국 위아부는 일본 문화에 집착을 보이면서도, 그에 대한 지식이 피상적인 수준에 머무는 사람들을 가리킨다. 이처럼 일본 문화를 물신화하는 사람들을 와패니즈에서 '위아부'로 고쳐 부르긴 했지만, 그 이후에도 모욕적 표현으로 받아들여지는 것은 여전했고 그로 인해 인터넷상에서 다양한 논쟁들이 벌어지고 있다. 위아부는 분명 혐오 표현이지만 이 용어를 고수하고자 하는 쪽에서는 이들이 일본 문화에 높은 가치를 부여하면서도 미국 문화를 얕보는 경향이 있다며 이 표현의 사용을 정당화한다(McGee, 2012).

BTS가 미국 팬들로부터 인기를 얻기 시작하면서부터, 위아부에서 코리아부란 용어가 파생되어 나왔다. '위아부'가 일본에 대해 과도한 집착을 보이는 사람을 지칭하는 것처럼, '코리아부'도 한국에 대한 깊이 있는 지식을 갖지 못한 채 한국인과 한국적인 것을 물신화하는 사람들을 지칭한다. 보다 자세히 말하면, '코리아부'는 한국과 한국인, 한국 대중문화에 과도한 집착을 보인 나머지 한국어를 무작위로 사용하고 한국인처럼 행동하며 한국인 애인을 갖고 싶어 하는 사람들이다(원용진·방희경·이준형·마리사 럭키, 2021). 심지어 한국인처럼 보이도록 성형수술을 감행한 유튜버가 코리아부의 대표적인 사례로 언급되기도 한다. 여전히 일부 네티즌들은 코리아부가 한국 문화에 과도한 집착을 보인 나머지 다른 문화를 비난하는 경향을 보인다고 주장하며 이 용어의 사용을 합리화하고 있다.

그러나 이런 용어의 사용은 한국과 아시아 문화에 대한 비하의 시선에서 비롯된 것이다. 코리아부라는 낙인은 미국인을 향해 있지만, 이런 낙인은 사실상 미국 사회에 존재하는 한국 문화 혹은 아시아 문화에 대한 비하의 의미를 담고 있다. 코리아부란 용어가 등장한 것 자체가 미국 사회에서 BTS 등의 한국 문화에 열광하는 행위가 완전히 용인되지 않는다는 것을 방증한다. 다시 말해, 케이팝 팬덤에 대한 비하적 시각은 그들이 향유하는 문화인 케이팝에 대한 폄하로부터 시작된 것이고, 케이팝에 대한 부정적 시선은 한국과 아시아인을 향한 인종주의적 시각에서 파생된 것으로 마치 꼬리물기 같은 폄하의 악순환이 형성되어 있는 것이다(이지행, 2020). 파농(Fanon, 1969)은 식민 담론이 원주민 문화에 직면했을 때 그것을 무력화하기 위해 '희화화' 전략을 동원했다고 언급한 바 있다. 코리아부란 용어는 미국 주류사회가 한국 대중문화를 무력화하기 위해 내놓은 일종의 희화화 전략이라고 볼 수 있다.

5. 미국인 케이팝 팬덤의 대응 전략

이처럼 미국에서 주류가 케이팝 스타와 팬덤을 비하하며 공격하는 가운데, 미국인 팬덤과 수용자는 그에 대한 몇 가지 대응 전략을 개발해왔다. 첫째, BTS의 팬덤 아미는 미국 주류에 맞서 대항 담론을 생산함으로써 주체성을 형성한다. 아미는 BTS의 남성성을 '부드러운 남성성,' '아시아 남성성'으로 규명하며, 이러한 아시아 남성성이 서구의 마초적이고 유해한 남성성toxic masculinity의 대안이 될 수 있다고 주장해 왔다. 미국에서 남성성은 여성적이거나 퀴어한 것을 극도로 배척하는 유해한 특성을 지니고 있다. 또한 BTS를 긍정적으로 평가하고 있는 한 비평가는 BTS가 보여주는 멤버들 사이의 우정과 신뢰, 서로에 대한 서슴없는 애정 표현을 부각하며, 그들은 "남자끼리 터놓고 사랑한다는 것이 어떤 모습인지 보여줌으로써 …… 남성이 공격성과 거짓된 지배 대신 친절함과 배려심을 우선 드러낼 수 있음"을 상상하게 한다고 주장한다(김수연, 2021). 다시 말해 BTS는 정서적 유대에 기반한 남성 관계의 바람직한 모델을 보여줌으로써 남성성을 재정의하고 있다는 것이다.

BTS의 아카팬aca-fan, 연구자인 동시에 팬인 이지행(2020)은 아미가 BTS를 향한 미국 주류의 편협한 인종주의적 시각에 맞서고 있는 것은 그들이 '세계시민적cosmopolitan' 관점을 형성하고 있기 때문이라고 설명한다. 그에 따르면, 미국인 아미는 "방탄소년단의 팬이 되기 전에는 내가 소수자의 입장을 머리로만 이해했을 뿐 진정으로 공감하지 못했음을 알게 됐다", "방탄소년단은 이 세계에서의 자신의 위치와 타 문화에 대해 성찰할 계기를 준다"라고 공공연히 말한다. 다시 말해, 이들은 아시아 출신 스타의 팬이 되면서 그리고 전 세계의 젊은이들과 연대를 이루며 세계시민적 관점을 형성한다고 본 것이다. 이들은 담론장 안에서 때론 지배적 담론에 동의하기도 하지만 때론 대항 담론을 생산하고 실천하는 과정에 참여함으로써 자신의 주체성을 확립해 간다. 말하자면, 이들은 아시아 남성을 거세된 존재로 취급하는 미국 문화에 반대하며, BTS가 '남성적인 동시에 매혹적'이라는 의미를 갖는다고 주장하며 미국의 주류 담론에 당당히 맞서고 있다.

물론 연성화된 아시아 남성성에 대한 아미의 주장은 미국의 남성성 규범 아래 거세되고 폄하되었던 이전의 역사를 생각한다면 매우 긍정적이다. 그러나 김수연(2021)은 BTS의 부드러운 면모를 아시아 남성성으로 예찬함으로써, 궁극적으로 아시아를 균일한 기호로 환원하려는 인종 본질주의는 경계해야 한다고 주장한다. BTS를 '잘 꾸미는 아시아 남자'로 특징짓고 이런 아시아 남성성을 여성성과 등치시킨다면, 서구 대 아시아, 여성성 대 남성성이란 허구적 이분법 해체에 도움이 되지 않기 때문이다. 모델 마이너리티 담론이 그렇듯 아시아인의 본질을 규명하는 일은 존재론적으로도 옳지 않으며 정치적으로도 바람직하지 못하다. 따라서 김수연(2021)은 탈제국주의적 프로젝트를 달성하기 위해서는 BTS가 보여주는 부드러운 남성성을 '제조된 다목적 남성성'이라고 개념화해야 한다고 주장한다. '제조된 다목적 남성성'은 한국 연예인들의 남성성이 초국적 팬들의 요구를 충족하려는 산업적 시도에서 비롯된 것임을 간파한 Jung(2011)의 논의를 참고해 그의 용어를 활용한 것이다.

연성화된 남성성을 아시아 남성의 본질적인 특성으로 파악하는 것을 경계한다면, 미국 주류 담론에 대항해 대안 담론을 생산하는 일은 매우 중요하다. 하지만 모든 케이팝 수용자나 팬덤 전체가 대항 담론 생산에 적극적으로 참여하는 것은 아니다. 필자는 서울의 한 대학에서 케이팝 관련 강의를 개설해 학생들을 가르쳐 오고 있는 가운데, 미국 출신의 교환학생들과 대학원생들을 만날 기회가 많았다. 필자는 케이팝 관련 강의를 수강하는 미국인 학생 대부분이 케이팝의 팬일 것이라고 생각했다. 그런데 그들을 만나 이야기를 나누면서 뜻밖의 현상을 발견하게 되었다. 미국인 교환학생 다수는 필자에게 자신이 케이팝의 팬이 아니라고 소개했다. "I am not a K-pop fan." 그런데 그들과 이야기를 이어가다 보면, 그들이 케이팝을 비롯해 한국의 대중문화를 적극 수용하고 있음을 알게 된다. 그들은 왜 케이팝을 즐기고 있음에도 자신을 그의 팬이 아니라고 소개했을까.

필자는 이내 케이팝의 미국인 팬 중 일부가 '샤이 케이팝 팬Shy K-pop Fan'이라는 점을 알 수 있었다. 2016년 미국 대통령 선거에서 대역전극을 이끌었던 도널드 트럼프의 숨은 지지층이 '샤이 트럼프Shy Trump'로 불렸던 일이 있었다. 샤이 지지층은 언론 보도나 여론, 주변의 분위기 때문에 공개적으로 자신의 지지 정당 혹은 후보를 밝히지 않다가, 투표에 참여해서 자신의 지지 대상에 표를 던지는 사람을 가리킨다. 이들은 공개적 여론조사나 정치적인 토론에서는 자신의 본심을 숨기고 여론에서 대세를 타고 있는 인물에 지지를 표시하거나 아예 침묵하는 것으로 알려져 있다. 이와 마찬가지로 미국 사회에 케이팝 스타와 팬덤에 대한 편견과 공격이 존재하기 때문에 케이팝 팬 중에는 자신이 케이팝 팬임을 밝히지 않고 본심을 숨기며 침묵으로 일관하는 경우가 있다. 한국에는 '일코'라는 표현이 존재하는데, 이는 '일반인 코스프레'를 뜻한다. 이 용어는 BTS가 데뷔 초기 〈호르몬〉과 〈농담〉 등의 노래 가사로 인해 여성 혐오 논란에 둘러싸였을 때 그 쓰임이 크게 부각되었다(고혜리·양은경, 2017). 그 당시 BTS 팬들이 팬덤 외부로부터 오는 검증과 질문 앞에서 자신이 팬임을 숨기고 '일코'를 했다고 한다(고혜리·양은경, 2017). '샤이 케이팝 팬'은 바로 미국 사회에서 한국 대중문화에 대한 인종주의적 편견을 마주한 케이팝 팬이 '일코'를 하는 경우라고 할 수 있다.

셋째, 미국 사회의 케이팝 팬들은 '코리아부'와 거리를 둠으로써 자신의 팬 활동을 의미 있는 것으로 정당화하고 이로써 주류 담론에 대응하기도 한다. 미국 주류가 만들어내는 '코리아부' 현상에 대해 가장 민감하게 반응하는 사람들은 바로 열성적인 미국인 케이팝 팬들이다(원용진·방희경·이준형·마리사 럭키, 2020). 케이팝 팬들은 주류가 케이팝 팬을 모두 '싸잡아' 코리아부라고 부르는 데에 큰 불만을 드러내고, 또 자신이 코리아부로 불리는 것을 경계한다. 따라서 이들은 자신을 코리아부와 구별 지음으로써 자기방어를 하기도 한다. 케이팝 팬들은 한국어를 배우거나 한국의 역사와 전통에 관심을 기울이며 케이팝 노래 가사에 담긴 미세한 의미를 파악하기 위한 노력을 보인다. 이로써 미국인 케이팝 팬들은 코리아부가 한국에 집착적인 태도를 보이면서도 실상은 한국 문화를 피상적으로 수용하는 반면, 자신은 한국 문화에 지나치게 집착하지 않으며 그로부터 비판적 거리를 유지하면서도 '진정 어린genuine' 수용 태도를 지녔다고 주장한다(원용진·방희경·이준형·마리사 럭키, 2020).

결국 미국 사회에서 케이팝을 비롯해 한국 대중문화를 수용하는 양상은 다양하다. 인종주의적 편견에 사로잡혀 배타적인 면모를 보이는 담론을 생산하기도 하고, 그에 맞서 적극적으로 나서며 대항 담론을 생산하기도 한다. 혹은 '자신의 스타'와 '팬으로서의 자신'에 대한 비하의 시선을 의식하고 침묵으로 일관하거나 케이팝의 팬이 아닌 척 일반인 코스프레를 하기도 한다. 코리아부와의 구별 짓기 반응을 보이기도 하는데, 이런 행위는 한국 사회에서 케이팝 팬들이 벌이는 '사생팬과의 구별 짓기'와 유사하다. 하지만 한국 사회에서 케이팝 팬들이 모두 사생팬으로 오해받지는 않는다. 그러나 인종주의를 작동시켜 온 미국 사회에서 케이팝 팬들은 코리아부로 매도되는 경우가 흔하기 때문에 더욱 적극적으로 자신을 코리아부와 구별 짓기를 하고 자신의 팬 활동을 정당화한다. 이처럼 미국 사회에서 케이팝을 수용하는 양상은 다양한 형태를 띠고 있지만, 케이팝의 미국인 팬덤에 대해 민족주의적 자부심이 가득 차 있는 한국 사회에는 이런 현상이 잘 소개되지 않고 있다.

참고문헌

- 김수연 (2021). '방탄소년단'과 아시아 남성성: 탈제국화와 트랜스미디어를 중심으로. 《인문과학》, 82권, pp. 143-175.
- 김문정·김면 (2018). K-POP 아이돌 음반의 스토리텔링 전략 사례 분석. 《한국엔터테인먼트산업학회논문지》, 12권 1호, pp. 27-36.
- 류은주·변정민 (2019). K-Pop의 한류 지속을 위한 소셜 미디어 활용 방안에 대한 고찰: 방탄 소년단의 활동 패턴 분석을 중심으로. 《문화와 융합》, 41권 3호, pp. 167-218.
- 미묘 (2019. 1. 28.). 아시아 표류기 vol.3 – 이제의 K-POP 너머. 《W 코리아》. URL: http://www.wkorea.com/2019/01/28/아시아-표류기-vol-2/
- 서정민 (2019). 2018 한국대중음악학회 제24회 정기학술대회: 기획 섹션 BTS 신드롬의 현재와 전망 라운드테이블. 《대중음악》, 통권 23호, pp. 231-240.
- 원용진·방희경·이준형·마리사 럭키 (2020). '코리아부(Koreaboo)': BTS Universe가 미운 퍼즐 한 조각, 《한국언론학보》, 64권 4호, pp. 471-499.
- 이규탁 (2018). 방탄소년단: 새로운 세대의 새로운 소통 방식, 그리고 감정노동. 《문화과학》, 93호, pp. 278-291.
- 이동배 (2019a). 글로벌시대 문화 콘텐츠의 스토리텔링 연구: 케이팝 BTS를 중심으로. 《문화 콘텐츠연구》, 17호, pp. 69-93.
- _____ (2019b). 피스크의 팬덤 논의를 바탕으로 하는 글로벌 팬덤의 공동체성 연구: 방탄소년단(BTS)의 아미(ARMY)를 중심으로. 《인문콘텐츠》, 55호, pp. 27-45.
- 이민하 (2019). 트랜스미디어 스토리텔링을 활용한 브랜드 마케팅: 방탄소년단의 브랜딩 전략을 중심으로. 《한국엔터테인먼트산업학회논문지》, 13권 3호, pp. 351-361.
- 이숙희 (2007). 아시아계 미국인 주체성과 그 역사적 맥락. 《새한영어영문학》, 49권 1호, pp. 103-121.
- _____ (2009). 스파이와 모델 마이너리티를 넘어서: 『네이티브 스피커』와 『제스처 인생』에 나타난 디아스포라적 주체의 가능성. 《새한영어영문학》, 51권 2호, pp. 133-156.
- 이지영 (2018). 『BTS 예술혁명 – 방탄소년단과 들뢰즈가 만나다』. 서울: 파레시아.
- 이지행 (2019). 『BTS와 아미 컬쳐』. 서울: 커뮤니케이션북스.
- _____ (2020). 서구미디어의 지배담론에 대한 방탄소년단 글로벌 팬덤의 대항담론적 실천 연구. 《여성문학연구》 50호, pp. 79-114.
- 조민선·정은혜 (2019). 한국 아이돌 콘텐츠의 트랜스미디어 스토리텔링 연구: EXO와 BTS를 중심으로. 《인문콘텐츠》, 52호, pp. 223-246.
- 차민주 (2017). 『BTS를 철학하다』. 서울: 비밀신서.
- 홍석경 (2019. 9. 5.). "BTS, 비틀즈와 달리 위로·희망 메시지 전달". 《파이낸셜 뉴스》. URL: https://planamag.com/news/201909052025075901
- _____ (2020). 『BTS 길 위에서』. 서울: 어크로스.
- Chou, R., & Feagin, J. (2015). *Myth of the model minority: Asian Americans*. New York, NY: Routledge.
- Fanon, F. (1969). *Wretched of the earth*. Harmondsworth: Penguin.
- Gupta, A., Szymanski, D., & Leong, F. (2011). The "model minority myth": Internalized racialism of positive stereotypes as correlates of psychological distress, and attitudes toward help-seeking.

- *Asian American Journal of Psychology*, 2(2), pp. 101-114.
- Jung, S. (2011). *Korean Masculinities and Transcultural Consumption: Yonsama, Rain, Oldboy, K-Pop Idols*, Hong Kong UP.
- Kang, I. (2015). The political economy of idols: South Korea's neoliberal restructuring and its impact on the entertainment labour force. In J.-B. Choi & R. Maliangkay (Eds.), *K-pop: The international rise of the Korean music industry* (pp. 51-65). New York, NY: Routledge.
- Louie, K. (2017). Asian Masculinity Studies in the West: From Minority Status to Soft Power, *Asia Pacific Perspectives*, 15(1). URL: www.usfca.edu/sites/default/files/arts_and_sciences/center_for_asia_pacific_studies/louie_-_-masculinities-_think_piece.pdf
- Maddux, W., Galinsky, A., Cuddy, A., & Polifroni, M. (2008). When being a model minority is good... and bad: Realistic threat explains negativity toward Asian Americans. *Personality and Social Psychology Bulletin*, 34(1), pp. 74-89.
- McGee, J. (2012). *Discipline and post: Foucault and "Weeaboo Horror Stories" on the Internet*. Aichi Shukutoku University Graduate School Symposium, 4, URL: https://pdfs.semanticscholar.org/f4f6/5709bd3cf9cbf4ca54b017a0b3ad034c9ffd.pdf.
- Morin, N. (2021. 8. 3.). "What K-Pop's Beautiful Men Can Teach Us about Masculinity", *Refinery 29*, URL: www.refinery29.com/en-us/2020/05/9674149/kpop male-singers-masculinity.
- Park, M. (2015). Psy-Zing up the Mainstreaming of 'Gangnam Style': Embracing Asian Masculinity as Neo-Minstrelsy. *Journal of Communication Inquiry*, 39(3).
- Seabrook, J. (2012. 10. 8.). Factory girls: Cultural technology and the making of K-pop. *The New Yorker*.
- Won, Y. (1994). "Model minority" strategy and Asian-Americans' tactics. *Korea Journal*, 34(2), pp. 57-66.

2022년 미국 사회와 한류:
미국 주류사회가 바라보는 한류와
케이팝 팬덤

강기향 한국국제문화교류진흥원 미국 뉴욕 통신원

1. 2020년 미국 인구조사국 결과 발표, 생각보다 훨씬 더 다양한 인종과 문화

2021년 8월, 미국 인구조사국United States Census Bureau(이하 센서스)은 「2020년 인구총조사 결과2020 Census Results」를 발표했다. 10년마다 온·오프라인 채널에서 적극적으로 집계하는 센서스는 그 결과에 근거하여 미국 내 각 주에서 미국 연방정부의 예산 배정 및 하원의 의석수를 정하는 만큼 적극적인 시민의 참여를 촉구한다. 특히 영어뿐만 아니라 한국어, 중국어, 아랍어, 러시아어, 힌디어, 올두어, 프랑스어, 독일어 등 수십 가지의 언어로 번역된 조사서를 배포하고 각 지역의 이민자 센터 등과 협력해 체류 비자를 소지한 이주민이나 불법 이민자도 참여하기를 장려한다. 최근 들어서는 미국 정부가 법적으로 국가 공식 언어를 지정한 적이 없다는 점을 강조하는 시민단체가 늘어나고, 영어 때문에 차별받는 일이 없어야 한다는 주장이 힘을 얻으며 적극적으로 다언어 조사지 및 조사원을 동원하는 추세이다.

미국 대도시 지역의 인구는 2010년 대비 2010~2020년에 9% 증가하였다. 구체적으로 2010년에 85%였던 대도시 거주 인구 비율이 2020년에는 86%로 증가함으로써 도시 선호도가 높아졌음을 보여준다. 2020년 기준 미국에서 가장 큰 도시는 여전히 뉴욕으로 880만 명이 거주하고 있다. 그리고 다인종·다문화의 용광로로 불려왔던 미국 내 인종 구조도 10년 전과 비교해 더욱더 빠르게 변하고 있다. 그중 백인 인구는 약 2억 430만 명으로, 단일 민족으로는 여전히 미국에서 가장 많은 수의 인종(또는 출신 민족)이다. 하지만 해당 수치는 2010년의 조사 결과 때보다 8.6% 감소했다. 한편, 2010년 약 900만 명으로 파악된 다인종 인구는 2020년에는 3,380만 명으로 276% 증가했다. 혼혈 인구도 4,990만 명으로 129% 증가했는데, 이는 흑인 또는 아프리카계 미국인 인구인 4,690만 명을 넘어선 수치이다. 자신을 하나의 인종으로 명확히 구분할 수 없는 인구가 대폭 증가했음을 보여준다.

네 번째로 많은 인종 인구는 아시아인 단일 또는 혼혈 그룹으로 2,400만 명을 기록했다. 이 외에도 모든 인종을 포함하는 중남미 출신·계통 인구는 6,210만 명으로 2010년도와 비교해 23% 증가율로 다른 인종과 비교해 미국 내에서 가장 빠르게 증가하는 인구임을 증명했다(United States Census Bureau, 2021).

센서스의 2010년 보고서와 비교해 2020년 통계는 미국 내 인종, 출신, 민족이 더 다양해졌음을 시사했다. 또한 영어라는 단일 언어 조사지나 조사원이 아닌 적극적으로 다양한 언어권의 단체와 협업해서 조사한 결과, 미국 인구는 예상보다 훨씬 더 다양한 인종으로 구성되어 있음을 보여준다.

2. 미국 주류사회는 외국 문화에 보수적일까: 한류 한정이라 보긴 어려워

센서스의 통계자료는 기존의 '주류사회'로 여겨져 온 백인이 더는 주류가 아니게 되는 시기가 얼마 남지 않았음을 시사한다. 트럼프 전 대통령과 같이 이민자에게 보수적인 정책을 내세우는 정치인이 일부 백인 지지자에게 인기를 끄는 이유도 기존의 주류에서 비주류가 될 수 있다는 현실을 두려워하거나 분노했기 때문일 것이다. 미국 내 인종차별자 또는 편견을 가진 사람들의 이미지는 주로 백인 남성으로 구현된다. 이들이 전통적으로 주류사회 내에서도 여성, 노약자, 아동에 비해 사회·경제적으로 여러 면에서 우대를 받는다는 인식 때문이다. 특히, 백인 인구 중에서도 흔히 'WASP White Anglo-Saxon Protestants'로 불리는 앵글로 색슨계는 오랜 시간 미국 사회에서 정치적으로나 경제적으로 주도권을 잡아왔다. '가난한 이민자'로 인식되는 러시아, 동유럽, 이탈리아, 남미 출신의 백인은 같은 인종임에도 역사적으로 볼 때 차별을 받아 왔으며 미국 영화나 소설에서도 이들은 블루칼라 직업을 가진 소시민으로 표현되곤 했다. 이처럼 미국 내 인종차별은 흑인과 백인의 단편적인 대립이 아닌 각계각층에서 관찰되는 현상이다. 그렇기 때문에 미국 주류사회가 외국 문화에 보수적이라는 명제도 생각보다 훨씬 복잡하고, 방대한 역사를 알아야만 제대로 이해할 수 있을 것이다. 길고 긴 역사 가운데 자신의 피부색과 영어 억양만으로 꾸준히 우대를 받아왔던 사람들에게 최근 미국 사회의 급속한 인구 변화와, 뿌리깊은 편견에 대한 변화를 요구하는 사회 분위기는 달가운 것이 아닐 수 있다. 기득권층으로서 누리던 대우와 교육, 정치, 생활 방식까지 변화하기를 요구하는 최근의 분위기는 자신에게 익숙하지 않은 외국 문화, 음악, 음식, 언어는 거부하는 시민을 만들어냈다. 이러한 맥락 하에 미국 사회에서 한류뿐만 아니라 유색인종과 이민자의 문화는 보수적인 주류사회의 거부감이라는 장벽을 항상 뛰어넘어야 했다. 앞서 언급한 사회 분위기에서 최근에 대두된 것은 다양성과 포용성Diversity and Inclusion(이하 D&I) 교육이다. 대기업, 중소기업, 학교, 공공기관에서는 최근 들어 D&I 부서를 신설하고, 관련 직업 전문가를 채용하며 교육을 적극적으로 진행하고 있다. 특히 CEO나 이사, 부장, 과장과 같은 직급의 사람들도 예외 없이 교육을 이수하도록 권장되며 흔히 주류사회의 구성원으로 불리는 계층이 지닌 편견과 차별적 시선을 철폐하려는 교육 프로그램이 운영되고 있다. 과거에도 인종차별 철폐 및 미국 원주민에 대한 미국 정부의 적절한 보상에 대한 논의가 시민단체를 앞장세워 대두되었지만, 최근에는 동양인 이민자, 종교적 박해를 피해 이주한 난민, 일상에서 겪는 미묘한 차별과 언행에 대해서도 상세하게 교육이 이뤄진다. 이러한 방침을 어길 시에는 해고나 징계는 물론이고 법원의 판결을 받기도 한다.

3. 미국의 대표적인 음악·영화 시상식을 휩쓸지만 시니어 세대에게는 접하기 어려운 한류콘텐츠

전술한 바와 같이 미국 사회는 현재 다방면에서 빠른 속도로 변화하고 있다. 이런 격동의 시대에 북미 지역에서 한류콘텐츠가 주목받으며 성장하고 있다는 점은 그만큼 한류가 세계적인 경쟁력을 갖추고 있음을 방중한다. 그러나 한류의 소비자의 대다수는 여전히 젊은 세대로 구성되어 있다. 그 이유는 무엇일까?

2019년, 미국 교육통계국가센터National Center for Education Statistic에서 발표한 조사 결과에 따르면 미국 내 성인 중 낮은 문해력을 가진 사람은 21%에 달한다. 그중 4.1%는 읽고 쓸 수 있으나 충분한 자질을 갖추지 못한 기능적 문맹으로 분류되었다. 선진국 중에서 높은 문맹률을 가진 미국은 자막이 달린 외국 영화를 보는 데 피로감을 느낀다. 〈기생충〉이 골든글로브 시상식을 휩쓸었을 때도 국내에서 화제가 되었던 자막과 관련하여 미국인이 남긴 코멘트 뒤에는 이러한 문맹률이 자리 잡고 있다. 일례로 영화 〈기생충〉이 스트리밍 플랫폼 훌루Hulu를 통해 공개되었을 당시, 일부 미국 대중들은 트위터를 통해 "영어 영화가 아니기 때문에 (극중에서) 무슨 일이 일어나는지 자막을 읽어야만 하는 작품. 이런 영화를 보고 싶어하는 사람은 아무도 없다"라고 비난했고, 이에 훌루는 "자막이 읽기 싫다면, 언제든지 한국어를 배울 수 있다"라고 받아쳤다(Ridley, 2020). 이는 자막을 선호하지 않는 성향에 더불어 미국인의 낮은 문해력과도 결부된다. 한편, 일반적으로 영어 구사력이 낮을 것이라고 추측되는 계층은 외국인 유학생이나 이민자이겠지만, 실제로 영어로 읽고 쓰는 것을 어려워하는 미국인 성인도 평균적으로 10명 중에 2명에 달한다. 이러한 조사 수치에 포함되지 않은 소외된 지역의 주민까지 포함하면 그 수는 더욱 늘어날 것으로 보인다.

한국 콘텐츠인 〈오징어 게임〉, 〈기생충〉을 비롯한 수많은 작품이 넷플릭스나 스트리밍 서비스를 통해 세계적인 주목을 받고 있다. 실제로 이를 감상하고 즐기는 미국 성인은 10대부터 30대까지로 젊은 세대가 주축을 이루고 있는데 여기에는 교육이 크게 기여했다. 그들은 과거 기성세대에 비해 단순히 영어 교육만 더 받은 것이 아니다. 그들은 D&I 교육까지 받은 미국의 젊은 세대로서 자신은 주류사회 출신의 백인이지만 오픈 마인드를 가지고 외국 문화를 존중해야 한다는 점을 학교나 공공기관에서 꾸준히 교육받아 왔다. 차를 타고 운전해야만 도서관에 갈 수 있었던 시대를 지나 모바일 기기를 통한 검색 한 번으로도 충분히 집에서 교육받을 수 있는 시대가 도래한 만큼, 청년의 교육 수준은 기성 세대보다 훨씬 더 높다. 「2020 센서스 인구조사」의 결과에서도 알 수 있듯이 미국 내 혼혈 인종을 비롯한 유색인종이 급격히 늘어남에 따라 아시아 문화에 대한 친밀감이나 이해도가 높아진 인구가 증가한 것도 한류의 성장에 긍정적인 영향을 끼친다.

현재 미국 M 기업에서 근무하고 있는 63세 여성 의류 엔지니어 셰릴 맥심Cheryl Maksim 씨는 중서부 미시간주 출신으로, 평생 같은 동네에서 살며 미국 기업에서 근무하는 '부머세대'◆이다. 미국 내에서도 세대 간의 갈등이나 사회가 빠르게 변화하는 모습을 지켜본 셰릴 맥심 씨에게 한류콘텐츠와 한류를 즐기는 미국인의 세대 격차에 대한 이야기를 들어보았다.

셰릴 맥심 씨, 한류콘텐츠에 대해 들어 본 적 있이 있습니까? 있다면 어떤 방식으로 알게 되었는지도 말씀해 주세요.

◆ https://www.urbandictionary.com/define.php?term=Koreaboo

[사진 1] 미시간주 출신의 부머세대, 셰릴 맥심

저는 부머세대로 여전히 9시 뉴스를 보고 신문을 읽습니다. 내 또래 친구들이라면 다 공감하겠지만, 스마트폰을 어느 정도 편하게 사용하지만, 눈이 아프기도 하고 집안일을 하며 뉴스를 듣는 것이 편합니다. 한류콘텐츠는 미국 젊은 세대가 즐기는 문화로서 뉴스에 다수 소개된 적이 있고, 《뉴욕 타임스》와 같은 신문에서도 대서특필되어 읽은 적이 있습니다.

한류콘텐츠에 대해 잘 알고 계신 듯합니다. 직접 즐겨보거나 체험한 한국 문화가 있습니까?

〈오징어 게임〉 열풍이 불면서 우리 손자들도 한참 빠져 있었습니다. 옛날에 우리 아들딸들이 청소년일 때 〈포켓몬스터〉가 인기였던 것과 비슷한 맥락이라고 생각합니다. 저도 보려고 했지만, 넷플릭스 가입이 귀찮기도 해서 본 적은 없습니다. 오히려 《CNN》이나 주말 아침 방송 〈굿모닝 아메리카〉에서 김치나 한식 만드는 것을 보고 몇 번 따라 해본 적이 있습니다.

〈기생충〉을 비롯한 한국 콘텐츠가 미국 내 시상식에 노미네이트되고 수상하는 사례가 많아졌습니다. 이에 외국 문화를 받아들이기 힘들어하는 미국 시민의 반응에 대해 어떤 견해를 가지고 있습니까?

미국인을 하나의 카테고리로 묶기엔 너무 방대하지만, 제 자신을 기준으로 이야기하고 싶습니다. 저는 백인 여성이고 중서부 지역에서 나고 자랐습니다. 중서부는 아주 미국적인 곳이고, 이민자도 많이 없는 곳입니다. 하물며 다른 인종을 만나는 기회도 제가 어릴 적에는 드문 일이었습니다. 하지만 지금, 소도시인 미시간 내 우리 동네에는 다양한 사람이 거주합니다. 사실 이러한 다양한 배경을 가진 사람들과 영어로 쉽게 소통하기 어렵고, 그들의 다소 유창하지 못한 영어나 인간관계를 쌓아가는 방식이 미국인과 달라 편견을 가지는 사람이 많았습니다. 특히 미국에 대한 애국심을 국가적 교육이나 홍보물을 통해 배운 우리 세대는 더욱 색안경을 끼고 보는 듯하고요. 제가 어릴 때만 해도 러시아어를 쓰는 사람은 스파이이고, 아시아 사람은 영어를 못 한다는 관념이 당연했습니다. 그러나 지금은 이런 발언을 공개적으로 했다간 큰 비난을 받습니다. 외국 문화를 받아들이기 힘들어하는 미국인의 많은 수가 기성세대이거나 그러한 가정에서 태어난 아이들이라고 생각합니다.

한류는 사실 1990년대 후반, 2000년대 초반부터 꾸준히 해외 진출을 꾀해 왔습니다. 한류가 향후 미국 시장에서도 지속적으로 성장할 것으로 생각하시나요?

저는 그렇다고 생각합니다. 기성세대의 반대는 결국 젊은 사람의 호기심과 취향을 이기지 못하거든요. 밀레니얼세대 그리고 Z세대만 하더라도 많이 바뀌었잖아요. 우리 딸도 남편을 온라인 데이트 사이트에서 만나 결혼했고 잘 살고 있습니다. 제 입장에서는 상당히 충격적인 방식의 만남이었지만 시대는 변하니까요. 한류콘텐츠는 시니어인 제 입장에서는 여전히 전통적인 미디어 채널에서는 만나기 힘들지만, 최근에 서점에 가보니 한국에 관한 책이나 한국 소설가의 책이 많이 번역되어 판매되는 것을 발견할 수 있었습니다. 제 삶에서 '한국전쟁'으로만 인식되었던 한국이 많이 변화했으니, 앞으로 한국 정부나 기업들이 노력을 지속한다면 미국인의 삶에 알게 모르게 영향을 많이 끼칠 것이라고 예상합니다.

말씀하신 것처럼 한류콘텐츠 접근에는 여전히 세대 격차가 존재합니다. 미국인 대다수가 한국 문화를 즐기게 하려면 어떤 방법이 있을까요?

할리우드 스타 중에도 그런 사람은 없었습니다. 엘비스 프레슬리가 처음 나왔을 때 기성세대는 '악마의 음악'이라고 비난했거든요. 한류도 젊은 세대가 즐기는 케이팝, 팬클럽 문화 등 대부분이 스마트폰과 젊은 세대를 겨냥한 제품이 대다수이잖아요. 전 세대를 아우르기 위해서는 한식이나 한국의 생필품이나 평범한 제품 또는 박물관, 미술관, 소설, 교육 기관과 같은 기초 문화에 힘써야 할 것으로 보입니다. 그러한 것들도 한류가 될 수 있을 테니 말이죠. 제 개인적으로는 한강 작가의 『채식주의자』를 정말 감명 깊게 읽었습니다.

4. 케이팝은 마니아적 문화인가? 세대 교체와 함께 변화하는 팬덤

앤드류 로버츠Andrew Roberts 미국 인구조사국 통계부장은 「2020 센서스 인구조사」의 결과를 바탕으로 "18세 미만 인구는 2010년 인구조사 때보다 1.4% 감소하여 2020년 7,310만 명을 기록했다. 하지만 18세 이상의 성인 인구수는 성장세로, 미국 인구 3/4가 18세 이상(United States Census Bereau, 2021)"이라고 말하며 미국의 출산율이 감소하고 있음을 강조했다. 이는 개인주의의 강화를 의미하기도 한다. 온라인 세상과 친밀한 밀레니얼세대는 자녀 출산을 계획하는 나이가 전통적인 기성세대에 비해 늦고, 개인의 커리어와 삶을 더 중시하는 특징을 보인다. Z세대 역시 스마트폰 시대에 태어나 어릴 때부터 모바일 기기로 유튜브를 보며 성장했다. 혼자서 노는 것과 인터넷의 바다에서 사회성을 키우는 것이 당연해졌다. 이처럼 세대 간의 차이가 큰 미국 사회에서 케이팝 스타가 주목받고 자발적으로 팬덤이 결성되는 요인은 무엇일까.

인터넷 속에서 활발한 활동을 보여주는 케이팝 스타와 팬덤은 스마트폰 하나로 SNS의 가상 공간에서 자신이 좋아하는 아이돌과 연결되어 있음을 느끼게 한다. 특히 케이팝 아이돌 중 세계적으로 최고의 인기를 끌고 있는 방탄소년단의 성공 배경에도 SNS를 통한 소통이 기폭제로 작용했다. 네이버, 다음과 같은 국내 사이트를 넘어 국제적인 SNS에서의 라이브 챗이나 방송은 한류스타와의 물리적인 거리를 초월하여 심리적 친밀감을 갖게 해 준다. 한류가 처음 미국에서 태동하던 2000년대만 하더라도, 한국의 콘텐츠를 즐기기엔 여러모로 어려움이 많았다. SNS

도 개인의 삶과 사진을 부분적으로 공개하는 정도였기에, 마니아적 문화로 취급받았다. 번역도 조악해서 실시간으로 한류콘텐츠를 즐기는 데에 어려움이 많았다.

    2010년도 이후 급부상한 한류는 콘텐츠 자체의 질적 성장도 있었지만, 미국 내적인 사회 변화와 주류 세대가 교체된 점을 간과해서는 안 된다. 기성세대와는 전혀 다른 사고방식과 교육을 받아온 밀레니얼세대와 Z세대가 주류사회를 구성하게 된 2022년에는 인터넷을 기반으로 한 마니아적 문화일수록 편안함을 느끼고, 오히려 텔레비전에서 좋아하는 드라마를 찾아보는 것이 어색하다. 남과 차별화되는 특별한 취향의 소유자이며, 기성세대보다 경제적으로 박탈감은 느끼지만 높은 수준의 교육을 받은 젊은 세대에게 한류는 '소확행'을 주는 취미 생활이자 작은 사회이다. 자녀를 늦게 출산하고 인터넷에 익숙하며, 사이버 사회 관계에서 편안함을 느끼는 세대에게 팬덤 활동과 스타와의 소통은 안전하면서도 외로움을 채워주며 동시에 경제적인 부담 없이 문화적 충족감도 얻을 수 있는 콘텐츠인 것이다.

5. 젊은 세대 "한국 문화 최고, 떡볶이 좋아" vs. 기성세대 "애국심 강조되어야"

    2019년 10월 발행된 한국문화교류진흥원 통신원 리포트 "한국어, 미국 대학생들 사이에서 '대인기'… 10년간 선호도 '95% 성장'"은 전통적으로 미국인 학생이 선호하던 제2외국어 과목의 변화도를 적나라하게 보여준다. 기성세대가 선호하던 유럽 기반 국가의 언어는 오히려 비선호 과목이 되었으며, 한국어 수업에 대한 수요가 95% 이상 성장했다(강기향, 2019). 세대가 교체되면서 교육 기관에서도 학생의 선호도에 대해 빠르게 반응하고 있다. 이러한 변화 가운데 현 시대를 살고 있는 젊은 세대 그리고 이들을 바라보는 기성세대의 의견은 어떨까. 코로나19의 대유행 시대를 살아가고 있는 미국의 젊은 세대를 대표하는 MZ세대와 기성세대의 이야기를 함께 들어보았다.

인터뷰에 응한 미국인 4명은 각기 다른 배경과 직업을 가지고 있다. 먼저 밀레니얼세대로 참여한 미셸 왕$^{Michelle\ Wong}$(이하 미셸) 씨는 1990년대 생이다. Z세대를 대표하는 엘리자베스 퀸$^{Elizabeth\ Queen}$(이하 엘리자베스) 씨는 2005년생으로 현재 17세이며 고등학교 재학 중이다.

기성세대를 대표하는 인물은 40대의 마레이나 몬테고머리$^{Maraina\ Montgomery}$(이하 마레이나) 씨이다. 그리고 부머세대로는 앞서 인터뷰에 응

[사진 2~4] 인터뷰이 3인

밀레니얼세대를 대표하는
인터뷰이 미셸 왕

Z세대를 대표하는 인터뷰이
엘리자베스 퀸(출처: 셔터스톡/
Standard Studio)

기성세대를 대표하는 40대,
마레이나 몬테고머리

한 바 있는 63세의 셰릴 맥심$^{Sherrell\ Maxim}$ 씨이다.

상기 내용처럼, 미국 사회의 변화에 따라 전통을 고수하던 기성세대의 거부감에도 불구하고 한류는 지속적인 성장세를 보이고 있습니다. 향후에는 어떻게 될 것이라고 생각하시나요?

미셸: 제가 태어난 1990년대의 학창 시절을 생각해 보면, 아시아인이 100년이 넘는 이민 역사를 가졌음에도 항상 '외국인'으로 취급되어 왔습니다. 하지만 최근 들어서는 다문화 교육이 세분화되어 가고 있고, 올림픽 메달리스트 중 아시아 여성으로서 성공한 이들이 자신이 겪은 인종차별 이야기를 꺼내며 인식을 바꿔가고 있습니다. 이러한 변화 속, 한류는 아시아계 미국인에겐 단연 자랑스럽고 재미있는 문화입니다. 비슷한 듯 다른 한국 문화도 배울 수 있고요. 학창 시절, 한류는 저와 같은 소수의 아시아 소녀가 좋아하는 문화였다면, 지금은 회사에서 만나는 인종, 문화와 상관없이 젊은 세대의 미국인이라면 다들 한 번쯤은 한국 드라마를 보거나 영화를 즐기고 있습니다. 앞으로도 젊은 세대에게 한류는 지속적인 성장세를 보여줄 것이라고 예상합니다. 미국 주류 콘텐츠와 차별화되는 감정, 감성, 문화가 신선하기도 하고요.

엘리자베스: 저는 2005년생이고, 아직 고등학생입니다. 학교에서는 〈오징어 게임〉을 안 본 친구가 없습니다. 〈오징어 게임〉은 성인 관람가 등급을 받았으나 부모님과 함께 다 봤을 거예요. 〈오징어 게임〉 이전에도 넷플릭스에 한국 드라마가 인기 작품으로 뜨고, 학교에 방탄소년단이나 한국 아이돌을 좋아하는 학생이 많아 잘 알고 있어요. 남학생 중에서

도 티는 많이 안 내지만, 한국 여자 아이돌을 좋아하는 친구도 많고요. 한국어도 좋고, 한국 콘텐츠 크리에이터가 만드는 유튜브 영상은 무척 흥미롭습니다. 미국 콘텐츠는 대부분 자극적이거나 너무 잘사는 '척'을 하거든요. 그에 비해 한국 콘텐츠는 여러모로 한국 사람의 따뜻한 정이나 좋은 면모를 잘 보여주는 것 같아요. 사회 실험 카메라도 좋고요. 부모님께도 말씀드렸지만, 대학에 가기 전에 꼭 한국으로 여행을 가보고 싶어요. 남산도 갈 거고, 광장시장에서 떡볶이도 꼭 먹어 보고 싶어요. 한국어 공부도 열심히 하고 있으니 한국 여행을 더 알차게 할 수 있을 거라고 부모님께 계속 말씀드리고 있어요. 저는 커서도 한류콘텐츠를 계속 관심 있게 볼 것 같아요. 저 같은 10대에게 한류콘텐츠는 하나의 추억이 되고 계속 관심 가는 분야가 아닐까요? 물론 한류만 즐기는 건 아니고, 미국 할리우드 스타들의 소식에도 귀를 기울이지만요. 앞으로 한류는 10대들이 나이 들어가도 자녀에게 추천해서 계속 성장할 것이라고 생각합니다.

마레이나: 저는 최근 워싱턴 DC 동부 지역에서 서부 오리건주의 포틀랜드로 이사를 했습니다. 포틀랜드대학교의 국제 교환학생 및 유학 관련 디렉터로 이직했는데, 한인의 수가 적은 포틀랜드 지역 내 대학교에서도 한국에 단기 교환학생으로 가고 싶어 하는 학생이 많습니다. 동부 지역은 한인 커뮤니티나 한국인 친구를 만나기 쉬운 환경이라 자연스럽게 친구의 나라나 문화에 관심을 가질 수 있다지만 포틀랜드엔 한국 문화 센터나 한인 커뮤니티를 찾기도 힘들거든요. 그런데도 한국어 관련 강좌에 대한 문의나 한국 내 어떤 대학교와 교환학생 프로그램이 체결되었는지에 대한 문의가 꾸준히 많은 편입니다. 특히 포틀랜드대학교는 간호학과

가 유명한데, 여름·겨울 방학을 이용해 단기로라도 한국의 병원 시스템이나 어학 교환학생프로그램에 참가하고 싶어 하는 학생이 많습니다. 저도 한국에 거주했던 경험이 있지만, 한국 콘텐츠가 점점 세련되어 가고 국제적인 수준이 되어 간다고 생각합니다. 제가 한국에 살았던 2001년 즈음만 해도 개그 프로그램이나 영화에서 흑인을 '부기맨Boogie Man'이라 명명하고 희화화하는 장면을 보며 상당히 기분이 나빴던 기억이 있습니다. 하지만 최근에는 흑인 연예인이 한국 사람에게 큰 사랑을 받고 인종차별에 관한 논쟁이 오가는 것을 보며 변화가 찾아왔다고 느꼈습니다. 한류는 이러한 변화와 함께 차별적 인식을 개선하려는 한국인의 노력으로 미국 사회에서도 부담스럽지 않게 느끼며 성장할 수 있을 것입니다.

셰릴: 앞서 언급했듯이, 저는 부머세대로서 '애국심'이 강조되었던 시대를 살았습니다. 미국이라는 나라가 최고이고, 세계 강대국이라는 사상을 교육받았지요. 하지만 많은 한국계 미국인, 한국인이 만든 다양한 요리, 예술, 문학의 세계는 개인적으로 큰 감명을 주었습니다. 한국전쟁 때부터 깊은 인연을 맺은 두 국가의 문화교류는 아주 뜻깊다고 생각합니다. 위의 젊은 세대처럼 한류가 미국에서 계속 성장할 것이라는 점에는 동의합니다. 하지만 기성세대가 여전히 건재한 미국에서 이들이 쉽게 한류를 접할 수 있도록 미국 공영방송, 라디오, 신문과 같은 매체에도 꾸준히 접근해 주었으면 합니다. 젊은 세대처럼 '스마트'한 방법으로만 만나긴 힘들거든요. 그리고 자막을 읽는 것도 나이 든 기성세대는 단순히 귀찮아서가 아니라 실제로 시력이나 안과 질환의 문제도 많으며, 자신이 글을 잘 읽지 못한다는 사실이 부끄러워서 인정하지 않는 사람도 많습니다. 그래서 한

국어를 영어로 번역하는 과정에서 너무 길어지면 빨리 읽기가 힘들어 부정적인 비난이나 불평을 하는 사람이 많다고 생각합니다. 이 점을 양해해 주고, 실력 있는 더빙 성우들과도 협업해야만 미국 전 세대를 아우르는 한류가 될 것입니다.

'한류' 하면 가장 먼저 떠오르는 것이 케이팝과 스타, 열성 팬입니다. 이 점에 대해 어떻게 생각하십니까? 케이팝 아티스트는 미국 남자 연예인보다 '여성적'이라는 비난을 받기도 하고, 한국을 맹목적으로 좋아하는 이들은 '코리아부'로 지칭되며 때로는 비하의 대상이 되기도 하는데요, 이러한 점에 대해서는 어떤 시각을 갖고 계신가요?

미셸: 케이팝이나 예능 프로그램이야말로 쉽고 재밌게 문화나 인종과 상관없이 누구나 즐길 수 있는 콘텐츠라고 생각해요. 미국 할리우드 남자 스타처럼 근육질의 몸을 선호하는 것은 대중적인 인식이지만, 거기에 비교해 케이팝 아티스트를 비하하는 이들은 직장이 학교에서 반드시 다문화 교육을 이수해야 한다고 생각하고요. 남성성을 획일화하려는 시도 자체가 불편하기 때문이에요. '코리아부' 역시, 한국을 좋아하는 이들은 있을 수 있습니다. 문제는 조롱하는 단어를 만드는 것 자체입니다.

엘리자베스: 미국 아티스트의 음악을 많이 듣는다고 아무도 비난하지 않는데, 한류스타의 노래를 들으면 팬클럽이나 팬덤에 관해 이야기하는 걸 보면, 확실히 미국 사람의 생각이 굳어 있는 것 같아요. 그리고 '여성적'이라고 비난하거나 코리아부와 같은 단어를 쓰는 사람은 분명 자존감이나 다문화, 포용성에 대해 교육을 못 받은 사람일 거라고 생각해요.

다른 나라 사람이 미국 할리우드 콘텐츠를 좋아한다고 그런 조롱을 받지는 않잖아요. 그렇기 때문에 미국인은 계속해서 교육받아야 한다고 생각합니다.

마레이나: 위 인터뷰이들의 의견에 동의해요. 40대인 저는 스스로 젊다고 생각하지만, 의외로 제 또래의 친구들은 가정을 이루고 있어서인지 상당히 보수적이더라고요. 그럼에도 그들의 자녀들이 선정적인 할리우드 작품보다 희망적이고 건실한 생활을 강조하는 케이팝을 좋아하는 것은 긍정적인 변화라 생각해요. 친구들도 그렇게 생각하기에 오히려 케이팝 팬덤이 서로 즐거움을 나누고 정서적으로 안정되는 모습을 좋아하고요. 코리아부를 비롯한 조롱의 단어는 미국 사회에서 항상 있어 왔어요. 그 어떤 것을 좋아해도 그 대상을 낮추는 단어가 생기는 거예요. 흑인을 좋아하는 사람을 조롱하는 단어로는 '정글 피버Jungle Fever'라는 말을 쓰는데, 이것 또한 차별과 조롱 섞인 시선에서 만들어진 말이고요. 한류콘텐츠는 이러한 조롱과 비난 속에서도 많은 대중이 사랑하는 만큼 계속 성장할 것이라고 생각합니다.

셰릴: 젊은 세대의 의견에 저도 동의합니다. 부머세대는 다문화, 포용성에 대한 체계적인 교육을 받지 못했어요. 제가 학교에 다니던 50년 전만 해도, 단순히 '인종차별 금지'라는 슬로건만 있었지, 이민자나 유색인종이 겪는 어려움이나 어떤 발언이 차별적인지에 대한 교육은 전혀 없었거든요. 영화 〈미나리〉에서, 어린 백인 아이가 한국인 남자아이에게 "넌 얼굴이 왜 납작해?"라고 묻는 걸 보고 웃기기도 하고 미국 사회가 많이 성숙했다고 느꼈어요. 이젠 어린아이에게도 그런 질문은 잘못된 것이

라고 부모가 가르치니까요. 그렇기 때문에 저는 케이팝이나 팬덤에 대해서는 무지하지만, 우리 딸이 어릴 때 백 스트리트 보이스^{Back Street Boyz}를 좋아했던 것이 제가 엘비스 프레슬리를 좋아했던 것과 다르지 않다고 생각해요. 하지만 방탄소년단이 아시아 남성이라서, 미국에서 강조하는 남성성과 다르기 때문에 차별적인 발언을 하는 이가 있다면 과감히 무시하라고 조언하고 싶어요. 한국 콘텐츠는 한국만의 특별함이 있기 때문에 전 세계인의 사랑을 받고 있잖아요. 미국 시장뿐만 아니라 전 세계 아이들이 열광하는 것은, 케이팝 아이돌이 그들만의 개성을 보여주기 때문이니까요.

6. '코리아부' 꺼리는 케이팝 팬덤? 변화하는 단어와 사회적 인식

　단어의 어원이나 의미는 시간이 흐름에 따라 사회가 변화하면서 함께 바뀌곤 한다. '코리아부' 역시 그렇다. 코리아부는 서구권에서 한국인이 아님에도 불구하고 지나칠 정도로 한국(인)을 숭배하면서, 어설프게 한국인처럼 말하고 행동하는 사람을 일컫는 용어이다.◆ 온라인 공간에서는 한국 남성과 여성에 대한 성적 환상이나 한국에 대한 과한 로망을 가지는 사람을 비하하는 단어로도 인식돼 왔다. 이는 '샤이 케이팝 팬덤', 즉 코리아부로 오해받고 싶지 않아 한류를 좋아하면서 좋아하지 않는 척하는 사람을 만들어내기도 했다. 하지만 최근 들어서 젊은 세대 사이에서는 "내

◆ https://www.urbandictionary.com/define.php?term=Koreaboo

가 '코리아부'면 어때서? 난 한국 문화가 좋아"라고 당당히 밝히는 사람이 증가하면서 '코리아부'도 긍정적인 단어로 바뀌고 있다.

미셸 왕 씨는 "내가 한류를 처음 접하던 시절만 하더라도, 아시아의 콘텐츠는 미국이나 유럽보다 하급의 문화이며 유치하다는 편견이 강했어요. 그러한 편견에 맞설 용기가 없는 10대에겐 괜히 숨기게 되는 문화였고요. 샤이 케이팝 팬덤도 같은 맥락이 아닐까요? 미국 사회에서 백인, 주류사회 사람의 문화만 멋지다고 인식되던 역사가 길었기 때문에, 갑자기 멋진 한국인이 나오는 콘텐츠를 받아들이기 힘들었을 거예요. 그러나 지금은 오히려 한류콘텐츠를 비판적인 시각에서 바라보아요. 인종차별적인 발언이나, 여전히 피부가 흰 걸 선호하는 점에서 그렇죠."라고 언급했다. 덧붙여 "최근 유행한 〈솔로 지옥〉에서도 흰 피부를 선호하는 한국인 남성의 발언이 많은 사람을 불편하게 했는데, 이런 점은 한류가 개선해 나가야 할 것"이라는 의견을 밝혔다.

고등학생인 엘리자베스 퀸 씨도 "'코리아부'는 예전엔 부끄러운 말이었을지 몰라도, 지금은 온라인에서 긍정적으로 순화된 것 같아요. 많은 한류 팬이 부정적이거나 차별적인 발언에 대한 인식 개선을 적극적으로 하려는 노력을 펼쳐왔기 때문이라고 생각해요."라며, "샤이 케이팝 팬덤은 아마 지금은 나이 든 기성세대가 괜히 창피해서 쓰는 말 아닐까요? (웃음) 젊은 세대에겐 케이팝을 모르면 그게 더 이상해요. 샤이 케이팝 팬덤은 아마 우리 엄마 아빠처럼 자기 차에서 혼자서 몰래 블랙핑크의 노래를 듣는 50대일 수도 있어요."라며 재치 있게 답변했다.

미셸과 엘라자베스의 말처럼, '샤이' 한류, 케이팝 팬은 자신이 좋아하는 것을 더 이상 부끄러워하지 않고, 당당히 밝힌다. 특히 미국 내 주류 사회라는 의미가 빠르게 변화하고, 다문화 사회에서 백인 절대 다수가 아닌 오히려 다양한 유색인종이 주류사회를 형성하며 한류의 성장세에 가속도가 붙고 있다. 이러한 변화를 인지하고, 미국 내 세대를 아우르는 콘텐츠를 만들어 나가기 위해서 한국 엔터테인먼트와 콘텐츠 사업체는 개성을 잃지 않되 한국 콘텐츠 내에서도 인종, 종교, 문화 편견을 개선해 나가는 것이 현재 놓인 가장 큰 도전일 것이다. 미국 내의 급격한 인종·세대의 변화로 D&I를 더욱 중요하게 생각하고 예민하게 받아들이는 이들이 향후 기성세대가 될 것이기 때문이다. 향후 '한류, 다음'이 변화하는 미국 사회에서 어떤 역사를 만들어낼지 그 귀추가 주목된다.

참고문헌

- National Center for Education Statistic (2019). "Adult Literacy in the United States", National Center for Education Statistic". URL: https://nces.ed.gov/pubsearch/pubsinfo.asp?pubid=2019179
- Ridley, Jane (2020. 4. 9.). Hulu snaps back at Twitter users dissing 'Parasite' over subtitles. New York Post. URL: https://nypost.com/2020/04/09/hulus-twitter-feed-goes-viral-over-clap-backs-to-parasite-criticism/
- United States Census Bereau (2021. 8. 12.). "2020 Census Statistics Highlight Local Population Changes and Nation's Racial and Ethnic Diversity". URL: https://www.census.gov/newsroom/press-releases/2021/population-changes-nations-diversity/population-changes-nations-diversity-korean.html
- 강기향 (2019. 10. 16.). 한국어, 미국 대학생들 사이에서 '대인기'…10년간 선호도 '95% 성장'. 한국국제문화교류진흥원 해외통신원 리포트. URL: http://kofice.or.kr/c30correspondent/c30_correspondent_02_view.asp?seq=17595

한류는 1인치의 장벽을 넘어섰을까
: '코리아부' 향한 미국 언론의 분석과 빌보드 칼럼리스트 제프 벤자민 인터뷰

박지윤 한국국제문화교류진흥원 미국 LA 통신원

1. 프롤로그: 미국 내 언어적 배경, 다양성과 일원성

미국의 학술지《다이달로스Daedalus》에 루벤 럼보트Rubén G. Rumbaut와 더글러스 매시Douglas S. Massey라는 두 연구가가 펴낸 2013년 하반기 보고서, 「미국에서의 이민과 언어 다양성Immigration and Language Diversity in the United States」을 살펴보면 일부 미국인이 미국에서는 영어만 사용되고 있다고 믿는 것과는 달리, 미국은 역사적으로 다양한 언어를 가진 다민족 국가였음을 알 수 있다. 독립 당시, 영어를 쓰지 않는 유럽 이민자가 인구의 4분의 1을 차지했고 펜실베이니아에서는 인구의 5분의 2가 독일어를 사용할 정도였으며 미국인의 3분의 1 이상이 영어 이외의 언어를 사용했음을 알 수 있다. 1800년대 이후에는 다수의 노예 유입, 다양한 언어권 국가 인구의 이민 그리고 각기 다른 언어를 사용하는 아메리카 원주민의 정복으로 인해 미국 내 언어의 다양성이 증가되었다. 구체적으로 1840년대와 1850년대에는 독일인과 켈트족이 대거 유입되었고, 1870년대와 1880년대에는 스칸디나비아인이, 남북전쟁을 거쳐 1880년대부터 20세기 초반까지는 슬라브족, 유대인, 이탈리아인이 다수 유입되었다. 1910년 인구조사에 따르면, 이민자 1천만 명이 영어 또는 켈트어(아일랜드어, 스코틀랜드어, 웨일스어) 이외의 언어(독일어, 이탈리아어, 폴란드어, 프랑스어, 노르웨이어, 스페인어 등)를 모국어로 보고했다.

언어적 다양성은 1914년 제1차 세계대전이 발발하면서 유럽 이민의 중단과 함께 한풀 꺾이고 시들해지기 시작했다. 그 후에는 미국의 제한적인 이민 할당량, 세계적인 불황 그리고 이어진 제2차 세계대전의 발발로 인해 언어적 다양성은 소강상태로 접어들었다. 그 결과, 미국에서 태어난 외국인의 비율은 1910년 14.7%에서 1970년 4.7%까지 떨어졌고, 4년 후에는 언어 다양성이 크게 줄어들어 인구조사국이 모국어에 대한 질문을 중단할 정도였다.

문화인류학자와 사회학자들은 미국이 21세기 패권국가가 될 수 있었던 여러 이유 가운데 이민자로 형성된 나라여서 언어적 다양성으로 인한 문화적 다양성을 지녔던 것이 크게 작용했다는 데 동의한다. 구성원이 다양한 문화적 배경을 지닐수록, 다름을 인정하는 다양성에 대한 인식을 갖게 되고, 이를 국가 정책에도 반영하는 빈도가 높으며, 국제적인 환경 변화에도 상대적으로 더 유연하게 반응할 수 있기 때문이라는 것이다. 다양한 문화적 배경을 지닌 이민자의 나라, 미국에서는 공식 언어인 영어가 다문화 사회를 통합하기 시작했다. 하지만 이민자의 다양한 언어가 단일한 언어인 영어로 대체되는 과정에서 수많은 소수민족의 언어가 소멸되기도 했다. 비록 각기 다양한 민족의 정체성이 어떤 형태로든 3세대와 4세대까지 살아남을 수 있었지만, 이민자의 언어는 대체로 때 이른 죽음을 맞는다. 소수민족 언어의 죽음은 외부로부터의 강요에 의해서가 아니라, 언어 공동체 그 자체에서의 사회적, 문화적, 경제적, 인구통계학적 변화로 인해 발생한다. 미국의 역사적 경험에 대한 광범위한 연구를 바탕으로, 미국의 사회학자인 캘빈 벨트만Calvin Veltman도 지속적 이민이 없었다면 미국에 유입됐던 영어 아닌 모든 소수민족의 언어는 빠른 속도로 사라졌을 것이라고 결론지었다.

    1970년 이후, 미국의 이민 정책이 바뀌어 다시 다수의 이민자를 받아들이기 시작했다. 이로써 미국에서의 언어적 다양성은 다시 빠른 속도로 부활됐다. 현재의 나이든 코카시안 미국인이 성년이 되었던 전후 시대는 미국 역사상 언어학적으로 가장 동질적인 또는 일원화된 시대였을 것이다. 하지만 이를 정상 또는 보통이라고 보아서는 안 된다. 이 시대는 전쟁 이전의 미국에 비해 본다면 오히려 비정상 또는 일탈의 기간이라고 할 수 있다. 따라서 1944~1970년에 자란 미국인의 집단 기억 속에는 미국에서의 언어 양상에 대해 진실이 아닌, 잘못된 인상이 심겨져 있다. 1970년의 미국 인구조사에서 외국인 출생률은 4.7%로 무척 낮았지만 이내 꾸준히 증가해 2010년에는 12.9%에 이르게 되었다. 이러한 새로운 대중 이민의 물결은 미국의 언어 다양성에 또다시 큰 영향을 미쳤다.

    언어 다양성Language diversity이란 미국에서 사용되는 언어의 수와 그 언어를 사용하는 사람의 수를 의미한다. 1980년 이래로 미국에서는 인구조사 및 설문조사 응답자에게 3가지 질문을 하여 언어 사용 실태에 대한 정보를 수집하였다. 그 질문은 첫째, "당신은 집에서 영어 외의 다른 언어를 사용하나요?" 둘째, "그 언어는 무슨 언어입니까?" 셋째, "당신은 영어를 얼마나 잘 구사하나요?"였다. 1980~2000년에 실시된 인구조사와

2010년에 있었던 미국 공동체 설문조사에서 5세 이상의 모든 사람을 대상으로 수집된 이 질문에 대한 답변은 「투표권법」에 따른 이중언어 선거 요건을 결정하는 데 사용되었다. 대중 이민 시대에 접어들면서, 가정에서 영어만 사용하는 비율은 1980년 89.1%에서 2010년 79.7%로 감소하는 등 최근 수십 년 동안 꾸준히 줄어들었다. 이에 반해 영어 이외의 언어를 사용하는 비율은 11%에서 20.3%로 지속적으로 증가했다. 그중 스페인어 사용의 증가는 대부분 라틴아메리카로부터의 대량 이민으로 이루어졌다. 실제로 6천만 명에 가까운 비영어 사용자 중 56.7%가 이민자이다. 2010년도에는 집에서 영어만 사용하는 사람 중 미국 외에서 태어난 사람은 2.6%에 불과했으며 스페인어를 사용한 사람 중 절반(49.4%)이 외국 태생이었다. 물론 집에서 영어가 아닌 외국어를 사용한다고 해서, 그 사람의 영어가 능숙하지 않다는 것을 의미하지는 않는다. 하지만 사회학자들은 과거에 있었던 현상을 참고해 볼 때, 이중언어가 안정적으로 사용될 전망은 희박하다고 분석한다.

이러한 점에서 미국 인구조사국US Census Bureau이 시행한 '미국 지역사회 조사American Community Survey, ACS'는 과거의 인구조사에서처럼, 미국인에게 영어 아닌 언어를 얼마나 잘 구사하는지에 대해 더는 묻지 않는다. 그 대신 집에서 비영어권 언어를 사용한다고 보고하는 사람들에게는 얼마나 영어를 잘 구사하는가만을 질문한다. 영어 이외의 외국어를 사용할 능력이 있는 약 6천만 명 가운데, 집에서 영어로만 말하거나 영어를 매우 잘한다고 보고한 비율은 코카시안의 경우 98.3%, 비히스패닉계의 아프리칸 아메리칸은 97.7%였고, 히스패닉의 경우 66.7%◆, 아시안 아메리칸의 경우 64.49%◆◆로 나타났다.

영어를 매우 잘한다고 보고하는 라틴계 아메리칸과 아시아인은 집에서 다른 언어를 구사하기 때문에 적어도 어느 정도 이중언어를 구사한다고 결론지을 수 있다. 이중언어 사용은 아시아계 인도인(57.5%)에게서 가장 흔하지만 푸에르토리코인, 쿠바인, 도미니카인, 콜롬비아인, 페루인, 그리고 다른 중남미인 사이에서도 비교적 흔한 편이다. 필리핀인, 라오스인, 캄보디아인, 기타 아시아인도 같은 범위의 '이중언어' 비율을 보이고 있다.

비영어권 국가에서 태어난 외국인이 영어를 유창하게 구사하는 정도를 결정하는 주요 요인 3가지는 미국에 도착한 시기의 나이, 교육 기간 그리고 미국에서 살아온 기간이다. 인간이 언어를 배우는 것은 사춘기 이전이 훨씬 쉽다. 일반적으로 교육은 인지 능력을 향상시킬 뿐만 아니라 영어에 대한 노출도 증가시킨다. 물론 미국에 도착한 시점은 영어에 기반한 문화와 사회에 직접 노출되는 기간을 결정한다. ACS의 설문조사 결과를 보면 13세 이전에 미국에 도착한 사람의 영어 실력이 매우 높다는 것을 알 수 있다. 13세 이전에 도착한 사람의 81%는 영어만 구사했고, 최소한 30년간 영어에 노출된 이들의 78%는 영어를 모국어와 함께 구사하고 있었다. 13~39세에 미국에 입국한 이들의 영어 실력 수준은 34~44%로 감

◆ 세부 출신 국가로는 멕시코인 63.1%, 푸에르토리코인 81.4%, 쿠바인 59%, 도미니카인 54.4%, 엘살바도르·과테말라인 43%, 콜롬비아인 58.7%, 페루·에콰도르인 53.2%, 그 외 남미계 58.7%이다.
◆◆ 세부 출신 국가로는 중국인 54.4%, 인도인 78%, 필리핀인 79%, 베트남인 46.9%, 한국인 54.6%, 일본인 76.3%, 캄보디아·라오스인 57.7%, 그 외 아시아계 69%이다.

소한다. 그리고 35세 이후의 입국자는 도착 연도가 오래됐든, 그렇지 않든, 영어 실력의 차이가 거의 없는 것으로 나타났다. 그러므로 사춘기 이전에 미국에 입국한다는 것은 영어를 유창하게 말하는 데 있어 결정적으로 중요한 요인임을 알 수 있다. 영어를 유창하게 구사할 가능성은 질 좋은 고등교육을 받은 사람, 청소년기 이전에 미국에 도착한 사람 그리고 미국에서 최소한 10년 이상 거주한 사람들 사이에서 매우 높게 나타난다. 오늘날 이민자들은 점차적으로 모국어가 쇠퇴하고 영어가 지배적인 상태로 향하고 있으며 시간이 지남에 따라 그들의 모국어는 소멸될 가능성이 높다.

일반적으로, 이민 1세대는 미국 밖에서 태어난 이민자, 2세대는 이민자 부모 아래 미국에서 태어난 이민자, 3세대는 가족이 원주민 부모와 1명 이상의 이민자 조부모로 구성됐고 미국에서 태어난 사람, 4세대는 원주민 부모를 가진 원주민으로 정의된다.

다른 외국어를 구사하는 능력을 갖춘 이민자 중 집에서 영어로만 말하는 것을 선호하는 비율은 빠른 속도로 증가하고 있다. 이민 2세대는 자라면서 영어가 아닌 언어(즉, 그들의 모국어)에 노출되는 빈도는 높게 유지될 수도 있지만, 그렇다고 그들의 모국어가 자동적으로 유창해지는 것은 아니며, 모국어를 읽고 쓸 줄 아는 능력을 갖추거나 모국어를 사용하는 것으로 전환되지도 않는다. 이민 2세대의 84%는 성장하면서 비영어권 언어를 구사하긴 했지만, 조사 당시 모국어를 잘한다는 응답은 36%에 불과했다. 비영어 사용 능력의 상실은 전형적으로 '모국어 상실'의 전초전이다. 따라서 비영어 사용자 밀도가 높은 LA의 이민자 밀집 지역에서도 영어

이외의 언어에 대한 능숙함과 사용 비율은 2세대까지 살아남지 못한다. 2.5세대가 되면 외국어를 잘하는 비율은 17%로 떨어지고, 집에서 영어로 말하는 것을 선호하는 비율은 93%로 증가한다. 3세대에서는 이 비율이 각각 12%와 97%가 된다. 4세대가 되면 외국어 구사율이 2%로 떨어지고 집에서 영어를 선호하는 비율은 99%에 이른다.

현대 미국 사회에서 이중언어 구사 능력은 더 큰 경제적 성공과 연결되는 것은 물론이고, 사회경제적으로 매우 큰 가치를 지닌다. 하지만 실제 미국에서의 (영어로 된) 대중문화의 힘을 고려하고, 영어를 유창하게 구사함으로써 얻을 수 있는 이점을 생각할 때, 안정적으로 이중언어가 유지되기는 상당히 어려운 것으로 나타났다. 이민자들이 이처럼 영어로 통합되는 현상은 미국에서 공통의 시민 언어(영어)의 지속성을 보장한다. 반면에 여러 언어를 유창하게 구사하는 것이 미국 사회의 통합과 응집력을 손상한다는 증거 역시 없다. 오히려 이민자의 고유 언어가 점진적으로 사장되는 현상은 가치 있는 인간, 사회, 문화적 자본의 손실로 연결된다. 더 많은 미국인이 이중언어를 구사한다면, 미국의 경제는 보다 유연하고 투명하게 기능하게 될 것이다. 유럽 평의회는 최근의 보고서를 통해 미래 사회가 '다중언어화'된다면 장점이 많다고 주장했다. 이민자 언어는 국가 화합과 정체성에 대한 위협보다는 보존되고 배양되어야 할 다차원적인 자원이다(Rumbaut & Massey, 2013).

2. 다양성의 사회, 미국에서의 한류 마니아: 코리아부 Koreaboo

미국에서의 한류는 단지 영어 구사자뿐만 아니라 이렇듯 다양한 언어적·문화적 정체성과 배경을 지닌 대중에게 수용되고 있으며, 영어권에서 다양성을 상징하는 문화적 아이콘으로 인식되고 있다. 하지만 코로나 팬데믹 이전부터 그리고 이후에는 더 노골적으로 다양성의 이면인 인종차별이 미국의 대도시는 물론이고 사회 곳곳에서 심각한 사회문제로 대두되고 있다. 특히 코로나19 확진자가 맨 처음 발견된 곳이 중국의 우한이었다는 사실 하나를 두고, 바이러스의 기원에 대해 잘못된 정보가 확산되면서 아시안 증오범죄가 더욱 증가했다. 이와 함께 중국인과 비슷한 외모를 지닌 한국인도 싸잡아 아시안 증오범죄의 타깃이 되었다.

2020년 3월, 코로나19 팬데믹 선언 이후 늘어나기 시작한 아시안 증오범죄는 지난해에 이어 올해까지도 미국의 대도시에서 크게 증가하며 멈출 줄을 모르고 있는 실정이다. 증오범죄란 특정 인종, 종교, 민족, 성별, 연령, 장애인, 조상, 국적, 성적 지향에 대한 개인, 단체 또는 장소의 동일성에 대한 증오를 동기로 하는 범죄이다. 뉴욕시경NYPD이 발행한 「2020년, 20211년 증오범죄 보고서」에 따르면 2021년까지 2년 동안 뉴욕시 전역에서 아시안 증오범죄가 크게 증가한 것으로 나타났다. 우선 2020년 한 해 동안 뉴욕시 전역에서 보고된 증오범죄 건수는 265건이었고 그 가운데 아시안 혐오범죄는 총 27건이었다. 한 해 뒤인 2021년 보고된 증오범죄 건수는 총 524건으로 증가했고 이 가운데 아시안 혐오범죄는 무려 131건이나 되었다. 증오범죄로 인한 구속 건수는 2020년 93건, 2021년 219건으로 늘었고 이 가운데 아시안 혐오범죄로 인해 법적 구속된 케이스는 2020년 20건, 2021년에는 131건이었다(FBI, 2021; NYPD, 2020-2021).◆

뉴욕주는 전국에서 아시안 증오범죄가 두 번째로 많이 발생한 주로 집계됐다. 피해자의 성별은 여성(63.3%)이 남성(30.4%)의 두 배가 넘었고, 출신 국가별로는 중국인(43.5%)에 이어서 한국인이 16.8%를 차지했다. 피해의 형태는 욕설이나 언어적 괴롭힘이 63.7%를 차지했지만, 폭행도 13.7%나 됐다. 한편, 25일 연방수사국FBI이 발표한 자료에 따르면 2020년 1~12월에 미 전역에서 발생한 아시안 증오범죄는 총 279건으로 2019년 158건과 비교해 76.6% 증가했다. 그런가 하면 샌프란시스코에서는 2021년, 아시안 아메리칸을 대상으로 한 증오범죄가 2020년보다 567%나 증가했다(장은주, 2021). 런던 브리드London Breed 시장은 사람들이 증오범죄에 대한 신고를 꺼리는 만큼, 실제 피해자의 수는 더 많을 것으로 의심했다(The San Diego Union-Tribune, 2021).

샌프란시스코 등지의 아시아계 미국인이 공공장소에서 공격받고 강도에게 당하는 동영상은 미국 내 각 지역사회에 큰 경각심을 주고 있다. 이러한 인종차별을 넘어선 혐오의 분위기 속에서 자신이 아시아 국가 중 하나인 한국 문화(한류)의 팬임을 공개적으로 밝히는 일은 때로 '부끄러운 일'이고, 차별과 혐오를 끌어올 수 있는 것으로도 인식된다. 한류 팬들을 일컬어 '코리아부'라고 부르는 것은 이를 증명하는 대표적인 사례일 것이

◆ 전체 증오범죄 및 체포 건수, 인종 유형 등의 정보는 뉴욕시경에서 제공하는 대시보드를 참조. https://app.powerbigov.us/view?r=eyJrIjoiYjg1NWI3YjgtYzkzOS00Nzc0LTkwMDAtNTgzM2I2M2JmYWE1Ii widCI6IjJiOWY1N2ViLTc4ZDEtNDZmYi1iZTgzLWEyYWZkZDdjNjA0MyJ9

다. 미국 내에서의 한류는 이처럼 다양성과 차별이 공존하는 사회적 맥락에서 한류 팬들과 상호작용하고 있다.

먼저, 코리아부가 구체적으로 무엇을 의미하는지 알아보자. 비속어 단어와 구절에 대한 크라우드소싱 온라인 사전으로 출범한 《어반 딕셔너리Urban Dictionary》의 기고자들은 2016년 4월경부터, 코리아부에 대해 "한국 문화에 너무 집착해서 그들 자신의 민족 정체성과 문화를 비난하고 스스로를 한국인임을 선언할 정도로 한국 문화에 집착하는 비토착 한국인◆"이라고 정의하고 있다.

방탄소년단BTS의 지민을 닮으려고 성형수술을 18번 감행하느라 20만 달러(약 2억 2,500만 원)를 소비했던 영국의 코카시안 인플루언서인 올리 런던Oli London은 자신을 한국인으로 규정한다고 세상을 향해 천명한 이후, 끊임 없는 살해 협박을 받고 있다고 한다. 인스타그램 팔로워가 31만여 명에 달하며 유튜버이기도 한 그는 물론 지나치게 극단적이기는 하지만 그가 겪은 일만큼은 코리아부를 향한 혐오를 고스란히 드러내준다.

《VOX》라는 매체에 10대 청소년을 향한 조언의 내용을 칼럼으로 기고하고 있는 아프리칸 아메리칸 여성, 아케일라 내퍼Arkayla Napper는 2019년 1월에 쓴, "코리아부가 정확히 무엇이고, 당신이 코리아부인지는 어떻게 알 수 있을까?"라는 제목의 칼럼에서 이렇게 고백한다. 그녀는 스스로를 '코리아부'라고 자처하고 있다.

◆ https://www.urbandictionary.com/define.php?term=Koreaboo

솔직히 말해서 사람들이 저를 '코리아부'라고 부르기 시작했을 때, 제 감정이 많이 상했습니다. 저를 행복하게 하는 케이팝과 한류에 대해 사람들이 조롱하는 것이 마음 아팠어요. 저는 사람들이 '코리아부'라는 단어를 잘못 사용하고 있다는 것을 알고 있었고 나 자신은 사람들이 정의하는 '코리아부'가 아니라는 것을 알았습니다. 그래서 케이팝을 듣지 않는 사람들에게는 제가 케이팝을 듣고 있으며 케이팝 마니아라는 사실을 숨겼습니다. 누군가를 묘사할 때 '코리아부'라는 단어를 사용하려면, 적어도 그 단어를 제대로 사용하고 있는지 확인하세요.

이어 그녀는 마치 동성애자가 벽장에서 나오듯 세상을 향해 다음과 같이 당당하게 선언한다.

케이팝을 듣는다는 것을 부끄러워하지 마세요. 아무 문제 없어요. 우리는 케이팝을 듣는다는 것에 붙어있는 오명을 벗어야 합니다(Napper, 2019).

21세기 다양성을 표방하는 미국 땅에서 자신이 좋아하고 사랑하는 문화로 인해 차별적이고 모욕적인 꼬리표가 달린다는 것이 결코 좋은 경험은 아니었음을 아케일라 내퍼는 말하고 있다. 그에 따르면 소위 '코리아부' 가운데는 스스로를 한국인이라고 자처하는 현지인도 상당수 있다고 한다. 심지어 실제 한국인 모두의 눈이 외꺼풀이 아님에도 불구하고 비한인인 자신의 큰 쌍꺼풀 눈을 무독성 접착제를 사용하여 외꺼풀로 만듦으로써 외향적으로 보다 한국인처럼 보이도록 만들기도 할 정도이다.

미국 주류사회를 포함한 대부분은 코리아부라는 단어가 어디에서 유래되었는지조차 모르고 사용한다. 코리아부는 자신들의 국적을 완전히 무시한 채, 스스로를 일본인이라고 주장하는 이들, 즉 일본 문화를 추종하여 자신을 일본인으로 자처하는 사람을 묘사하는 '위아부Weeaboo'라는 단어에서 유래되었다. '코리아부'와 '위아부', 이 두 용어는 한국 문화와 일본 문화를 따르는 이들이 한국과 일본 문화의 가공적 또는 인위적인 측면을 취해, 그것을 현실로 만들어야 한다고 주장한다는 점에서 문제적이다. 과연 그들은 한국과 일본 문화의 어떤 가공적인 측면을 취할까. 코리아부는 한국 드라마에서 묘사되는 한국에서의 한국인의 삶을 우상화하고, 위아부는 일본 망가 또는 애니메이션에서 그려지는 일본에서의 일본인의 삶을 맹목적으로 따른다. 하지만 드라마에서 그려지는 한국 문화는 전체 한국 문화의 극히 일부분일 뿐이며 대부분 허구이다. '픽션fiction'이라는 말 자체가 바로 '있을 법한 허구'를 의미함을 잊어서는 안 될 것이다. 코리아부, 위아부로 불리는 이들이 이처럼 대부분 완전히 허구인 한국과 일본 문화의 특정 부분만을 흠모하는 것은 그들의 본래 의도와는 어울리지 않게, 한국인과 일본인에게도 모욕적으로 작용할 수 있는 것이다.

그렇다면 케이팝 팬 또는 한류 팬이 부정적 의미의 코리아부임을 알 수 있는 징후가 있을까. 아케일라 내퍼는 물론 수많은 영어 한류 커뮤니티 사이트에서는 그런 징후가 있다는 것에 동의하고 있다. 첫째, 코리아부는 비한인이면서도 한국 문화를 접한 후, 갑자기 한국인이 된 것 같은 착각에 빠진다는 것이다. 하지만 한국인이 아닌 사람이 어느 날 갑자기 한국인이 되는 것은 불가능한 일이며 되어서도 안 된다. 둘째, 코리아부는 일상생활을 하면서 '진짜', '바보', '하지 마'와 같은, 비한인이 알아들을 수 없는 말을 무의식적으로 내뱉는다고 한다. 또한 '사랑해요'라는 말을 손 하트와 함께 자주 사용하기도 하며 다른 이를 부를 때 이름 First name이 아닌 '오빠', '언니'로 부르기도 한다. 이 대목에서 이런 단어가 한국 드라마에서 얼마나 많이 등장하는지 다시 한번 깨달을 수 있었다. 또한 드라마가 삶을 모델로 하고 있음을 생각할 때, 한국인이 얼마나 삶 속에서 이런 단어를 많이 사용하는가에 대한 통찰도 얻을 수 있다.

셋째, 코리아부는 아직 한국어 공부를 시작하지 않았기에 영어 알파벳으로 쓰인 'Annyeonghaseyo' 또는 'Gamsahapnida'는 이해할 수 있지만, 한국어로 쓰인 '안녕하세요'와 '감사합니다'는 이해할 수 없다. 코리아부는 한국 드라마를 시청하고, 그들의 아이돌 스타가 인터뷰에서 말하는 것을 듣고, 다른 코리아부가 하는 말을 듣는 것으로만 한국어 표현을 익혔기에 아직 한글로 쓰인 한국어는 이해할 수 없다. 아켈리아 내퍼는 "한 문화의 특정 부분만을 애착하는 것은 그 나라 사람에게 모욕적일 수 있다."라고 말했다. 이어 케이팝 등 한류 팬들에게 '한 문화를 그만큼 좋아하면서 깊이 알기 원한다면 응당 한국어를 배우고 보다 폭넓은 한국 문화에 대해 스스로 교육하라'고 조언하면서 그녀 자신도 "케이팝에 빠져 한국어를 배우기 시작했다."라고 고백했다(Napper, 2019).

3. 해나 윤 씨의 칼럼에서 볼 수 있는 코리아부의 의미

유색인종 여성을 위한 온라인 매체 《조라Zora》의 기고자인 한국인 2세 해나 윤Hahna Yoon 씨는 2019년 8월에 게재한 그녀의 칼럼에서 '한류 폐인'을 뜻하는 것으로 의미가 변질되기 훨씬 이전인 2010년에 시작된 뉴스 사이트의 이름이 '코리아부'였다고 밝힌다. 이 '코리아부'는 뉴스사이트로 전환되기 5년 전인 2005년, 플로우시언 시카르Flowsion Shekar가 한류 전용 웹페이지로 개설했다. 그런데 2012년 싸이의 〈강남스타일〉이 전 세계적인 센세이션을 일으키면서 한국 소프트파워의 힘이 커지자 코리아부 역시 2015년까지 한류 팬에게 더 큰 의미를 지니며 성장을 거듭했다는 것이다. 2010년부터 2015년에 이르는 기간은 미국을 비롯해 전 세계적으로 코리안 바비큐, 미샤 마스크팩, 한국 관광 등 한국에 대한 모든 것이 유행하기 시작하면서 한류 열풍이 일었던 시기이다.

프랑스와 미국에서 작가 겸 저널리스트로 활동하고 있는 유니 홍Euny Hong 씨는 2013년부터 2014년까지 한국의 대중문화 산업 종사자, 정부 관계자, 문화 평론가와 학자 등을 집중 취재해 『코리안 쿨: 세계를 사로잡은 대중문화 강국 '코리아' 탄생기The Birth of Korean Cool』라는 책을 집필했다. 저자는 한류의 성장에 대해 "현대사에 있어 세계에서 가장 크고 빠른 문화 패러다임의 변화"라고 표현했다(Hong, 2014). 해나 윤 씨는 한류의 성장과 함께 한국 문화에 대한 외국인의 태도가 기존의 일본 문화에 대한 숭배를 닮아가기 시작했다고 말한다. 여행자는 도쿄에서 경험한 '이상한' 일을 이야기했던 것처럼 서울에서 체험한 '기분 좋은' 것에 대해 말하기 시작했다. 일본 라면을 먹으러 가던 그들이 이제는 순두부를 먹으러 가는 것을 유행시키기 시작한 것이다(Yoon, 2019). 코리아부와 위아부로 인해 서울과 도쿄 두 도시는 모두 서구인이 상상하던 미래의 도시로 떠올랐다. 실제로 런던의 디자인박물관Design Museum의 수석 큐레이터인 저스틴 맥과크Justin McGuirk는 공상과학 소설가 윌리엄 깁슨William Gibson이 상상한 '세계적 상상력의 미래 기본 설정the global imagination's default setting for the future'이 일본보다는 한국일 가능성이 높다고 주장하기도 했으니 말이다.

    해나 윤 씨는 애초에 한류 웹사이트의 이름이었던 코리아부가 일본 문화에 집착하는 사람을 비하하는 '위아부Weeaboo'와 비슷한 의미를 갖기 시작한 시기가 2015년 즈음이라고 말한다.

    케이팝 보이밴드 팬덤의 붐은 '코리아부'의 의미 변화에 가장 큰 이유를 제공했다. 더 구체적으로 방탄소년단의 팬그룹인 아미는 '코리아부'의 의미를 변하게 한 결정적 요인을 제공했다. 방탄소년단의 팬클럽인 아미는 연간 외국인 관광객 79만 6,000명이 한국을 방문하게 할 만큼 영향력이 막강하고, 한국 경제에 연간 35억 달러(약 4조 3천억 원)를 더해 준다(Yoon, 2019).

    《미국사회학회지American Journal of Sociology》제57권에 실린 도널드 P. 켄트Donald P. Kent와 로버트 G. 버나이트Robert G. Burnight의 논문에 따르면 윌리엄 그레이엄 섬너William Graham Sumner가 제창한 '민족 중심주의'라는 용어는 '자신의 집단이 모든 것의 중심이 되는 관점'을 뜻한다. 코리아부는 '자신의 집단보다도 다른 집단을 선호하는 외국인 중심주의자'로 '민족 중심주의'와는 정반대의 의미를 갖는다. 해나 윤 씨는 그녀의 기사에서 부정적 코리아부를 지양하면서, 민족 중심주의와 외국인 중심주의 사이의 중도적 입장에서 한류 팬덤에 접근할 것을 제안하였다.

마지드 무슈타크Majid Mushtaq는 문화체육관광부 해외문화홍보원이 운영하는 영문 페이스북 페이지인 코리아 클리커즈Korea Clickers에서 일하고 있는 파키스탄인이다. 그는 한국 음식을 좋아하고, 한국어를 배우며, 때때로 케이팝 콘서트를 보러 가기도 하지만 스스로를 코리아부로 일컫지 않는다. "새로운 문화를 배우는 것은 흥미진진한 일이지만, 하나의 문화를 다른 문화보다 우월하게 여기는 것은 문제"라고 말하는 그는 쌍방향의 문화교류가 이루어지도록 적극적인 활동을 펼치고 있다.

최악의 코리아부는 한국 문화에 대한 진정한 이해는 부족하면서 집착적인 성향으로 한국 사람을 페티시화한다. 무슈타크는 다른 문화를 좋아하고 소비할 때 코리아부처럼 지나치게 빠지지 않으려면 "있는 그대로의 자신과 자신의 문화를 사랑하라"고 조언한다.

과거 한국에서 영어를 가르쳤던 경력의 미국 소셜 미디어 매니저, 아만다 멜가레호 바스토스Amanda Melgarejo Bastos 역시 코리아부라는 단어에 대해 부정적인 생각을 갖고 있다. 최악의 코리아부는 "근본적으로 한국 문화에 대한 진정한 이해가 부족하며, 그들의 강박관념은 한국인을 미치게 만든다."라고 말한다. 그녀는 1990년대부터 케이팝에 관심을 갖기 시작했다가 거의 코리아부가 될 만큼 한류에 빠졌었지만 이제 한국과 한국 문화에 대해 좀더 조화된 시각을 갖게 됐다고 한다. 왜 코리아부의 지나친 한류 사랑이 문제가 되는 것일까. 문화 전문가는 아무리 긍정적일지라도 고정관념은 부정적인 영향을 미칠 수 있다고 지적한다. 듀크대학교Duke University의 애런 케이Aaron Kay 교수는 지나친 긍정적 고정관념은 부정적 고정관념과 연관되어 있다고 지적한다. 예를 들어 '아프리칸 아메리칸은 스포츠에 뛰어나다'는 고정관념을 갖게 되면, 그들의 '높은 인지적 측면'에 대한 이해는 상대적으로 약화되는 것이다.

카리브해 남쪽의 섬나라인 트리니다드토바고 공화국Republic of Trinidad and Tobago 출신인 키타미 프레스콧Kitami Prescott도 과거에 코리아부였다. 2007년 슈퍼주니어의 음악을 접하면서 처음 한국에 관심을 갖게 된 그녀는 2016년 한국으로 건너와 살면서 "코리아부가 된다는 것이 우습고 불쾌할 뿐 아니라 문화적으로 전용된 일임을 깨달았다."라고 말한다. 그녀는 "앞으로 새로운 문화에 접근할 때에는 집착의 구렁텅이에 빠지지 않고 아웃사이드로 남을 것"이라고 덧붙였다.

해나 윤 씨는 새로운 문화에 노출될 때, 스스로의 정체성을 잃지 않고, 새롭게 접한 문화에 대해 끊임없이 의문을 제기한다면 부정적 의미의 '코리아부'가 되는 것을 피해갈 수 있을 것이라고 결론지었다(Yoon, 2019).

4. 케이팝 칼럼니스트 제프 벤자민과의 인터뷰: 케이팝 팬덤에 대한 미국 주류사회의 인식 변화

통신원은 영어권의 음악 잡지인 《빌보드Billboard》 등 여러 매체의 팝 칼럼니스트로 활약하고 있는 제프 벤자민Jeff Benjamin에게 미국 주류사회가 케이팝 그리고 케이팝 팬덤에 대해 어떻게 인식하고 있는지를 물었다. 그는 2009년경 케이팝을 처음 접하자마자 케이팝의 매력에 푹 빠졌고 음악 시장에서의 무한한 가능성에 주목했던 인물이다. 그리고 2013년부터는

《빌보드》에 케이팝 전문 리뷰를 쓰기 시작했다. 케이팝 칼럼니스트로서의 그의 입지는 전무후무할 정도로 독보적이다. 그는 대부분의 새로운 현상과 마찬가지로 케이팝 팬덤 역시 미국 주류사회에서 이해되기까지는 적잖은 시간이 걸렸다고 말한다. 그리고 여전히 주류사회가 케이팝을 이해하고 수용하는 과정에 있다고 언급했다.

[사진 1] 케이팝 칼럼니스트 제프 벤자민

(출처: 제프 벤자민 제공)

케이팝이 초창기 미국에 진출하기 시작했을 때, 저를 포함한 많은 사람이 과연 주류사회의 관객에게 케이팝이 어떻게 받아들여질 것인가에 대해 걱정했을 것이라고 생각합니다. 미국 음악시장에 진출한 초창기 케이팝 아티스트는 서구의 많은 관객을 더욱 만족시키기 위해서 자신들의 음악 스타일이나 사운드를 바꿀 필요가 있다고 생각했었죠. 하지만 결과는 이런 우려가 잘못된 것으로 증명되었습니다. 적어도 저는 그렇게 생각하고 있어요.

그는 케이팝이 미국에서 소개되고 소비되기 시작한 이래, 자신의 정체성에 충실했던 아티스트, 가장 독특한 아티스트가 가장 성공을 거두고 오래 살아남았다고 말한다. 특히 방탄소년단은 미국에서의 그들의 존재감과 스타성이 계속 성장하는 동안에도 미국 주류사회 팬들의 구미에 맞도록 자신들을 바꾸는 것이 아니라, 오히려 더욱 자신들의 스타일과 메시지 그리고 콘셉트에 충실함으로써 케이팝 업계에서 빛나는 본보기가 되었다는 것이다. 제프 벤자민은 미국 주류사회가 케이팝의 성장을 진정으로 보고 직접 경험했던 순간이 미국에서의 케이팝 팬덤에 있어 가장 특별한 모멘텀이라고 생각한다.

대중매체의 뉴스 헤드라인에서 케이팝 스타가 새로운 유튜브 기록을 갈아치웠다는 소식은 영어를 읽을 수 있는 미국인이라면 누구나 접할 수 있겠죠. 하지만 이를 직접 목격하게 될 경우에는 정말 큰 영향을 끼치게 됩니다. 예를 들어 방탄소년단 같은 아티스트가 미국의 아침방송이나 심야 토크쇼 등, 라이브 TV 행사에서 공연할 기회를 갖게 되었을 때를 생각해 보세요. 미국인 시청자 수백만 명은 비로소 진정한 케이팝 팬덤을 자신들의 눈으로 직접 확인하고, 도대체 어떤 매력이 그렇게도 많은 사람으로 하여금 케이팝에 그토록 크고 뜨거운 열정을 갖게 하는지 궁금해하기 시작하죠.

그에 따르면 미국의 대기업에서 일하는 이들이나 언론 매체에 종사하는 사람은 그 언론 매체의 케이팝 관련 방송을 처음으로 직접 접하기 전까지는 케이팝 관객의 영향력이 얼마나 큰지에 대해 전혀 인식하지 못하고 있었다고 한다. 그리고 케이팝 커뮤니티가 그들이 사랑하는 아이돌 스타에게 얼마나 큰 지지와 응원을 보내고 있는지, 그 팬덤이 얼마나 뜨거운지도 말이다. 벤자민 본인은 수많은 케이팝 콘서트와 케이팝 관련 행사에 직접 참가하면서 피부로 그러한 열기를 체험했다는 것이다.

그는 이어서 미 주류사회의 많은 사람이 어리석게도 이러한 팬덤이 온라인상에만 존재하거나 한국에만 있는 것이라고 무시하고 있지만, 케이팝은 이미 전 세계적으로 엄청난 팬덤을 형성하고 있으며, 특히 가장 많은 수의 케이팝 청중(콘서트)과 청취자(온오프라인 매체)가 있는 미국에서는 더욱 그렇다고 분석한다. 제프 벤자민은 케이팝 팬덤에 대해 미국의 주류사회가 결코 무시할 수 없었던 2020년 6월의 사건을 언급했다. 2020년 6월 21일, 《뉴욕타임스The New York Times》는 도널드 트럼프 미 대통령의 대통령 선거 유세가 흥행 실패로 끝난 배경이 다름 아닌 케이팝 팬들의 영향 때문이라는 보도를 했다(Lorenz, Browning, & Frenkel, 2020). 당시 코로나 팬데믹 사태로 3개월 반 이상 중단됐던 트럼프 대통령의 유세가 오클라호마주 털사Tulsa의 오클라호마 은행 센터Bank of Oklahoma Center에서 재개됐던 때의 이야기이다. 트럼프 전 대통령은 100만 명 이상이 참가 신청을 했다며 최대 1만 9,200명을 수용할 수 있는 유세장이 꽉 찰 것이라 호언장담했지만 막상 당일 뚜껑을 열어보니 경기장은 절반도 차지 않았다. 《뉴욕타임스》는 트럼프의 선거 유세가 실패로 끝났다고 평가하면서 케이팝 팬과 10대 틱톡 이용자에게 부분적 책임을 돌렸다. 케이팝 팬들이 유세 현장에 들어갈 수 있는 무료 입장권을 허위로 대량 신청했기 때문이라는 것이다. 그날 오후 트윗에는 "케이팝이 트럼프의 유세를 망쳤다", "고마워요, 케이팝"과 같은 포스팅이 계속해서 올라왔다. 그날 올라온 한 트윗은 방탄소년단의 팬데믹 이전 마지막 대면 콘서트 장소였던 2019년 패사디나 로즈볼 스타디움$^{Pasadena\ Rose\ Bowl\ Stadium}$이 입추의 여지도 없이 꽉 들어찼던 사진과 트럼프의 텅 빈 유세 현장을 동시에 올려 비교하면서 케이팝 팬들이 미국의 정치에 적극적으로 개입하고 있음을 시사하기도 했다. 2020년 6월 미국 전역에서 '아프리칸 아메리칸 민권 운동$^{Black\ Lives\ Matter}$' 시위가 일어났을 때에도 케이팝 팬덤은 그들의 존재감과 가공할 만한 파워를 시사했다. '불법·폭력 시위를 신고해 달라'는 댈러스 경찰 애플리케이션에 케이팝 가수의 뮤직비디오를 잔뜩 올림으로써 프로그램을 마비시켜 버렸으니까 말이다. 제프 벤자민은 이처럼 케이팝과 케이팝 팬덤이 미국에서 진보적인 정치 사회 운동에 개입하여 진보적 커뮤니티로 주목받고 있는 현상에 대해 깊은 인상을 받았다고 말한다.

> 이 사건은 케이팝 팬들에 대한 미국 주류사회의 인식을 그 뿌리에서부터 대대적으로 바꾸어 놓았습니다. 케이팝 팬덤이 단순히 케이팝 스타와 그들의 음악에 열광하는 수준이 아니라 사회적 정의감에 의거해 정치적인 힘을 가진 집단으로 조직된 행동을 이끌어낼 수 있다는 엄청난 인식을 낳게 한 것이죠. 케이팝 팬들의 이런 조직된 파워를 처음 대하는 이들은 전혀 예상하지 못했던 그들의 힘에 대해 놀라움을 표시할 수도 있겠으나, 케이팝 팬들에게는 자신들의 응집력을 다시 한번 확인할 수 있었던 순간이었던 거예

요. 케이팝 팬들은 자신들이 태어나고 자라온 나라의 음악도 아니고, 그들의 모국어로 쓰이지도 않은 케이팝에 이미 너무나도 큰 사랑과 충성을 보여줌으로써 보다 통합적인 세계를 창조해 온 것은 물론이고, 인종주의자에 대항하여 함께 맞서는 용기와 힘을 보여준 것입니다.

이처럼 미국 주류사회에서의 케이팝과 케이팝 팬덤은 주류사회에 노출되는 기회가 점점 더 늘고 있고, 그 단합된 커뮤니티의 대표성 덕분에 미국 일반 대중으로부터 더 높은 인지도를 얻고 있을 뿐만 아니라, 무엇이 케이팝 팬들을 그토록 차별화하고 특별하게 만드는지에 대한 주류사회의 이해도 함께 쟁취해 가고 있다.

5. 케이팝 보이밴드의 남성성 부족에 대한 미국 주류사회의 평가

다양한 작가의 개방적 블로그 매체인 《배블^{Babble}》의 2020년 11월 칼럼은 미국 주류사회가 케이팝 보이밴드의 남성성 부족에 대해 어떤 평가를 내리고 있는지를 심층적으로 다루고 있다. 칼럼을 쓴 타냐 코셜$^{Tanya\ Kaushal}$은 케이팝과 한국 대중문화에 대해 '임팩트 있는 비주얼, 복잡한 춤 동작 그리고 멋진 보컬의 세계'라고 요약하면서 케이팝 보이밴드 대부분이 밝은 머리색, 성별이 뚜렷하지 않은 패션으로 화려하고 부드러운 조명 아래서 그들의 모습을 드러낸다고 묘사한다. 그녀는 이어 서구 세계의 대다수는 케이팝 보이밴드의 모습이 정형화된 남성성에 대한 궁극적 위협이라는 생각에 케이팝의 부상을 소화하지 못하고 있다고 평가했다 (Kaushal, 2020).

케이팝 보이밴드 멤버의 표면적 모습은 기존의 전통적인 남성성의 역할 또는 이미지와 전혀 부합되지 않는다. 서구 사회의 치명적인 남성성은 남성이 감정을 표현하는 것에 대해 그리고 전통적인 남성의 성 역할의 틀을 벗어나는 것에 대해 끊임없이 비판하고 낙인을 찍는다. 서구의 치명적 남성성이란 여성들에 대해 폭력적인 태도로 대하거나 근육질의 거칠고 분노하는 나쁜 남자의 이미지이다. 이 전통적인 남성성은 수십 년간 미디어에서 언급되며 남성의 행동에 영향을 미쳤고, 특히 이성애자인 남성이 자신을 인식하는 방식도 결정지었다. 영화 〈월스트리트의 늑대The Wolf of Wall Street〉의 조던 벨포트Jordan Belfort 역은 전통적 사회의 치명적 남성성이 적나라하게 반영된 캐릭터라고 할 수 있다. 케이팝 보이밴드 대부분은 이러한 성별 기준에 저항한다. 그들은 분홍, 빨강, 노랑 등 여성스러운 색상의 의상을 입고, 아름다운 귀걸이를 착용하며 무결점 피부를 자랑한다. 이런 모습의 케이팝 보이밴드를 얼핏 본 이들은 흔히 '그들이 여성처럼 보인다'는 편협한 반응을 보인다. 하지만 이러한 반응은 미국 등 서구 사회에서 치명적 남성성이 얼마나 뿌리 깊이 박혀 있는지를 보여주는 또 다른 사례일 뿐이다. 전 세계를 강타한 케이팝 보이밴드, 방탄소년단이 영어 싱글인 〈다이너마이트Dynamite〉로 빌보드 차트 1위를 차지하고 그래미상 후보에 오르며 화제를 불러일으켰을 때, 그들을 다른 팝아티스트와 가장 차별화했던 것은 무대 위에서의 존재감이다. 그들의 콘서트에서는 음악과 공연에 대한 마법 같은 에너지와 열정의 발산을 경험할 수 있다. 유튜브 등 동영상 공유 사이트에 오른 방탄소년단 콘서트 팬캠fancam에서 가장 흔히 볼 수 있는 장면은 멤버들이 노래를 부르며 무대 위에서 서로에게 과하다 싶을 정도의 애정을 보이는 것인데, 이는 서양 보이밴드 사이에서는 좀처럼 보기 힘든 광경이다. 방탄소년단 멤버들은 그들의 남성성을 증명하기 위해 강인한 체력을 보여줄 필요가 없다고 말한다. 남성성은 감정을 드러내는 것과 성 역할을 깨는 것으로도 보여줄 수 있다는 것이다. 대중은 방탄소년단 멤버들이 표현력 넘치게, 자기 성격의 민감한 면을 보여주며 때로 성별에 맞지 않는 패션을 통해 그들의 진정한 모습을 보여주고 있다고 생각한다. 2020년 10월 13일, 방탄소년단의 첫 번째 비대면 콘서트에서, 멤버들은 팬들을 향해 고마운 마음을 부끄러움 없이 충만한 감정과 함께 전달했다. 특히 멤버 중 지민은 눈시울을 적셔 가면서까지 자신의 감정을 표현했다. 지민은 한 인터뷰에서 "어렸을 때에는 '강한 남자'가 되고 싶었지만 이제 더 이상 그런 척할 필요가 없다."라고 말했다.

'꽃미남'은 2000년대 중반, 한국에서 인기를 얻은 표현으로 본래 뜻은 '꽃처럼 아름다운 남자'인데, 케이팝 스타처럼 외모에 관심을 갖는 남성을 일컫는다. '꽃미남' 하면 서구에서는 자동적으로 동성애자를 떠올리기 십상이겠지만 한국에서는 꽃미남이라는 표현만으로는 성적 취향이 규정되지 않는다. 평균 미국인의 시각으로 볼 때 일반적인 한국인이 외모에 대해 기울이는 노력은 무척 커 보인다. 주중 정규 근무일, 서울의 지하철에 있는 사람 대부분은 머리부터 발끝까지 최선을 다해 잘 꾸민 모습을 보여주고 있다. 서울에는 미용실과 스킨케어숍이 구석구석까지 문을 열고 있다. 케이팝 보이밴드 멤버들은 물론이고 한국 일반 남성도 자신의 집에서 얼굴 팩을 하고 스킨케어를 하는 것이 드문 일은 아니다. 하지만 서구에서는 이성애자인 남성이 이처럼 자신의 외모와 피부를 가꾸는 것은 상상도 하기 힘든 혁명적 발상이다.

케이팝이 세계적인 센세이션을 일으키면서 한국의 스킨케어와 뷰티 산업은 붐을 이루고 있으며 뷰티 제품 수출은 빠른 속도로 증가하고 있다. 2019년에는 6억 2,500만 달러(약 7,7734억 원) 이상의 케이 뷰티 제품이 미국으로 수출됐다. 전통적인 치명적 남성성을 해체한 케이팝 보이밴드는 케이팝과 함께 케이 뷰티 제품을 전 세계로 수출하고 있는 것이다. 전통적 남성성의 표준화를 뿌리 뽑기까지는 시간이 걸리겠지만, 케이팝과 케이팝 보이밴드는 확실히 이런 담론에 불을 지폈다. 케이팝 보이밴드와 함께 해리 스타일스Harry Styles, 루크 헤밍스Luke Hemmings 등 서구의 팝스타도 전통적인 치명적 성 규범에 도전하는 시류에 편승하고 있다(Kaushal, 2020).

해리 스타일스는 손톱에 색색의 매니큐어를 칠하고 손가락에는 주렁주렁 반지를 낀 모습을 인스타그램을 통해 보여줬다. 핑크빛 수트, 레이스 달린 블라우스, 아래에 페티코트를 곁들인 스커트, 과한 꽃장식의 챙이 달린 모자에 이르기까지 해리 스타일스의 여성성 넘치는 패션은 한계가 없어 보인다. 루크 헤밍스는 인스타그램에 반짝거리는 눈화장 사진을 올렸다. 시크한 스모키 눈화장을 하고 입술에는 글로시한 느낌의 립그로스를 발랐으며 손에 꽃다발을 든 그의 모습은 턱밑의 수염만 없었다면 여성으로 착각할 만하다. 꽉 닫혀 있는 사회 규범에 위협을 가하는 자는 그가 누구일지라도 편협한 코멘트의 대상이 되는 일이 많지만 그렇다고 그러한 비판이 자신을 마음껏 표현하는 이들을 막지는 못했다. 방탄소년단의 리더인 RM 김남준은 2018년 유엔총회 연설에서 "우리는 우리 자신을 사랑하는 법을 배웠다."라면서 이어 "여러분에게 자신의 목소리를 낼 것을 촉구한다."라고 말했다. 케이팝 보이밴드의 여성화 경향은 전통적인 남성상에서 벗어난 적이 없었던 미국 주류사회에는 커다란 도전이겠지만, 이미 메인 스트림의 아티스트에게도 영향을 미칠 만큼 새로운 시류를 이끌어가는 역할을 하고 있음을 알 수 있다. 이상 살펴본 바를 종합해 볼 때 미국의 주류사회는 외국 콘텐츠에 보수적으로 반응하지만 케이팝과 한류는 이미 그 '1인치의 장벽'을 넘어섰다고 평가를 내릴 수 있지 않을까.

참고문헌

- FBI (2021. 10. 25.). FBI Releases Updated 2020 Hate Crime Statistics. URL: https://www.fbi.gov/news/pressrel/press-releases/fbi-releases-updated-2020-hate-crime-statistics
- Hong, Euny (2014). *The Birth of Korean Cool: How One Nation Is Conquering the World Through Pop Culture*. London: Pucador.
- Kaushal, Tanya (2020. 11. 8.). How K-Pop Bands are Challenging Toxic Masculinity in the West. Babble. URL: https://babbleonline.org/2020/11/08/how-k-pop-bands-are-challenging-toxic-masculinity-in-the-west/
- Napper, Arkayla (2019. 9. 1.). ANNYEONG CHINGOOS! WHAT EXACTLY IS A KOREABOO AND HOW DO YOU KNOW IF YOU ARE ONE?. VOX. URL: https://voxatl.org/what-is-a-koreaboo/
- NYPD (2020). Complaints and Arrests Summary, Annual 2020. URL: https://www1.nyc.gov/site/nypd/stats/reports-analysis/hate-crimes.page
- _____ (2021). Complaints and Arrests Summary, Annual 2021. URL: https://www1.nyc.gov/site/nypd/stats/reports-analysis/hate-crimes.page
- NYPD Hate Crimes Dashboard, https://app.powerbigov.us/view?r=eyJrIjoiYjg1NWI3YjgtYzkzOS00Nzc0LTkwMDAtNTgzM2I2M2JmYWE1IiwidCI6IjJiOWY1N2ViLTc4ZDEtNDZmYi1iZTgzLWEyYWZkZDdjNjA0MyJ9
- Rumbaut, Ruben, & Massey Douglas (2013). Immigration and Language Diversity in the United. *Daedalus*. 142(3), pp. 141~154.
- the San Diego Union-Tribune (2022. 1. 25.). San Francisco reports big increase in anti-Asian hate crimes. URL: https://www.sandiegouniontribune.com/news/california/story/2022-01-25/san-francisco-reports-big-increase-in-anti-asian-hate-crimes
- Yong, Hahna (2019. 8. 20.). Koreaboos Love the Culture, But at What Cost?. Zora. URL: https://zora.medium.com/koreaboos-love-the-culture-but-at-what-cost-4e851d238013
- 장은주 (2021. 10. 25.). "올해 아시안 증오범죄 368% ↑". 《중앙일보》. URL: https://news.koreadaily.com/2021/10/25/society/generalsociety/20211025170009730.html

3
캐나다

Canada

캐나다 문화와 한류:
상호 존중과 공감의 미학

강석진 한국항공대학교 자유학부 학부장
고미진 주한캐나다 대사관 수석공보관

캐나다의 한류에 대해 이해하고 한류를 확산하기 위해서는 캐나다의 역사와 전통, 그들의 문화에 대해 이해하려는 노력이 선행되어야 한다. 캐나다인에 대한 이해가 없이는 상호 문화교류가 이루어질 수 없기 때문이다. 캐나다는 짧은 역사에도 불구하고 문화 선진국으로 도약했으며, 삶의 질 면에서 어느 나라보다 우수한 문화를 구축하였다. 캐나다는 한국의 우방국이며 한국인이 가장 좋아하는 나라의 하나이기도 하다(Gallup, 2012). 2023년 한국-캐나다 수교 60주년을 앞두고 한국과 캐나다의 상호 문화교류의 역사를 살펴보고, 캐나다와 보다 활발한 관계를 구축하기 위해 그들의 문화를 이해하고 상호 협력과 공조의 틀을 더욱 공고히 하는 작업이 필요하다.

1. 2023년, 한국-캐나다 수교 60주년 도래

우리나라와 캐나다는 1963년 공식적으로 수교를 맺고 국제무대에서 든든한 동반자이자 굳건한 동맹국으로 다양한 글로벌 이슈에 대해 공조하고 상호 교류를 확대하고 있다. 캐나다는 공식적인 수교 이전부터 우리나라의 진정한 우방국이었다. 흔히 우리는 한국전쟁에 참가한 터키를 우방국이라고 부르면서 터키를 응원하는데, 사실 캐나다 역시 의미 있는 파병국이다. 한국전쟁 당시 UN 참전 국가 중 세 번째로 큰 규모의 병력인 2만 6,000여 명의 캐나다군이 한국에서 민주주의와 자유를 위해 싸웠으며, 그중 516명이 전사했다. 우리나라와 캐나다의 교류 역사는 그보다 훨씬 더 깊다. 19세기 말 캐나다에서 파송되어 온 선교사들이 우리나라의 의료, 교육 등 제 분야에 기여했으며, 프랭크 스코필드Frank schofield 박사를 위시한 여러 캐나다인이 일제강점기 우리나라의 독립운동에도 힘을 보태었다. 우리나라가 지금 이루고 있는 번영은 여러 나라와의 교류와 협력을 기반으로 한 것이다. 한국과 협력 관계를 맺고 있지만 부분적으로 갈등의 목소리가 들리는 미국, 일본, 중국과의 관계와 달리, 한국은 캐나다와는 단 한 번도 갈등 상황이 된 적이 없다. 2023년 한국-캐나다 수교 60주년을 맞이하여 양국은 더욱 관계를 돈독히 할 것이고, 정치, 역사, 경제, 문화 등 다양한 분야에 있어서 지난 60여 년을 되돌아보며, 향후 양국의 강한 유대관계가 한 단계 더 도약되게 하는 기회로 삼을 예정이다.

2. 이민 사회인 캐나다

캐나다는 대표적인 이민 국가로서 평균 매년 20만~30만 명의 이민자를 받아들이고 있다. 캐나다는 넓은 국토에 부족한 노동력을 메우기 위해 적극적인 이민정책을 펴왔으며, 이민을 통해 우수한 인재를 전 세계로부터 영입하여 자국의 경쟁력을 강화하고 있다. 캐나다 정부는 코로나19 팬데믹에도 불구하고 2021년에 40만 1,000명이라는 캐나다 역사상 가장 많은 영주권자를 받아들였다(Immigration, Refugees and Citizenship Canada, 2021).

캐나다는 20세기 중반 이주정책에서 인종적 문제를 완화하면서 다양한 나라로 이민을 확대했는데, 아시아와 캐리비안 국가들이 주 이민의 대상이 되었다. 최초의 한국계 이민자는 황태연이라는 의학도인데, 그는 기독교 후원으로 캐나다에 갔다가 1948년에 정착했다. 이후 한국인의 캐나다로의 본격적인 이주는, 1966년 캐나다 이민법이 인구 부족으로 인한 노동력 문제를 해결하고자 제정된 것이 계기가 되었다. 독일, 브라질, 아르헨티나에서 일하던 광부들이 캐나다로 재이주를 하면서 캐나다에 정착하는 한국인의 수도 증가하기 시작했다. 1980년대~2000년대 초반에는 재력이 있는 이민자의 투자 이민이 많았다. 그 후에는 전문직, 중산층 이민자와 어학연수와 유학을 통한 이민자의 수가 증가하였다. 1980년대 2만여 명이었던 캐나다 내 한인의 수는 2010년대에는 20만여 명으로 급증하였다. 캐나다는 한국인이 가장 이민 가고 싶어 하는 국가 중의 한곳이다. 2020년 리쿠르팅 플랫폼 사람인의 설문 조사에 따르면 캐나다는 한국인이 이민을 희망하는 1위 국가로 꼽혔다(사람인, 2020). 《캐나다 이민뉴스 Canada Immigration News, 2021》의 자료에 따르면, 2021년 기준 캐나다 이민자 수가 가장 많은 국가는 인도(96,660명)-중국(24,995명)-필리핀(13,310명)-나이지리아(12,500명) 순이고, 한국은 10위로 이민자 수가 2020년에 비해 90% 이상 증가했다(Singer, 2021).

3. 캐나다의 다문화주의

캐나다에서 가장 주목할 만한 문화 현상은 다문화주의이다. 캐나다인의 의식을 조사한 결과에 따르면 캐나다인은 의료시스템, 권리와 자유헌장, 국기와 국가, 국립공원, 연방기마경찰을 다문화주의와 함께 자신의 상징으로 생각하고 있다(최혜자, 2013). 캐나다의 다문화주의는 사회통합정책으로 시작되었다. 다문화주의를 표방하는 모든 나라가 사회통합정책으로 다문화주의를 표방하는 것은 아니다. 캐나다는 다른 이민국인 미국, 호주, 뉴질랜드와는 달리 영국계가 주도적인 위치에서 국가를 건설할 수 없는 상황이었다. 영국계 캐나다인은 프랑스계 캐나다인과 원주민의 도움을 절실하게 필요로 하였고, 국가의 건설과 운영을 위해서는 그들과의 평화로운 공존이 필수적이었다. 캐나다의 다문화주의는 이와 같은 역사적 배경을 지닌 이념적 성격을 띠고 있기에, 다문화주의가 이민정책의 일환인 다른 나라의 다문화주의와 차별화된다. 이처럼 다문화주의는 캐나다를 캐나다답게 만드는 가치이다.

서로 다르다는 것을 두려워하고 피하고 싶은 인간의 본능에 대해 캐나다는 제도적으로 안전망을 구축해 왔다. 그 사례는 퀘벡의 독립에서 확인된다. 퀘벡의 독립은 캐나다에서 가장 뜨거운 이슈였다. 퀘벡 독립주의자들은 캐나다 연방에서 벗어나 프랑스인이 독자적으로 모든 것을 설계하고 독립적인 삶을 영위하는 새로운 국가를 건립하기를 소망해 왔다. 이에 캐나다 정부는 국가의 분열을 막고 연방정부를 유지하기 위해 다문화정책을 수립했다. 캐나다의 수상 피에르 트뤼도^{Pierre Trudeau}는 이중언어정책을 펼치면서 캐나다의 다문화주의를 인권의 차원에서 접근하였다. 트뤼도는 사회정의 구현을 내세우면서 국민 통합을 시도하였다. 1971년 10월 8일 그는 의회에서 "캐나다는 공식적으로 캐나다 시민이 지닌 언어, 종교, 문화의 다양성을 존중한다."라면서 다문화주의를 공식적인 국가 정책으로 선언하였다.

1982년에는 「자유와 권리 장전 Charter of Rights and Freedom」을 선언했는데, 15항에 "모든 개인은 법 앞에서 그리고 법 아래에서 평등하며 인종, 국가, 민족, 피부색, 종교, 성별, 나이, 또는 정신적·신체적 장애에 따른 차별 없이 법으로부터 동등한 보호와 혜택을 받을 권리가 있다."라고 명시했다. 27항에서도 "캐나다인이 지니는 다문화적 전통의 보전과 향상을 지원한다."라고 다문화주의를 명확히 하였다. 1988년에는 「캐나다 다문화주의 법령 Canadian Multiculturalism Act」이 선포되었다. 이 법령에는 모든 캐나다 국민이 정부로부터 동등한 대우를 받으며 캐나다 문화의 다양성이 인정된다는 점이 명시되어 있다(홍영숙, 2019). 구체적으로 캐나다의 다문화적 문화전통이 보호되어야 한다는 점, 원주민의 권리가 보장된다는 점, 자기 문화를 즐길 소수인의 권리가 보장된다는 점, 영어와 프랑스어가 공식어이지만 그 외의 언어 사용이 가능하다는 점, 인종이나 피부색, 조상, 태어난 국가나 민족, 신념, 종교와 관계없이 모든 국민의 사회적 평등이 법에 의해 보장된다는 점이 법령으로 채택되었다.

2002년에는 매년 6월 27일을 '캐나다 다문화주의의 날 Canadian Multicultural Day'로 지정하여 현재까지 다양한 행사를 통해 국민에게 다문화주의의 가치와 역사적 의미를 되새기고 있다. 이와 같이 캐나다는 다문화주의의 정착을 위해 법령을 정비하고 국민의 삶에 다문화주의가 녹아들 수 있도록 노력해 왔다(최혜자, 2013). 그러나 역사적으로 살펴보면 그 혜택이 모든 이민자에게 공평하게 돌아간 것은 아니었다. 1970년대 다문화 정책 초기, 그 혜택은 주로 유럽에서 이주해 온 백인에게 돌아갔으며, 20세기 말에 접어들어서야 비로소 그 혜택이 소수민족으로 확대되어 현재에 이르고 있다. 캐나다의 다문화주의는, 프랑스계 캐나다인의 분리독립운동과 미국의 위협에 직면하여, 메티스^{Métis}를 포함한 영국계나 프랑스계 이주민과 연대감을 형성한 원주민의 권익을 보장하는 가운데, 노동력 부족으로 캐나다에 새로 편입된 아시아계 이주민을 포함한 신규 이주민이 공존하는 가운데 모두가 함께 살아가기 위한 해결책이다. 이주민을 삶의 주체로 인식하고 그들의 권리를 적극적으로 인정하는 캐나다에서 다문화주의는 서로의 차이를 인정하고 서로가 어떻게 연결되어 있는지를 탐색하는 장이 되고 있다. 캐나다의 다문화주의는 지역주의와 함께 캐나다 문화를 특징짓는 양대 축으로 간주될 수 있다.

4. 캐나다의 원주민

캐나다는 세계 최초로 다문화주의를 공식적인 이념과 정책으로 채택한 국가로서, 원주민과 인디언의 문화를 존중하는 것을 정체성으로 인식하며 이에 대한 자부심을 가지고 있다. '캐나다^{Canada}'라는 국가의 공식 명칭은 원주민 이로쿼이족의 '카나다 ^{Kanada}'라는 단어로부터 유래된 것이다. 카나다는 '부족'이라는 뜻으로, 이 용어 외에도 우리가 알고 있는 캐나다의 지명 중 상당수가 원주민의 언어에서 유래되었다. 세계에서 가장 유명한 폭포인 나이아가라Niagara는 '천둥이 치는 곳'이라는 뜻이며, 캐나다에서 가장 큰 도시인 토론토Toronto는 '집회소集會所', 캐나다의 수도인 오타와Ottawa는 '물물교환 하는 곳', 퀘벡Québec은 '강이 좁아지는 곳'이라는 뜻의 원주민 언어에서 유래되었다.

캐나다에서 정부에 의해 공인된 원주민은 '첫 국민First Nations'으로 불린다. 이는 캐나다가 원주민의 땅이었음을 공식적으로 인정하고 있음을 보여준다. 이들은 캐나다의 소유권을 인정받아 어디에서든 사냥과 수렵을 할 수 있다. 정부에 등록하기를 거부한 원주민들도 자유를 누리며 살아가고 있다. 그중 가장 큰 원주민 부족은 크리족이다. 백인 아버지와 크리족 어머니 사이에 태어난 혼혈족은 메티스Métis로 불린다. 캐나다 북부에는 이누이트Inuit족이 자리하고 있는데, 이누이트는 '사람들people'이라는 뜻으로 이들은 한때 '날고기를 먹는 자들'이라는 경멸의 명칭인 '에스키모Eskimo'로 불려왔다. 하지만, 그린랜드, 알래스카, 캐나다 북부 등에 흩어져 살고 있는 이누이트족을 대표하는 기구인 이누이트극지역평의회Inuit Circumpolar Council가 '에스키모'라는 용어가 식민지적인 시각을 가지고 사용한 명칭이므로 '이누이트'라는 용어를 사용해야 한다고 공식화하면서, 에스키모라는 말은 1980년대 이후 더는 사용되지 않고 있다.

역사적으로 아메리카 대륙에 백인이 이주하면서 원주민의 약 90%가 전염병과 살육으로 목숨을 잃었다. 연방정부는 1900년대에 가톨릭교회 등의 시설에서 원주민 어린이를 강제로 훈육하도록 하였는데, 그 과정에서 원주민의 문화와 언어가 피폐해지고 아이들은 신체적, 정신적, 성적으로 학대당했다.

캐나다 정부는 원주민에 대한 그러한 과거사를 반성하고 원주민 후손에게 보상하려는 노력을 기울이고 있다. 그 일환으로 2008년 스티븐 하퍼 총리는 캐나다 정부 차원에서 진실화해위원회 Truth and Reconciliation Commission를 출범하고, 2015년까지 캐나다 원주민 기숙학교에서 이루어진 과오에 대해 조사를 진행했다. 그 결과 1880년대 이후부터 약 100여 년간 캐나다 정부의 위탁을 받아 가톨릭교회에서 운영한 원주민 기숙학교에서 여러 학대가 이루어진 사실이 드러났다. 특히 지난 2021년에는, 브리티시 컬럼비아주, 서스캐처원주 등에서 운영되었던 원주민 기숙학교 부지에서 아동의 유해 1,000여 구가 발견되면서 캐나다 사회를 충격에 빠뜨렸다. 캐나다 트뤼도 총리는 캐나다의 어둡고 부끄러운 역사에 대해 사과하였고, 캐나다 정부는 매년 9월 30일을 연방 법정 공휴일인 '진실과 화해의 날 National Day for Truth and Reconciliation'로 지정하였다. 캐나다 정부는 2022년 1월 4일에도, 강제로 원주민 어린이를 가족과 분리한 과거사에 대해 37조 원의 보상금을 출현하였다. 피해자 수십만 명에게 200억 캐나다 달러(약 18조 8,300억 원)가 지급되고 그들의 보육체제 개선을 위해 5년에 걸쳐 200억 캐나다 달러를 들이기로 합의하였다. 이와 같은 합의는 세계사에서 원주민 공동체에 보상한 최대 규모이다.

 2016년 기준으로 캐나다 원주민의 인구수는 167만 3,000여 명으로 전체 인구의 약 5%를 차지하였다. 1996년 약 2.8%, 2006년 3.8%였던 점을 볼 때, 원주민의 인구수는 꾸준히 늘고 있다. 한편, 캐나다 정부에서 1995년에 원주민 자치 정책을 발표 이후 '첫 국민 First Nations'과 이누이트족은 자신의 고유한 언어와 문화를 유지한 채 독자적인 자치 정부를 수립할 수 있게 되었다.

5. 미국과 '캐나다적인 것Canadianness'에 관한 이해

캐나다는 9억 8,797만 5,000헥타르의 국토 면적을 보유한 국가로, 전 세계에서 국토 면적이 러시아 다음으로 넓다. 그러나 인구 규모는 2021년 통계청 자료 기준 3,699만 1,981명으로 세계 38위에 그치고 있다. 토론토, 몬트리올, 밴쿠버, 오타와, 캘거리와 같은 큰 도시에 캐나다 전체 인구의 약 80%가 몰려 있어서, 국토 중 광활한 지역이 아직 사람의 손이 닿지 않은 상태이다. 전 국토의 절반 이상이 인간이 살아갈 수 없는 땅이며, 극심한 추위로 인해 캐나다 인구의 90% 정도는 미국 국경 근방에서 살아가고 있다.

캐나다 문화는 프랑스의 영향력과 영국의 식민 지배로부터 벗어나 독자적인 나라로 자리매김하는 과정에서 생겨난 캐나다인의 번민을 담고 있다. 또한 국경을 같이하고 있으며 같은 식민지 경험을 공유하는 미국과는 다른 자신만의 가치관과 목소리를 내야 한다는 압박감도 느끼고 있음이 목격된다. 캐나다 연방이 결성되고 1867년 「영국령 북아메리카법British North America Act」에 의해 영연방 캐나다가 탄생되기까지 미국은 언제든지 캐나다 땅은 차지할 수 있을 것으로 여겼다. 남북전쟁 때 남부를 지원한 영국에 대해 미국은 보복의 기회를 노리고 있었기에, 국경을 접하고 있는 영국 소유의 캐나다 영토는 손쉬운 공격 목표가 되었다. 1866년 아일랜드 병사가 중심이 된 페니언Fenian이 캐나다를 침략하였고, 미국의 영토 확장에 위기를 느낀 캐나다인은 연방을 형성하여 스스로를 미국으로부터 보호하였다. 캐나다가 독자적인 국가로 건립된 이후에도 캐나다는 미국의 강력한 정치적·경제적 힘의 영향을 받았다. 글로벌화된 현대의 사회 구조 아래에서 미국에서 일어난 일은 언제든지 캐나다에서도 일어날 수 있는 일이 되었고, 특히 현대에 와서 미국 자본주의의 힘은 캐나다인의 삶과 그들의 문화에 큰 영향을 미치고 있다(강석진, 2020). 캐나다의 문화는 영국·프랑스·미국과 한편으로는 협력하고 다른 한편으로는 갈등과 충돌을 일으킨 역사의 흔적을 고스란히 지니고 있다. 캐나다와 문화적으로 교류할 때 이와 같은 주변국과의 관계를 염두에 두고 접근할 필요가 있다.

6. 우리나라와 캐나다의 문화 비교

문화교류를 위해서는 상대 문화에 대한 이해가 필수적이다. 특히 자신의 문화를 상대 문화에 전파하고 그 영향력을 행사하고 싶다면 자신의 문화의 특색과 상대 문화의 특색을 이해하는 것이 필요하다. 이 글은 헤이르트 홉스테드Geert Hofstede의 문화연구 이론에 토대를 두고 캐나다와 대한민국의 문화적 차이를 살펴보고자 한다. 헤이르트 홉스테드는 전 세계 50여 개국이 지닌 가치 조사 자료를 검토하면서 국가 가치 체계의 차이를 구분하는 네 개의 문화 차원을 설정했다. 이후 문화 차원은 얀 홉스테드Jan Hofstede, 마이클 민코프Michael Minkov와의 공동 연구에서 여섯 개로 확장된다. 이들이 개발한 ① 권력 거리Power Distance, ② 개인주의와 집단문화Individualism vs. Collectivism, ③ 남성적 문화와 여성적 문화Masculine vs.

Feminine, ④ 확실성 회피 문화Uncertainty Avoidance와 수용문화, ⑤ 장기지향 문화와 단기지향 문화Long-term Distance vs. Short-term Distance, ⑥ 자적 문화와 자제 문화Indulgence vs. Restraint의 틀로 캐나다와 우리나라의 문화를 비교해 볼 것이다(Hofstede, Geert, Gert Jan Hofstede, and Michael Monkov, Cultures and Organizagions, 2010).

① 권력 거리PDI는 한 국가의 제도나 조직의 힘없는 구성원이 권력의 불평등한 분포를 기대하고 수용하는 정도를 의미하는 것으로, 그 문화의 평등성을 보여주는 지표이다. 권력지수가 높을수록 불평등한 사회이다. 조사 대상 국가 76개국 중 권력지수가 가장 높은 나라는 말레이시아, 슬로바키아, 과테말라, 파나마가 같은 동(남)아시아와 중앙(남)아메리카 나라들이 차지했다. 한국은 지수 60으로 그리스와 함께 41-42위에, 캐나다는 지수 39로 62위를 차지했다. 호주가 64위, 미국이 59-61위, 영국이 65-67위로 모두 우리나라보다는 권력거리 지수가 낮은 것으로 집계되었다.

② 개인주의IDV는 집단의 이익보다 개인의 이익을 중시하는 사회에 살고 있음을 뜻하는 지표이다. '우리'라는 집단은 개인 정체성 형성의 근원이자 안전 보호망이 되어준다. 따라서 개인은 내 집단에 대해 충성심을 보이며, 집단주의 문화는 개인의 이익이나 자유보다 집단의 안위를 우선한다. 조사 대상 국가 76개국 중 최상위 4개국이『한류, 다음』영어권 편에서 다루고 있는 국가들이 차지하였다. 미국이 지수 91로 1위, 호주가 지수 90으로 2위, 영국이 지수 89로 3위, 캐나다가 지수 80으로 헝가리, 네덜란드와 함께 4-6위에 올랐다. 북유럽과 북서유럽 국가들이 상위권에 자리매김하고 있는 것이다. 우리나라는 지수 18로 65위에 머물렀다.

③ 남성성^{MAS}은 문화적으로 결정되는 성의 사회적 역할을 일컫는 지표로, 남성적 성취는 자기주장과 경쟁을 강화하며 여성성의 돌봄은 인간관계와 생활환경에 대한 관심을 키운다. 76개국 중 슬로바키아, 일본, 헝가리가 각각 남성성 지수가 높은 나라 1, 2, 3위를 차지했다. 영국은 11-13위, 미국은 19위, 호주는 20위, 캐나다는 지수 52로 33위를 차지했다. 우리나라는 지수 39로 59위를 차지하였다. 영국, 미국, 호주, 캐나다 모두 한국보다는 남성성이 강한 나라로 분류되고 있다.

④ 불확실성 회피^{UAI}는 한 문화의 구성원이 불확실한 상황이나 미지의 상황에 대해 느끼는 정도를 나타내는 지수이다. 그리스, 포르투갈, 과테말라가 불확실성을 가장 회피하는 국가로 조사되었고, 한국은 지수 85로 불가리아 및 터키와 함께 23-25위로 랭크되어 있다 미국이 64위, 영국이 아일랜드와 함께 68-69위, 호주는 57-58위, 캐나다는 지수 48로 62-63위에 위치해 있다.

⑤ 93개국을 대상으로 조사된 장기지향지수^{LTO}는 구성원의 단기지향성과 장기지향성을 수치로 나타낸 것으로서 끈기와 검약의 미덕은 장기지향에, 과거 및 현재와 연관된 미덕의 수양은 단기지향에 해당되는 지수이다. 장기지향지수 1-4위는 모두 동남아시아 국가가 차지했는데, 한국이 지수 100으로 1위이고, 대만, 일본, 중국이 그 뒤를 잇는다. 영국은 46위, 미국은 69-71위, 호주가 77위이며, 캐나다는 지수 36으로 55-56위에 위치한다.

마지막으로 ⑥ 자적/자제지수^{IVR}를 살펴보기로 하자. 자적은 재미있게 즐기는 것과 연관된 인간의 기본적 욕망에 대해 상대적으로 자유로운 충족을 허용하는 것을 말하며, 자제는 욕구 충족이 엄격한 사회 규범에 의해 규제되고 억제되는 것을 나타낸다. 특히 이 지수는 주관적 웰빙 지수, 즉 삶에 대해 얼마나 만족하며 행복을 느끼는가와 연관되어 있다. 93개국을 대상으로 조사된 자적/자제지수의 1위는 베네수엘라가 위치했고, 멕시코, 푸에르토리코, 엘살바드로가 그 뒤를 이어 4위까지 모두 중앙아메리카와 남아메리카 국가들이 차지하고 있다. 호주는 11위, 영국은 14위, 캐나다는 지수 68로 네덜란드 및 미국과 함께 15-17위에 위치했다. 한국은 지수 29로 67-69 순위에 위치한다(Hofstede et al., 2010).

홉스테드의 문화 분석을 토대로 캐나다와 우리나라의 문화교류에서 염두에 둘 점을 정리해 보자. 우리나라 문화는 인간의 욕구 충족에 대한 사회적인 제약이 강한 반면, 캐나다 문화는 상대적으로 즐거움을 자유롭게 추구하는 경향이 있다. 따라서 주관적인 행복이나 웰빙 지수가 우리나라보다 높다. 캐나다는 미국, 영국, 호주와 함께 개인주의 성향이 대단히 강한 나라이다. 이에 비해 우리나라는 개인보다는 집단의 안위와 이익을 우선하는 문화가 구축되어 있다. 캐나다는 미지의 상황이나 불확실한 상황에서 불안을 느끼는 정도가 우리보다 낮다. 따라서 모호함을 크게 두려워하지 않으며 새로운 것에 대해 개방된 성향을 보인다. 캐나다도 미국, 영국, 호주와 같이 성취 지향적이라고 할 수 있지만, 영국이나 미국만큼 성취 지향성이 아주 강한 편은 아니다. 영미권 국가 중 캐나다는 성취보다는 인간관계나 돌봄을 중시하는 우리나라 문화와 가까운 국가이다. 캐나다는 우리나라보다 단기지향적이다. 한국이 장기지향 성향에서 조사 국가 중 1위를 차지하는 특수성이 있다는 점을 고려해야 한다. 우리나라

문화는 끈기와 검약의 장기지향적 미덕이 강한 문화이며, 캐나다는 상대적으로 과거 및 현재와 연관된 미덕의 수양을 존중한다. 권력의 평등 지수를 나타내는 권력거리는 우리나라가 미국, 영국, 호주, 캐나다보다 높다. 캐나다는 한국보다 수평적이고 평등한 문화 구조를 가지고 있다. 이와 같은 가치 분석은 우리나라가 캐나다를 포함하여 전 세계에 우리의 문화를 알리고 상호 교류를 하면서 고려해야 할 내용이라고 할 수 있다.

7. 캐나다의 영혼과 상상력

러시아인의 강한 생명력과 영혼에 대해 이야기할 때 우리는 흔히 도스토옙스키Dostoevski와 톨스토이Tolstoy를 언급한다. 영국에는 셰익스피어Shakespeare가, 독일에는 괴테Goethe가 자국의 정신과 영혼을 대변해 준다. 또한 프랑스인의 정신과 사상은 구체적인 작품까지는 열거하지 않더라도 에밀 졸라Emile Zola와 사르트르Sartre가 대변한다는 정도는 전문적인 지식이 없더라도 알고 있다. 유럽 국가에 비해 상대적으로 역사가 짧은 북미 대륙의 작가들도 안정적인 국가의 형태를 갖춘 뒤 자신의 정체성에 대해 고민하고, 독자적인 목소리를 내며, 더 나아가 자신의 영혼을 전 세계에 알리고 나누어왔다. 미국에서는 너새니얼 호손Nathaniel Hawthorne, 허먼 멜빌Herman Melville, 마크 트웨인Mark Twain 등의 작가들이 등장하면서 미국의 정신을 전 세계에 알리고 인류문화에 기여하였다. 캐나다에도 캐나다의 정서를 캐나다적인 형식으로 담아내어 전 세계인 마음에 또렷하게 흔적을 남긴 작가들이 있다. 캐나다는 노벨 문학상을 수상한 앨리스 먼로Alice Munro,

마거릿 애트우드Margaret Atwood, 마거릿 로런스Margaret Laurence 등 그 문학적 자질을 인정받은 작가들을 배출하였다. 캐나다를 대변하는 국가적 아이콘으로는 단풍, 큰사슴, 비버와 같은 자연물이 우선순위에 놓인다. 그런데 필자는 캐나다의 정신과 영혼을 표상하는 문화적 아이콘으로 '빨강머리 앤'과 시턴의 '동물기'를 제안한다.

『빨강머리 앤Anne of Green Gables』은 루시 모드 몽고메리Lucy Maud Montgomery가 1908년에 완성한 작품으로 미국 보스턴의 페이지L. C. Page사에서 출판되어 큰 인기를 누렸다. 1920년 중반쯤에는 이 작품이 캐나다를 표상하는 작품으로 자리매김했고, 1942년부터는 캐나다 출판사에서도 책이 발간되기 시작하였다. 이전까지만 하더라도 캐나다의 아동들은 영국이나 프랑스의 작가가 쓴 동화를 읽었다. 캐나다의 풍토와 캐나다의 정서, 캐나다의 영혼을 담은 동화는 없었다. 몽고메리는 앤이라는 탁월한 인물을 창조함으로써 캐나다의 아동 문학을 대표할 뿐 아니라 캐나다 문학과 문화를 대변하는 아이콘을 만들어 내었다.

『빨강머리 앤』은 몽고메리가 태어난 캐나다의 프린스에드워드섬Prince Edward Island이 불러일으킨 영감의 산물이다. 햇살에 물결이 반짝거리는 바다 풍경, 과일이 주렁주렁 열린 나무, 사과꽃이 만발한 길 그리고 초록 지붕의 집에서 살아가는 19세기 켈트 혈통의 영국계 캐나다인의 열정과 영혼이 묻어 있는 작품이다(강석진, 2017). 앤의 상상력은 허상에 그치는 것이 아니라 상상 속의 장면이 현실화되면서 강력하게 그 힘을 발휘한다. 이런 측면에서 앤의 상상력은 허황된 환상 문학에서 작동하는 영향력보다 더욱 강력하고 의미 있어 보인다. 어린 시절 부모를 잃고 자연과 벗하며 성장한 앤의 이면에는 작가 몽고메리의 삶이 투영되어 있다. 몽고메리는 어렵고 힘들지만 꿋꿋하게 자신의 삶을 살아가면서 많은 사람의 마음을 열게 하고 감동을 준 소녀를 만들어 내었고, 그 소녀는 캐나다인의 정체성과 문화를 대변하는 대표적인 아이콘으로 굳게 자리매김되었다.

시턴의 '동물기'는 『빨강머리 앤』과는 또 다른 의미에서 캐나다인의 정서와 영혼을 단적으로 보여주는 텍스트이다. 작가 어니스트 톰슨 시턴 Ernest Thompson Seton 은 잉글랜드에서 태어났지만 1866년 가족이 캐나다로 이주하면서 캐나다의 광활한 자연환경을 접한다. 캐나다 돈 밸리 Don Valley 에서의 경험은 작가로서 야생동물에 대한 상상력을 형성하는 데 큰 역할을 하였다. 시턴은 1891년 『매니토바의 새들 The Birds of Manitoba』에서 캐나다의 동물, 특히 새의 행동을 세심하게 기술하였고, 이후에는 야생동물을 그리는 화가로서도 명성을 얻었다. 같은 해 〈늑대들의 승리 The Sleeping Wolf〉로 프랑스 파리 살롱에서 수상하였고, 매니토바의 공식 박물학자로 지명되기도 하였다.

시턴의 1898년 작품 『내가 아는 야생동물 Wild Animals I have Known』에서 창조된 매력적인 동물 중 늑대 로보 Lobo 는 대중에게 큰 호응을 얻었고, 사실주의 동물 이야기라는 문학적 장르 형성에 결정적인 역할을 하였다. 로보는 초현실적인 지성을 지니고 있고 자신의 짝을 떠나지 못해서 죽음을 맞이하는 인간적인 면도 지니고 있다. 시턴의 작품은 영웅주의나 예언적 비전을 수반한다. 솜꼬리토끼 래기러그의 이야기도 모성애가 강한 엄마 토끼 몰리의 비극적 죽음에 대한 애도와 영웅주의에 대한 언급으로 마감하고 있다. 토론토 북동쪽의 캐슬 프랭크라는 언덕에 사는 까마귀 무리의 지도자인 실버스팟도 영웅적인 동물이다. 실버스팟은 올빼미에게 목숨을 잃을 때까지 200여 마리 이상의 까마귀 무리를 이끌면서 종족의 생존과 번영을 위해 헌신한다.

일련의 캐나다 작가들은 동물 이야기에서 인간들이 이 세상에 있는 다른 존재들과 함께 공존하는 관계를 이해하고자 하는 창조적인 시도를 하였다. 캐나다 문학의 창립자들은 여러 동물의 삶과 인간과의 관계에 깊은 관심을 가지고 있었고, 이는 캐나다 문학의 특징적인 단면을 보여준다고 할 수 있다. 『파브르 곤충기』와 함께 전 세계적으로 널리 읽히는 시턴 동물기의 배후에 캐나다가 자리 하고 있는 것도 우연이 아니다. 시턴의 이야기에 등장하는 로보를 비롯한 캐릭터들은 각자 개성을 가지고 자신의 삶을 살아가는 생명체이며 캐나다의 상상력이 빚어 낸 아름다운 창조물이다. 사실주의적 동물 이야기의 아버지로 불리는 로버츠의 말을 빌리자면 동물 이야기는 강력한 해방자이다. 동물 이야기는 효용성이라는 세계에서 벗어나 자연으로 되돌아갈 수 있게 한다. 동물 이야기는 야만적인 세계로 우리를 되돌리지 않으면서, 이 세상의 여러 존재의 오랜 혈족 관계로 우리를 복원시키며, 새로운 각성과 재생을 우리에게 부여한다. 캐나다의 동물 이야기는 인간 중심의 신화에서 벗어나 동물과 인간이 함께 공존하는 다른 세계를 구축하는 상상력을 키워내는 기념비적인 기록물이라 할 수 있다.

시턴과 몽고메리의 텍스트는 구대륙이나 미국의 상상력이나 꿈과는 다른, 캐나다만의 독자적인 세계를 구현하는 상상력의 힘을 보여주고 있다. 얼핏 보기에 그들의 텍스트는 단순하고 소박해 보이지만, 강하고 단단한 상상력과 믿음을 토대로 하고 있다. 그리고 그 이면에는 캐나다만이 지니고 있는 독특한 지형과 역사가 자리하고 있다. 앤과 로보는 아동뿐 아니라 척박한 현실을 살아가는 어른들에게도 사랑받는 텍스트이기도 하다. 이들이 잊히지 않고 지속적으로 사랑받는 이유는 강력한 캐나다적 상상력의 힘을 토대로 텍스트가 구축되었기 때문이다(강석진, 2018). 그리고 셰익스피어, 괴테, 마크 트웨인, 도스토옙스키의 작품과 함께 시턴과 몽고메리의 작품은 전 세계 독자에게 큰 감동을 주면서 널리 사랑받고 있다. 이는 캐나다적 상상력이 지역적 한계를 넘어서 보편적인 인간 본성에 기반을 둔 상상력 위에 구축되어 있음을 시사한다. 시턴과 몽고메리는 캐나다 토양을 토대로 캐나다의 정신을 노래하는 작품을 글로벌화한 정점에 서 있다고 말할 수 있을 것이다.

8. 보편성을 보여주는 한류의 가능성, 〈김씨네 편의점〉

〈김씨네 편의점〉은 캐나다의 시트콤으로 인스 최$^{\text{Ins Choi, 한국명 최인섭}}$의 연극 〈김씨네 편의점〉을 원작으로 하고 있다. 캐나다 국영방송인 《CBC 텔레비전$^{\text{CBC Television}}$》에서 2016년 10월부터 2021년 4월까지 다섯 시즌에 걸쳐 방영한 〈김씨네 편의점〉은 토론토를 배경으로 캐나다 교포 사회에서 볼 수 있는 한국인 이민자 가족의 이야기를 따뜻하고 재미있게 그려내어 캐나다 내에서 인기를 끌었고, 2018년 이후 넷플릭스를 통해서도 공개되면서 세계적인 인기를 끌었다. 한국에서도 《TV 조선》이 판권을 구매하여 일부 시즌이 방영되기도 했다.

연극 〈김씨네 편의점〉은 2011년 인스 최가 극본, 연출, 제작, 연기 등 1인 4역을 맡으면서 토론토의 프린지 페스티벌Fringe Festival에서 초연되어 전회 매진의 기록을 남겼다. 그 후 소울페퍼극단Soul Pepper Company에 의해 제작되어 캐나다 주요 도시를 순회하며 공연되었다. 우리나라에도 2017년 해외에서 활동하고 있는 한인 연극인의 작품을 소개하는 한민족디아스포라전의 한 프로그램으로 국립극단에 의해 번역극으로 소개된 바 있다. 2016년 드라마 〈김씨네 편의점〉 시즌 1편이 캐나다에서 방영되고 있을 무렵, 인스 최는 주한캐나다대사관의 초청으로 한국을 방한했다. 당시, 작가는 캐나다 요크대에서 연기를 전공한 후 자신의 경험을 바탕으로 극본을 쓰게 되었다고 말했다. 한 살 때 캐나다로 이주한 작가는 온타리오 이토비코 지역에서 가족과 함께 삼촌이 운영하는 편의점 건물의 2층에서 살았는데, 이 편의점을 매개체로 하여 작가의 이주와 정착 경험을 바탕으로 〈김씨네 편의점〉을 창작한 것이다.

2016년 10월 11일부터 12월 27일까지 〈김씨네 편의점〉이 캐나다 국영방송에서 방영되었는데, 첫 방송이 나가자마자 캐나다 시청자의 반응은 폭발적이었다. 방영 기간 3개월 동안 약 93만 명의 고정 시청자층을 확보하는 큰 성과를 거두었다. 이 작품은 2017년에는 캐나다 스크린 어워즈Canadian Screen Awards의 11개 부문에 후보로 올랐고, 아빠 역을 맡은 배우 이선형과 김치 역을 맡은 앤드류 펑은 각각 남우주연상, 코미디 조연상을 받는 등 총 7개 부분에서 수상했다. 이러한 선풍적인 인기에 힘입어 제작된 시즌 2도 절찬리에 방영되었다. 2018년 넷플릭스에서 〈김씨네 편의점〉이 선보이기 시작했을 때, 이 작품은 캐나다를 넘어서 세계적인 관심을 끌었다. 2021년 공동창작자인 인스 최와 케빈 화이트Kevin White의 하차로 인해, 시즌 5를 끝으로 드라마의 제작이 중단된다는 사실이 공표되자, 〈김씨네 편의점〉 종영 반대 청원 운동이 일어나기도 했다. 캐나다 트뤼도 총리도 트위터를 통해 종영에 대한 아쉬움을 남기며, "〈김씨네 편의점〉은 캐나다의 다양성과 포용성을 보여주는 챔피언이었다."라고 평가했다(Justin Trudeau, 2021).

〈김씨네 편의점〉은 가부장적인 아빠이자 고국을 사랑하는 애국자인 미스터 김(김상일 역), 독실한 기독교 신자이자 자식에 대해 늘 걱정하는 전형적인 한국 엄마 미세스 김(김용미 역), 아빠와의 불화로 인해 16세 때 가출해서 따로 살고 있는 아들 정, 토론토의 예술전문대학인 오캐드대학 Ontario College of Art&Design, OCAD에 다니는 대학생 딸 자넷이 이끌어가는 이야기이다. 아들 정을 제외한 세 명의 주연 배우가 모두 한국계이다. 전직 교사로 1980년대에 한국에서 캐나다로 이주한 미스터 김은 이민 생활을 시작한 지 이십 년이 지났지만 여전히 한국인의 정체성을 가지고 살아가고 있다. 가부장적이며, 일본에 대한 반감을 가지고 있고, 흑인과 성 소수자에 대해 별로 호감을 가지고 있지 않다. 이러한 가부장적인 성격으로 인해 이민 2세대인 아들 정, 딸 자넷과 정서적으로 자주 갈등을 일으킨다. 자식들과 남편 사이에서 전전긍긍하는 엄마, 이 네 주인공을 둘러싼 주변 인물과의 이야기가 다양한 주제를 통해 소개된다. 이 작품이 캐나다에서 성공을 거둘 수 있었던 이유는 단순히 한류의 세계화로 인한 우연의 일치가 아니라, 캐나다 사회가 지향하고 있는 주요한 가치를 잘 표현하고 있기 때문이다.

〈김씨네 편의점〉이 캐나다에서 여러 성과를 거둘 수 있었던 요인은 첫째로 동 시리즈가 다문화사회를 표방하고 있는 캐나다의 정서와 잘 맞았다는 점을 들 수 있다. 캐나다는 이민자로 이루어진 다문화 국가임에도 불구하고, TV에서 캐나다 이민자의 이야기가 재현되는 경우가 드물다. 캐나다의 문화산업은 미국의 문화산업에 큰 영향을 받고 있고, 미국의 TV 프로그램이나 영화가 캐나다에서 높은 시장 점유율을 차지하고 있다. 그 때문에 미국의 프로그램에서 보이는 백인 중심의 캐릭터와 콘텐츠가 캐나다에서도 소비되어 왔고, 아시아계 이민자를 포함한 '가시적 소수자visible minority'에 대한 올바른 재현도 부족한 실정이다. 이러한 상황에서 캐나다 국영 TV 채널인 《CBC》가 한국인 이민자의 이야기를 한국인과 아시아인으로만 이루어진 주요 배역을 통해 구현했다는 사실은 캐나다의 현지 시청자의 현실적인 공감을 불러일으켰다. 캐나다인에게는 미국의 TV 프로그램을 통해 본 미국식 이야기가 아닌, 캐나다의 스크린에 비친 캐나다인의 삶을 볼 수 있는 혁신적인 기회를 제공했다는 점에서 아시아 이민자, 더 나아가 캐나다 사회를 구성하는 수많은 이민자의 호응을 이끌어낼 수 있었다.

두 번째 성공 이유는 캐나다 사회의 포용성을 들 수 있다. 다양성이 담보된 콘텐츠를 수용하고 받아들일 수 있는 포용적 토양이 캐나다 사회에는 내재되어 있기 때문에 한국 이민 가정이 보여주는 익숙하지 않은 한국의 관습과 사고는 '차별discrimination'이 아닌 '차이difference'의 시각에서 받아들여졌다. 한국에서 수용 가능한 행동이 타 문화에서는 오해를 가져올 수 있는 장면들이 극 중에 등장한다. 아이에게 가볍게 딱밤을 때리거나 똥침을 찌르는 행위는 한국 문화에서는 어느 정도 문화적으로 이해가 되는 행동이지만, 캐나다에서는 아동 폭력이나 성추행으로 오해받을 수 있다. 그럼에도 불구하고 〈김씨네 편의점〉이 보여주는 한국적인 '낯선 문화'에 대해 캐나다 시청자는 비판하지 않고 따뜻한 시각을 통해 문화적인 차이로 받아들인다. 미스터 김과 미세스 김은 매우 강한 한국식 억양으로 영어를 구사하지만, 그들이 구사하는 한국식 발음이 캐나다 표준 영어와 다르다고 해서, 한국식 영어가 결코 웃음을 유발하기 위한 도구로 사용되지는 않는다. 이들의 한국식 영어는 이민을 와서도 한국 음식을 먹고, 한국 교회를 가는 1세대 이민자의 한국적 정체성을 표현하기 위해 설정된 것임을 캐나다 시청자는 자연스럽게 받아들인다. 미세스 김은 자넷을 위해 '기독교를 믿는 한국인 남자 친구'를 찾고 싶어 한다. 편의점 앞에 주차된 차가 일본산 차인 줄 알고 불법 주차 신고를 했다가, 한국산 현대자동차인 것을 알고 주차 신고를 취소하는 미스터 김의 일본에 대한 반감도 캐나다 시청자는 종교나 인종에 대한 '차별'로 인식하기보다는, 서로 다른 역사적 배경에서 나오는 '차이'로 인식한다. 등장인물은 물론이고 시청자도 이러한 캐릭터에 대한 묘사를 차별로 받아들여질 수 있는 politically incorrect 표현으로 보는 것이 아니라 다문화사회에서 지녀야 할 포용적 자세로 인식할 줄 아는 것이다. 이러한 캐나다 시청자의 태도는 자신과는 다른 타인과 타 문화를 존중하고 이해하려는 포용적인 사회의 구성원에게서 볼 수 있는 모습이다.

마지막으로 〈김씨네 편의점〉이 성공한 세 번째 이유는 스토리가 가진 보편성에 있다. 드라마는 한국계 캐나다인뿐 아니라, 모든 시청자가 공감할 만한 가족, 사랑, 세대 갈등에 대한 보편적인 메시지를 전달하고 있다. 예를 들어, 아빠가 아프다는 이야기를 듣고 데이트 도중에 자리를 박차고 나가는 자식의 이야기나, 자식이 아프다는 말에 20년 동안 닫지 않았던 가게를 닫고 병원으로 달려가는 아빠의 모습은 보편적인 가족 간의 사랑을 보여준다. 또한 아들 정과 아빠인 미스터 김과의 불화와 화해의 과정은 가족 간의 갈등과 그로 인한 내적 고민을 섬세하게 그려내며, 시청자로 하여금 문화적 차이가 아닌 동질성과 보편성에 집중하게 한다.

한국적 콘텐츠에 대한 현지인의 존중과 포용적 자세, 누구나가 공감할 수 있는 보편적인 메시지에 웃음 코드가 입혀져서 〈김씨네 편의점〉은 캐나다에서 큰 사랑을 받았다고 볼 수 있다. 이렇듯 〈김씨네 편의점〉의 성공은 한류에 있어서 큰 시사점을 안겨준다. 타문화에 대해 개방적인 캐나다와 같은 나라는 물론이고, 미국 문화계에서 일고 있는 인종차별, 성차별에 대한 자성의 목소리는 한국과 같은 비서구권의 콘텐츠에 대한 관심을 불러일으킨다. 〈김씨네 편의점〉의 성공 요인을 바탕으로 한국적이면서도 타 문화에 개방적이고 누구나 공감할 수 있는 보편적인 콘텐츠를 개발하는 것이 앞으로 한류가 나아가야 할 방향이라고 할 수 있다.

참고문헌

- 강석진 (2017). 「빨강머리앤의 신화」. 『캐나다학 연구』 23.1, pp. 27-46
- _____ (2018). 「캐나다를 캐나다답게 만드는 상상력」. 『캐나다학 연구』 24.1, pp. 23-41.
- _____ (2020). 「지구촌에서의 캐나다 문화」. 『캐나다학 연구』 26.2, pp. 4-24.
- _____ (2021). 「캐나다의 정체성과 사회체제의 신화론」. 『캐나다학 연구』 27.1, pp. 81-104.
- 사람인 (2020. 2. 25.). "성인남녀 10명 중 6명, 한국 떠나 이민 가고 싶어!". https://www.saramin.co.kr/zf_user/help/live/view?idx=104494&list_idx=0&listType=news&category=10&keyword=%EC%9D%B4%EB%AF%BC&menu=1&page=1
- 최혜자 (2013). 『캐나다 다문화주의 이해하기』 서울: 서연사.
- 홍영숙 (2019). 「캐나다 다문화주의 소고」. 『캐나다학 연구』 25.1, pp. 23-39.
- Gallup. (2012. 7. 26.). https://www.gallup.co.kr/gallupdb/reportContent.asp?seqNo=314
- Hofstede, Geert, Hofstede, Gert Jan & Minkov, Michael (2010). *Cultures and Organizagions*. New York: McGraw Hill.
- National Arts Centre (2014. 1. 29.). *Interview with Canadian Playright Ins Choi*. Facebook. https://www.youtube.com/watch?v=gwW2x2OB0Qs
- Ouzounian, R. (2012. 1. 12.). The Big Interview: Playwright Ins Choi makes it big with Kim's Convenience. *Toronto Star*. https://www.thestar.com
- Singer, Collin (2021. 12. 28.). Top 10 Source Countries Of Immigration to Canada in 2021. Canada Immigration News. URL: https://www.cimmigrationnews.com/top-10-source-countries-of-immigration-to-canada-in-2021/
- Trudeau, Justin.[@JustinTrudeau].(2021. 4. 13.). *For Years, @KimsConvenience has celebrated diversity*. Twitter. http://twitter.com/justintrudeau/status/ 1382111142991048704
- Yu, Sherry S. (2021). Cultural Diversity in Canadian Television: The Case of CBC's Kim's Convenience. *Television and New Media*.

스토리텔링을 통한
한국과 캐나다의 문화교류

고한나 한국국제문화교류진흥원 캐나다 토론토 통신원

들어가며

"《오징어 게임》의 인기와 성공을 난데없는 것처럼 보도하는 언론 기사들은 마치 콜럼버스가 미국을 발견했다는 것과 비슷합니다. 한국의 높은 수준의 문화와 인기는 이미 오래 전부터 존재해 왔거든요."

— 낸시 왕 윤Nancy Wang Yuen, 미국의 사회학자, 2021년《토론토 스타Toronto Star》인터뷰 중 일부◆

재현의 문제를 말하지 않을 수 없다. 〈김씨네 편의점〉은 재현의 문제가 얼마나 중요한지를 증명했다. 우리 커뮤니티는 스크린을 통해 자신을 볼 때에야 주변에 머물러 있지 않고 앞으로 나와 전면에 설 수 있다. 자신의 목소리로 이야기할 때에야 사람들은 귀를 기울이기 시작한다. 귀를 기울이기 시작할 때, 드디어 변화하기 시작한다.

◆ Kwong, Evelyn (2021. 10. 11.). "Why Does The Success of 'Squid Game' and Korean Pop Culture Continue to Surprise People?", Toronto Star, URL : http//www.thestar.com/entertainment/television/2021/10/11/why-does-the-success-of-squid-game-and-korean-pop-culture-continue-to-surprise-people.html

— 이선형, 캐나다 배우, 2018년 캐나다 스크린 어워드Canada Screen Award 남우주연상 수상 소감 일부 ◆

　　최근 넷플릭스에서 공개된 한국 드라마 〈오징어 게임〉이 전 세계적으로 엄청난 반향을 일으키자, 북미 영어권 주류 언론은 한국 스토리텔링을 전례 없던 새로운 현상으로 분석하였다. 미국 사회학자이자 『불평등의 실체: 할리우드 배우들과 인종차별주의Reel Inequality: Hollywood Actors and Racism』의 저자, 낸시 왕 윤Nancy Wang Yuen은 이러한 언론 보도는 착각에 빠졌던 콜럼버스를 떠올리게 한다며 비판하였다. 이탈리아 항해자 콜럼버스Christopher Columbus가 신대륙을 발견했다고 여긴 땅에는 이미 오래 전부

[사진 1] 김씨네 편의점 방명록

(출처: 통신원 촬영)

◆ 자세한 수상 소감은 유튜브 영상을 참조(https://www.youtube.com/watch?v=h9ifO5bDoYM)

터 문화와 역사를 자랑하는 원주민이 살고 있었던 것처럼, 새롭다고 여기고 있는 한국 스토리텔링은 서구 사회가 알아차리기 훨씬 전부터 충분히 매력적이었다는 설명을 덧붙이고 있다. 또한 이처럼 한국의 스토리텔링은 캐나다 내에서 다양한 문화 담론과 지형을 만들고 있다. 한류콘텐츠는 현지의 한국 문화에 대한 인지도를 높일 뿐 아니라, 캐나다 대중문화의 주류였던 백인의 이야기에 균열을 가하고, 앞으로 지향해야 할 스토리텔링의 표본처럼 여겨지고 있다. 본고에서는 캐나다와 한국의 문화 교류에 있어서, 한국 스토리텔링의 현황을 살펴보고, 앞으로의 방향에 대해서 전문가의 의견을 들어보고자 한다. 한국적 스토리텔링은 한국에서부터 유입된 스토리텔링과 캐나다 현지에서 자생적으로 만들어진 토착 스토리텔링으로 나누어 고찰함으로써 지속 가능한 양국의 쌍방향 문화 교류의 기틀을 살피고자 한다.

캐나다에 소개된 한국의 스토리텔링

캐나다에 소개 된 한국 문학

앞서 언급된 낸시 왕 윤 교수의 말처럼 〈기생충〉과 〈오징어 게임〉 그리고 싸이와 방탄소년단[BTS]으로 떠들썩한 주목을 받기 전에도 한국의 스토리텔링은 캐나다에서 오랜 역사를 자랑하고 있다. 격동의 시기였던 구한말 1888년, 한국에 도착한 캐나다 선교사 제임스 게일[James Gale]은 한국을 '동양의 그리스'에 비유하며 셰익스피어가 등단하기 전인 한국 고전 문학의 뛰어난 문장력에 감탄했다. 그는 한국 고전문학인, 〈춘향전〉, 〈심청

전〉, 〈토끼전〉, 〈홍길동전〉◆ 등을 영어로 번역하고, 〈구운몽Cloud Dream of the Nine〉을 출판하면서 한국 고전문학을 서구에 전하려는 노력을 했다.

　　제임스 게일과는 시간 차가 꽤 나지만 1980년부터 40년 이상 한국의 다양한 문학을 번역하고, 한국의 스토리텔링을 캐나다인에게 소개해 온 이들이 있다. 브리티시콜롬비아대학University of British Columbia의 브루스 풀턴Bruce Fulton 교수가 그중의 한 사람이다. 풀턴 교수는 한국의 전통·현대 문학 180편 이상을 번역해 왔다. 그는 최근 집중적인 관심을 받고 있는 한국의 스토리텔링은 사실 오래 전의 문학 양식이었던 향가, 고려가요, 시조, 판소리, 탈춤과 같은 퍼포먼스 장르에서도 발견할 수 있다고 설명했다. 또한 풀턴 교수는 위안부 문제를 다룬 김숨 작가의 책『한 명』을 비롯해 황순원, 박완서 작가의 작품 그리고 『난장이가 쏘아올린 작은 공』, 『82년생 김지영』과 같은 현대소설까지, 오랜 역사를 관통하며 만들어진 한국의 단단한 스토리텔링을 장르와 시대를 넘나들면서 번역하여 캐나다 사회에 알리고 있다. 같은 대학의 로스 킹Ross King 교수 역시 한국의 여러 고전을 영어로 번역할 뿐만 아니라 성균관대학의 국제한국학센터의 해외위원회 공동의장을 맡아 비한인 캐나다인을 한국의 고전 연구 자리로 초대하고 훈련시킴으로 캐나다인의 한국학 양성을 장려하고 있다. 토론토대학교University of Toronto의 재닛 풀Janet pool 교수도 일제강점기 한국 작가들의 저서를 번역하고 연구하며 이를 학생들에게 가르치고 있다.

◆ 게일 선교사가 직접 손으로 번역한 원본은 캐나다 토론토대학 '토마스 피셔(Thomas Fisher)' 도서관에 보관되어 있다.

이처럼 캐나다 여러 대학에서 한국 문학 연구와 번역을 통해 한국 스토리텔링을 캐나다에 전하고 있다. 이러한 학문적 인프라는 문학 영역뿐 아니라 인류학, 사회학, 여성학 등 각 분야에서도 한국에 대한 사례 연구를 통해 한국 문화 관련 연구를 풍성하게 만들고 있다. 또한 캐나다 각 도시의 문학 축제에서도 한국 스토리텔링을 만날 수 있는데, 지난 제40회 토론토국제작가축제 Toronto International Festivals of Arthurs에는 『설계자들The Plotters』의 김언수 작가, 『강물에 떠내려가는 7인의 사무라이Severn Samurai Swept Away in a River』의 정영문 작가와 소라 김-러셀Sora Kim-Russel 번역가, 한인 2세 최유경 작가, 유명 북튜버Booktuber, 책을 주요 콘텐츠로 하는 유튜브 크리에이터인 데이비드 윤David Yoon 그리고 한국문학번역원의 염수연 씨가 초대받아 북토크를 진행하며, 현지 캐나다인에게 한국 문학을 소개하였다.

캐나다 영화제와 영화관에서 소개된 한국 영화

　캐나다에서 열리는 국제영화제, 독립영화 축제에서는 오래 전부터 한국 영화를 꾸준히 초청해 왔고, 정부 및 민간 주관의 영화제들에서도 한국 영화를 볼 수 있는 장을 마련해 왔다. 토론토국제영화제Toronto International Film Festival, TIFF에서는 지난 47년간 한국 영화 100여 편이 소개되었다(고한나, 2019c). 토론토국제영화제는1981년 김수용 감독의 〈만추〉를 시작으로 허진호, 임권택, 이창동, 홍상수, 박찬욱, 봉준호 감독의 영화를 초청하여, 한국 영화의 북미 및 세계 진출을 돕기도 했다. 그 외에도 북미 최고 다큐멘터리 영화제인 핫독스Hot docs와 토론토릴아시안국제

영화제Reel Asian International Film Festival에는 창의적인 주제와 날카로운 비판의식을 표현한 한국의 다양한 이야기가 소개되어 왔다. 또한 캐나다 한국문화원을 비롯해 토론토, 밴쿠버, 몬트리올 총영사관은 최근 한국 영화를 볼 수 있는 통합 플랫폼을 함께 만들어 자체적으로 시행되던 한국 영화제를 언제 어디서나 볼 수 있도록 단일화를 이루었다. 또한 한인이 많이 거주하는 지역의 대형 극장 체인에서는 한국 영화를 꾸준히 개봉해 왔

[사진 2] 토론토작가축제에 참석한 김언수 작가

(출처: 통신원 촬영)

[사진 3] 토론토국제영화제 현장

(출처: 통신원 촬영)

다. 〈안시성〉, 〈신과 함께2〉, 〈남한산성〉 등 다양한 장르의 한국 영화가 토론토와 밴쿠버 등의 유명 영화관에서 상영되었다.

뉴미디어 플랫폼을 타고 캐나다 일상에 파고든
한국 스토리텔링

넷플릭스와 같은 새로운 미디어 스트리밍 플랫폼이 서비스되면서 한국의 이야기는 마치 홍수처럼 캐나다 안방으로 쏟아져 들어왔다. 〈도깨비〉, 〈사랑의 불시착〉, 〈스타트업〉과 같은 드라마가 방영되고, 〈옥자〉와 〈승리호〉와 같은 영화가 글로벌 스트리밍 서비스인 넷플릭스를 통해 방영되기 시작하자, 캐나다 대중은 한국의 스토리텔링이 할리우드나 캐나다 미디어와는 다르다는 것을 언급하기 시작했다. 캐나다 한류 현장에서 만난 팬들과 지역 언론은, 한국 스토리텔링이 "따뜻하고 사랑스러울 뿐 아니라 가족을 돌아보게 하는 힘을 가졌고(고한나, 2019a)" 동시에 "긴장감이 넘치지만 로맨틱하면서도 코미디 요소가 복합적으로 들어 있으며 한국 드라마에서 키스는 입을 다물고 하기 때문에 전통적 가족 가치를 위반하지 않았다는 안정감도 느끼게 한다(Wong, 2021)."라고 평가하기도 했다. 또한 "한국 영화의 탁월함은 줄거리의 차별화에서 오고, 예상치 못한 이야기, 긴박한 전개의 흐름 그리고 화면을 가득 메우는 색채와 따뜻함까지 느껴지는 카메라의 시선, 촬영의 완성도에 있다(고한나, 2019b)."라고 말하기도 했다.

한국의 스토리텔링에 대한 언급은 〈오징어 게임〉에 대한 캐나다 언론의 분석에서도 발견된다. 《CBC》는 한국 드라마의 특징을 "만화 같은 세트장 디자인, 엄청난 폭력 그리고 충격적인 스토리라인"이라고 설명했다(Benchetrit, 2021). 영화와 드라마를 통해 소개된 한국의 스토리텔링은 캐나다의 아시아계 이주민의 정체성에도 영향을 미쳤다. 아시아계 이민 3세 작가인 얀 웡Jan Wong은 《CBC》에 "넷플릭스를 통해 한국 콘텐츠를 보면서, 이전에는 한번도 생각해 본 적 없는 아시아성에 대한 동질성을 느꼈다."라며 자신의 정체성을 새롭게 했다는 글을 기고하였다. 그는 "(넷플릭스 한국 드라마 속) 여자 주인공은 저와 같은 검은 머리에 검은 눈동자이고, 왜소한 체격을 가지고 있어요. 무엇보다 기분 좋은 것은 가슴이 그리 크지 않아도 충분히 아름답다는 것입니다."라며 "존재가 없는 것처럼, 보이지 않는 소수자로 살아가던 저는 한국의 드라마와 영화를 통해 마침내 제 자신이 보이는 존재라고 느낍니다. 이상하게 위로가 돼요. (Wong, 2021)"라고 밝혔다.

캐나다에 불고 있는 한국 만화Graphic Novel 의 열풍

캐나다에서 경험할 수 있는 한국식 스토리텔링은 서사가 중심이 되는 장르인 드라마와 영화뿐 아니라 케이팝과 게임, 웹툰과 도서에서도 동일한 영향력을 과시하고 있다. 특히 몬트리올의 캐나다 출판사 드론 앤 퀴털리Drawn and Quarterly가 번역하는 한국 만화 작가의 책들은 출판과 동시에 세계 만화계에서 상을 휩쓸며 영미권 독자에게 좋은 반향을 불러일으키고 있다. 2017년 홍연식의 『불편하고 행복하게Uncomfortably Happily』

를 시작으로 『마당씨의 식탁Umma's Table』, 앙코의 『열아홉Nineteen』, 『나쁜친구Bad friends』, 김금숙의 『풀Grass』과 『기다림The waiting』을 비롯해 마영신의 『엄마들Moms』에 이르기까지 다양한 한국 작가의 만화책이 영어로 출판되어 캐나다 독자를 만나고 있다.

캐나다의 여러 언론은 한국 만화가 지닌 차별점으로 스토리의 힘을 강조하였다. 마영신 작가의 『엄마들』을 리뷰한 디지털 뉴스 매체 《스크롤 인Scroll In》의 비벡 메네제스Vivek Menezes 기자는 〈기생충〉의 봉준호 감독이 "영화를 통해 사회의 사각지대에 있는 이들의 집단적 불안감을 대변하고 싶다."라고 발언한 것을 인용하며, 비슷한 이유로 "이러한 점은 마영신 작가의 『엄마들』에서도 볼 수 있다."라고 언급했다. 그리고 "마 작가의 만화는 모든 이가 외면하는 도시의 노동계급과 중년 직장 여성의 삶을 깊게 조명하고 있다."라고 표현했다. 또한 캐나다 온타리오주 런던

[사진 4] 한국문화원에서 주최한 웹툰 전시 및 작가 토크쇼

(출처: 주캐나다 한국문화원)

의 주요 언론매체《런던 프리 프레스The London free press》의 전문 평론 기자 댄 브라운Dan Brown도 "한국 엄마들의 이야기가 보편적인 매력으로 전 세계를 매료하고 있다.", "일직선으로 된 줄거리가 아니라 우회하고 우회하며 플롯 아래의 또 다른 플롯이 존재하는 이 글에서, 고군분투하는 인간의 생생한 초상화를 그리고 있다."라고 언급하였다.

왓패드 인수와 웹툰을 통한 한국 스토리텔링의 확장 가능성

'웹툰'이라는 단어조차 생경한 캐나다에서 2019년 열린 오타와 코믹콘Ottawa Comicon을 통해 그리고 한국문화원에서 주최한 웹툰 전시 및 작가 토크쇼를 통해 한국 웹툰을 처음으로 경험했다. 스마트폰만 있다면 영어와 프랑스어로 웹툰을 무료로 볼 수 있다는 것을 알게 된 캐나다 독자는 신선한 충격을 받았다. 또한 'DC'와 '마블Marvel'로 통칭되는 슈퍼 히어로물에 익숙하던 캐나다 코믹스 독자는 '딸을 시집보내면서 꽃신을 선물하는 이야기'와 같은 일상의 잔잔한 이야기를 풀어낸 한국 웹툰의 스토리텔링 방식에 흥미를 느꼈다. 그런 분위기 속에서 최근에 캐나다 웹소설 플랫폼인 왓패드Wattpad를 한국의 네이버가 인수하였고 이로써 한국 웹툰의 스토리가 영어로 번역되어 북미권 독자를 만나기 시작했다. 양사의 스토리텔링 플랫폼이 통합됨으로써, 9,000만 명의 사용자를 보유한 왓패드는 7,200만 명의 네이버 웹툰 이용자를 만나게 되어, 월 사용자가 1억 6,000여 명이 되는 세계에서 가장 많은 스토리와 이용자를 보유하게 되었다. 이용자의 증가뿐 아니라 왓패드 콘텐츠에 부족하던 만화, 애니메이션 기능이 충족되어 질적인 면도 향상되었다. 나아가 캐나다인에게 익숙했던 캐릭터가 한국의 이야기와 만나 한국식 웹툰으로 거듭나거나 IT 기술을 통해 영화와 드라마로 제작될 가능성도 있다.

캐나다 사이먼프레이저대학교 Simon Fraser University의 진달용 언론학과 교수 인터뷰

한국의 스토리텔링은 캐나다에 소개되고, 미디어 플랫폼이 변화하는 환경 속에서 더욱 확장되고 있다. 캐나다 내 한류와 문화산업에 대해 오랫동안 연구해 온 캐나다 사이먼프레이저대학교의 언론학과 진달용 교수를 만나 캐나다에서의 한류와 한국의 스토리텔링에 관해 좀 더 깊은 통찰을 들어 보았다.

[사진 5] 사이먼프레이저대학교 언론학과 진달용 교수

(출처: 사이먼프레이저대학교)

캐나다에서 한류 연구를 시작하게 된 계기를 알려주십시오.

저는 10년 동안 신문기자로 생활을 하다가 1998년에 텍사스주립대학Texas State of University에서 공공정책Public Policy을 공부하기 시작했습니다. 3학기 때 즈음 미디어 과목을 들으면서, 한국 문화의 세계화Globalization에 대한 보고서를 준비하면서 한류에 관심을 갖기 시작했습니다. 제가 해외에서 공부를 시작한 1990년대 말 무렵에는 중국에서 큰 한류 붐이 있었고, 북미 교포 사회에도 한국 문화가 확산되는 것을 보면서 이제까지 없던 새로운 세계화 현상이라고 생각했습니다. 그러면서 박사과정도 커뮤니케이션Communications 으로 바꾸고 연구 방향을 전환했습니다. 캐나다에서는 2005년 문화산업에 대한 연구로 시작해 점차 대중문화 쪽으로 옮겨가면서 본격적인 한류 연구를 하게 되었습니다.

캐나다 한류 지형의 현재와 역사는 어떻게 설명될 수 있을까요?

전반적으로 캐나다 한류는 미국과 비슷하다고 볼 수 있습니다. 먼저 캐나다 한류는 캐나다의 한인 이주민을 중심으로 시작되었고 점차 아시아 이주민의 공감을 얻어 확산되었다고 할 수 있습니다. 그러다가 〈김씨네 편의점〉과 같은, 현지에서 생산된 한인 이야기가 캐나다 일반 대중에게 전폭적으로 확산되었습니다. 주요 장르는 한인과 아시안 디아스포라를 중심으로 한 케이팝과 드라마가 중심이 되었고, 시간이 지나면서 이 두 장르는 이민자를 넘어서서 캐나다 젊은이와 현지인에게도 한류를 전파하는 역할을 했습니다. 2006~2010년에만 해도 대학교에서 학생 보고서를 받아보면, 아시아 문화 연구 대상이 주로 인도와 일본이었는데, 2010년 이후부터는 대부분이 케이팝과 한국 드라마로 급격하게 바뀌는 것을 볼 수 있었습니다.

한류는 아시아 문화권에서 수용되다가, 소셜미디어의 발달과 더불어 전 세계로 확산되었는데요, 이러한 현상을 두고 '한류는 공감할 수 있는 정서'라고 말씀하셨어요. 전 세계가 공감할 수 있는 정서로 대표될 수 있는 것은 무엇이라 생각하십니까?

보통 '공감할 수 있는 정서'라고 하면 드라마와 영화를 떠올리지만, 케이팝에서 10대와 대학생이 느끼는 공감대가 더 크다고 할 수 있습니다. 예를 들어 방탄소년단, 블랙핑크, 트와이스는 노래와 퍼포먼스뿐 아니라 가사에 담긴 메시지에 울림이 있습니다. 특히 방탄소년단의 노랫말은 청소년이 겪는 어려움을 표현하고 함께 공감하며 좌절하지 말고 희망을 가지고 같이 극복해 가자는 메시지를 던지고 있습니다. 이러한 메시지를 담은 가사가 미국 팝에는 없습니다. 미국 팝송은 현상을 즐기는 것에 초점을 맞추고 있는 것이 대부분이라고 할 수 있는데, 케이팝은 젊은 세대의 심리와 마음에 공감하는 측면을 가지고 있는 것이 특징이라고 할 수 있습니다.

그러한 정서적 공감이 케이팝 인기의 요인이라고 한다면, 최근 세계적인 인지도를 얻고 있는 영화와 드라마는 그 결이 다를 것 같습니다. 따뜻한 격려라기보다는 '헬조선'의 이미지를 적나라하게 보여주는 콘텐츠도 있고요. 영화와 드라마도 '공감의 정서'로 설명될 수 있을까요?

한국 영화와 드라마에서 보이는 정서는 외국에서 다르게 받아들여질 수 있지만, 근본적으로는 케이팝과 그 메시지가 같습니다. 방탄소년단의 음악적 근원은 힙합이라고 할 수 있는데, 힙합의 기본 정신은 저항 정신입니다. 사실 그러한 저항 정신은 방탄소년단의 개인적인 서사 및 성장과도 맞물려 공감대를 형성하고 있고요. 드라마 역시 〈오징어 게임〉을 관통하는 정서는 '헬조선'이라는 한국만의 특수한 배경을 표현하고 있지만, 전 세계가 함께 경험하고 있는 자본주의 사회의 폐해, 양극화 현상에서 기인합니다. 따라서 정도의 차이는 있지만 콘텐츠 속에서 그려지는 갈등과 절망에 전 세계가 공감하게 되는 것입니다. 또한 〈오징어 게임〉만 보더라도 자본주의의 극단과 절망 속에 살아가는 이야기이지만 어려움과 위기를 벗어나는 과정에 대한 메시지도 있고, 갈등이 있지만 서로를 보듬어 가는 이야기도 있기 때문에 다른 이들에게 닿을 수 있는 것입니다. 소재는 '헬조선'일 수 있지만 이야기를 풀어가는 방식은 케이팝에서 보이는 따뜻한 인간애와 협동을 동일하게 읽을 수 있는 것입니다.

인간이 가지고 있는 갈등과 좌절 그리고 그 속에서의 희망과 격려는 일반적인 스토리라인이라고 할 수 있는데, 왜 유독 그것이 한국의 스토리텔링, 한국의 서사로 인식되고 있는 것일까요?

우리보다 먼저 대중문화가 발전한 일본의 애니메이션, 서구에 알려진 인도의 발리우드, 홍콩의 영화가 한 세대 동안 유행했다고 할 수 있는데, 이들은 잔인하고 폭력적인 장면을 보여주고 어려움과 좌절을 드러내는 데서 이야기가 멈추게 됩니다. 하지만 한국의 영화와 드라마, 케이팝에는 더 좋은 사회를 만들겠다는 의지와 역동적인 희망의 메시지가 투영되어 있습니다. 한국의 역사는 일제강점기, 한국전쟁, 베트남 참전, 1970~80년대의 경제성장과 군부독재를 거치면서 겪은 어려움과 고난 그리고 이를 극복하고자 하는 의지와 열정이 사회 전체에 내재화되었습니다. 이러한 맥락이 한국 문화콘텐츠의 기본 정서와 맞닿아 있다고 보고 있습니다.

한류콘텐츠가 전반적으로 보편적인 감성을 동반한 독특한 스토리텔링이라면, 주목할 만한 새로운 분야가 있을까요?

한류가 케이팝, 드라마, 영화, 애니메이션과 같은 장르로 세분화되어 발전하고 있지만, 개인적으로 한류의 미래는 웹툰이 좌우한다고 생각합니다. 웹툰을 중요하게 생각하는 가장 큰 이유도 기존의 영화와 드라마에서 볼 수 없었던 신선한 스토리텔링 때문입니다. 최근에 개봉하여 인기몰이를 하는 영화와 드라마는 모두 웹툰이 원작인 작품입니다. 웹툰의 스토리가 영화나 드라마로 바뀌는 것을 트랜스미디어 스토리텔링Transmedia storytelling이라고 하는데, 그러한 유연한 스토리텔링에 최적화된 것이 바로 웹툰이라고 할 수 있습니다. 〈지옥〉, 〈킹덤〉, 〈치즈인더트랩〉, 〈이태원 클라쓰〉, 〈신과 함께〉 등과 같은 한국의 웹툰 작품은 이제껏 들어온 이야기와 완전히 다른 신선함을 선사하였고 이를 넷플릭스를 비롯한 여러 글로벌 플랫폼에서 주목하여, 영화와 드라마로 제작하게 된 것입니다. 웹소설도 같은 맥락에서 연결된다고 할 수 있습니다.

캐나다 현지에서 만나는 한국 스토리텔링
로컬에서 생성된 한국 스토리텔링, 〈김씨네 편의점〉이 갖는 의의

250개 이상의 언어가 사용되고 있는 나라 캐나다는 1971년 다문화정책Multiculturalism policy을 도입했고, 1988년 의회에서 「다문화법Canadian Multiculturalism Act」을 공식 채택하여 세계 최초로 다문화국가의 기초를 다졌다.◆ 또한 매년 신규 이민자 25만~30만 명을 꾸준히 수용하며 다양성의 가치를 실천하고, 모두가 함께 평화로이 어울려 살아가는 철학을 중요하게 여겨오고 있다. 이러한 캐나다의 국가 가치이자 신념인 다양성Diversity을 가장 잘 담아 내고 있다고 평가받고 있는 콘텐츠는 한국계 캐나다 작가와 한국계 캐나다 배우들이 만든 〈김씨네 편의점Kim's Convenience〉이다. 캐나다에 정착한 한국인 이민 1세대와 2세 가족 이야기인 〈김씨네 편의점〉은 이제 캐나다가 자랑스러워하는 대표적인 이야기가 되었고, 아빠appa와 엄마umma로 출연한 이선형 씨와 윤진 씨는 '캐나다의 아빠'와 '캐나다의 엄마'로 불리고 있다. 연극 〈김씨네 편의점〉은 캐나다 연방 탄생 150주년을 기념하는 일환으로 윌리엄 서머싯 몸William Somerset Maugham의 소설 『인간의 굴레The bond of Human』와 『스푼 리버선집Spoon River anthology』 등 두 개의 고전 작품과 함께 캐나다를 가장 잘 표현한 이야기이자 캐나다의 대표적 상징으로 뽑혀 뉴욕 맨하튼에서 공연되기도 했다. 2011년 토론토 프린지 페스티벌에서 첫 공연을 시작하면서 수많은 상을 수상하고 찬사를

◆ 「다문화법」에 대한 상세한 내용은 캐나다 정부 웹사이트(https://laws-lois.justice.gc.ca/eng/acts/c-18.7/page-1.html)를 참조

받아 언론의 주목을 받아온 〈김씨네 편의점〉은 실제 한국 문화, 특히 한국 음식에 대한 엄청난 홍보 효과를 가져오기도 했다. 젊은 세대에게 환호를 받던 한류는 이제 캐나다 로컬에서 자생적으로 만들어진 한국 이야기로 인해 캐나다 주류 백인 가정의 안방까지 한국 문화를 고스란히 전달해 주었다. 실제로 극 안에서 사용된 '아이, 참', '여보', '아빠' 등은 캐나다인 모두가 아는 한국어가 되었고, 자칫하면 성추행으로 오해할 수 있는 '똥침', 아동 폭력으로 이해될 수 있는 가벼운 '딱밤', 일본에 유달리 민감한 정서도 유쾌하게 전달되었다.

[사진 6] 김씨네 편의점 주연 배우들

(출처: 통신원 촬영)

〈김씨네 편의점〉은 이것이 캐나다의 이야기일 수도 있고, 한국의 이야기일 수도 있다는 교차성 가운데 놓여 있다. 그러나 캐나다의 문화 문법의 틀 안에서 한국의 이야기를 자유롭게 녹여냄으로 더 많은 현지인에게 다가갈 수 있었다는 점에서 한국 스토리텔링의 새로운 표본이 되며, 한류의 자발성과 현지화에 대한 인식을 새롭게 하는 사례가 될 수 있다. 〈김씨네 편의점〉뿐만이 아니라 〈미나리〉, 〈파친코〉와 같이 디아스포라가 만들어 한국의 시대와 역사를 담은 서사는 확대된 한국의 스토리텔링이라고 할 수 있다.

하지만 앞에서도 언급했듯이 주목해야 하는 것은 〈김씨네 편의점〉은 단순히 콘텍스트 속에 머물러 있지 않았다는 사실이다. 미국의 영향에서 자유롭지 않았던 캐나다 미디어의 독립 가능성을 확인해 주었고, 인종에 대한 스테레오 타입을 해체하기도 했으며, 백인의 이야기로만 구성되었던 캐나다 미디어산업에 균열을 가했다. 캐나다의 많은 이민자에게는 자신들의 있는 모습 그대로, 자신들의 이야기 그대로, 캐나다와 세계 앞에 설 수도 있다는 자신감이 고무되게 하는 역할을 하기도 하였다. 이처럼 〈김씨네 편의점〉은 캐나다 대중문화의 변혁과 같은 아이콘의 역할을 담당해 왔다.

로컬 미디어 플랫폼을 통해 등단한 한국의 스토리텔링

캐나다 현지에서 활동하는 한국계 연극, 영화인과 미디어 종사자는 한국적 서사를 녹여내며 캐나다 대중문화를 이끌고 있다. 2020년 〈고요한 아침의 여왕Queen of the Morning Calm〉으로 캐나디안영화제Canadian Film Festival에서 최우수 감독상을 받은 글로리아 김Gloria Kim, 탈북자 이야기 〈탈주자The defector〉로 캐나다스크린어워드Canadian Screen Awards에서 다큐멘터리

상을 수상한 신정화$^{Ann\ Shin}$ 감독, 〈나의 원수, 나의 형제$^{My\ Enemy,\ My\ brother}$〉와 〈호랑이 정신$^{Tiger\ Spirit}$〉을 제작한 이민숙$^{Min\ Sook\ Lee}$ 감독 등은 캐나다 내에서 꾸준히 영화 관련 작품 활동을 하고 있으며, 이들의 영화에는 직간접적으로 한국의 스토리텔링이 스며 있다. 캐나다의 한인 미디어인 《아리랑 TV》의 김민구 대표도 토론토스마트폰영화제$^{Toronto\ Smartphone\ Film\ Festival}$를 만들어 현지 대학과 연계하여 일반인이 일상에서 영화를 제작하고 이를 상영할 수 있는 플랫폼을 만들기도 했고, 캐나다의 비한인과 함께 진행한 토크쇼 〈글로벌 수다$^{Toronto\ Non\text{-}Summit}$〉를 통해 비한인이 한국어를 사용할 수 있는 장을 제공했다는 평가를 받기도 했다. 비한인 캐나디안 신디 지머$^{Cindy\ Zimmer}$는 한류 관련 온라인 매거진 《한국의 모든 것$^{All\ Things\ of\ Korean}$》을 만들어 영화, 음악, 드라마 등과 관련된 전문적인 기사를 작성하며 한국의 이야기를 캐나다인의 눈으로 해석해 내고 있다. 이처럼 현지에서 자발적으로 이루어지는 여러 축제와 프로그램은 한국의 스토리텔링을 담지할 뿐 아니라 캐나다 내 한국 문화 관련 담론을 만들어 내는 생산 현장이 되는 것이다. 또한 캐나다에 주재하고 있는 한국 정부 공관은 이러한 현지 문화 단체와 협력하고 있으며 한국의 스토리텔링이 현지에서 뿌리내릴 수 있도록 협력하고 있다. 다만, 일회적인 행사가 아닌 장기적인 한국 스토리텔링의 생산자가 될 수 있도록 좀 더 장기적인 안목에서 네트워크화할 필요가 있다고 본다.

로컬 문학계에서 생성된 한국 스토리텔링

얼마 전까지는 한국인을 주인공으로 한 이야기는 캐나다 문학계에서 찾아볼 수 없었다. 하지만 최근 한국계 캐나다인 작가들의 활발한 활동으로 한국 이야기는 캐나다 문학계를 꽃피우고 있다. 여러 연령대별로 만날 수 있는 작품이 많아지고 있는데, 최유경Ann Yu-Kyung Choi 작가가 어린이를 대상으로 출간한 그림책 『옛날 옛적에Once Upon an Hour』, 학령기 학생을 위한 안젤라 안Angela Ahn의 『크리스타 김밥Krista KIM-BAP』, 『피터 리의 노트Peter Lee's notes form the field』가 그 대표적인 예이다. 또한 청소년 독자를 위한 『뼈들의 침묵The Silence of Bones』, 『도둑맞은 소녀들의 숲The Forest of stolen Girls』, 『붉은 궁전The red palace』과 같은 조선시대 미스터리 소설을 발간하고 있는 허주은 작가, 한국계 캐나다인의 가슴 아픈 우정을 다룬 『러닝 스프링클러스Running Through Sprinklers』의 미셸 킴 등은 한국의 이야기를 자연스럽게 전달하고 있다. 또한 이들의 저서는 캐나다 문학계의 주목을 받으며 문학상을 휩쓸고 있는데, 캐나다 최고의 문학상으로 불리는 총독문학상Governor General's Literary Awards을 비롯해 각종 도서관, 출판사, 교육청, 방송국에서 선정하는 상을 수상하였고 북미 전역에 초청 인사로 선정되어 캐나다 독자를 만나고 있다.

캐나다 문학계에서의 한국 스토리텔링의 위치: 최유경 작가 인터뷰

캐나다 현지에서 자생적으로 만들어지는 한국적 스토리텔링은 여러 모양일 수 있지만, 가장 고전적인 양식인 책을 통해 좀 더 세밀하고 구체적으로 전달될 수 있다. 한국인의 문화유산을 공유한 이민 1.5세와 2세의 펜 끝으로 전해지는 한국의 이야기는 캐나다인에게 신선하게 다가가고 있다. 2세 문학 작가의 역할이 점차 커지고 있는 이 시대에, 고등학교 영어 교사이자 문학계에서 활발하게 강좌 운영 및 멘토 역할을 하며 캐나다인과 소통하고 있는 최유경 작가를 만나 현 캐나다 문학계의 흐름과 그 속에서의 한국 스토리텔링의 가능성에 대해 들어 보았다.

[사진 7] 최유경 작가

(출처: John Burridge)

작가님의 최근 활동을 알려 주십시오.

2001년부터 20년간 고등학교에서 영어를 가르치면서, 작가로서 다양한 이벤트에도 참석하고 있습니다. 최근에는 캐나다 일간지《토론토 스타Toronto Star》에서 매년 개최하는 단편소설 대회short story contest의 심사위원Judging panel으로 활동하였고, 해밀턴Hamilton 지역의 문학 축제인 그릿리트

GritLIT의 프로그램 및 작가들의 북클럽The authors of Book Club에서 활동하였으며, 이와 더불어 문예창작에 관심있는 토론토대학의 학생들에게 멘토링을 하고 있습니다. 그리고 곧 출간될, 일제강점기를 배경으로 한 역사소설을 준비하고 있습니다. 저는 이러한 활동을 하면서 다양성에 기초한 여러 작가를 초대하는데, 특히 아시아 및 한인 작가들과 젊은 세대와의 연결고리를 만들어 인문학과 글쓰기의 중요성을 계속해서 전달하고자 합니다.

작년 영사관에서 있었던, 한국 문학 이벤트에 대해서 소개해 주십시오.

영사관 행사는 '한국 문학과 한국계 캐나다인의 서사'라는 제목으로 진행되었습니다. 1977년에 설립된 캐나다 한인문인협회와 함께 진행하였는데, 그 단체가 그렇게 오래 전에 생겼다는 것에 무척 놀랐고, 캐나다에서 한국 이야기를 헌신적으로 이어왔던 것에 감동받았습니다. 그런데 그들의 열심이 캐나다인에게는 전혀 닿지 않고 있는 것을 알고 한국계 캐나다 작가로서의 사명감을 생각해 볼 수 있는 시간이었습니다.

캐나다의 문학 시장에 대해서 알려 주십시오

캐나다의 문학 시장은 주로 백인의 이야기가 지배적입니다. 일간지에 매주 베스트셀러 목록이 나오는데, 주로 심리 스릴러물이 인기가 있습니다. 최근 캐나다는 과거 원주민 기숙학교 문제로 새로운 국면을 맞이하면서 캐나다 원주민 작가의 책이 새롭게 조명받고 있습니다. 저희 학교도 11학년 영어 교재를 캐나다 원주민 작가의 책으로 대체하였습니다.

예전엔 셰익스피어 같은 클래식이 대부분이었지만, 요즘은 캐나다의 문제를 직접적으로 다루는 캐나다 작가와 원주민 작가의 책이 많이 선정되고 있습니다. 흥미로운 사실은 제가 아니라 저의 백인 동료 영어 교사가 올해 11학년 교재로 선정한 책이, 한국에서 싱글맘으로 아이를 키우는 내용인 『거의 미국 소녀 Almost American Girl』라는 책입니다. 캐나다 작가와 원주민 작가의 틈에서 한국 작가의 책은 내용으로 이렇게 주목을 받고 있습니다.

다른 캐나다 이민자의 이야기와 한국계 캐나다 작가의 이야기의 차별점은 무엇인가요?

캐나다에서 중국인과 일본인은 오랜 역사가 있어 캐나다 일상과 세밀하게 엮여 있고 스며들어 있습니다. 하지만 캐나다에서 한국적인 것은 근래에 갑자기 터져 버린 폭탄과 같습니다. 전쟁으로 가난했던 나라, 공산국가와 대치하고 있는 나라로만 인식했던 한국이 갑자기 문화적 역량을 발휘하며 나타난 것입니다. 또한 캐나다 일상에서 한국 음식, 한국 음악, 한국 자동차 등의 소비재를 접하면서 한국에 대해 긍정적인 이미지를 갖게 되는 것 같습니다. 이처럼 익숙하지 않고 기존에 없었던 한국의 이야기는 캐나다 문학계에서 희소성이 있어서 귀 기울여 들을 수밖에 없습니다. 그렇기에 출판사들이 한국계 캐나다 작가의 책에 많은 관심을 보이는 것 같습니다.

캐나다인이 한국의 스토리텔링에 귀를 기울여야 하는 이유는 무엇일까요?

한국계 캐나다인 1.5세와 2세의 이야기는 평범한 한국인의 이야기와 다릅니다. 요즘은 캐나다인 대부분이 방탄소년단BTS에 열광하고 〈오징어 게임〉과 같은 콘텐츠를 보고 즐기며 한국을 이해하지만, 정작 캐나다에 사는 자신들의 이야기인 한국계 캐나다인의 이야기에는 주목하지 않습니다. 한국계 캐나다인이 지닌 정체성과 교차성을 캐나다 사람들은 인지해야 한다고 생각합니다. 어쩌면 이를 가장 잘 표현할 수 있는 길은 보편적인 스토리를 통해서가 아닐까 하고 생각해 봅니다. 가족 이야기, 엄마에 대해 딸이 느끼는 애증의 감정 등 가족 안의 사랑과 갈등과 같은 보편적인 이야기는 한국과 캐나다를 잇는 다리 역할을 할 수 있을 것입니다.

한인 작가들을 잇는 플랫폼의 필요성을 느끼시는지요?

캐나다 작가들뿐 아니라 중국계 작가들에게도 함께 모여 토론하고 영향력을 주고받는 플랫폼이 있습니다. 저는 한국계 작가로서 오랫동안 많이 외로웠습니다. 한국의 이야기를 캐나다 독자에게 들려 주고 싶었지만 계속 출판사의 거절을 당했죠. 저는 출판사와 어떻게 관계를 맺어야 하는지에 대한 자료도 전혀 없었습니다. 수많은 거절을 경험한 후에 이제 저는 그 길을 알고 있고 다음 세대의 한인 작가에게 조금은 쉬운 길을 가르쳐 주고 싶은 마음이 많이 있습니다. 또한 한인 작가의 플랫폼이 있다면 서로 가르쳐주고 격려하며 연결될 뿐만 아니라 캐나다 독자와의 만남도 지속할 수 있습니다. 10월은 온타리오Ontario주가 지정한 한국 문화유산의 달입니다. 이 시기를 잘 이용해서 캐나다에서 한국 문화의 정체성, 한국 스토리텔링의 독특성 등에 대해 함께 토론하고 캐나다 독자를 초대하여 한국의 이야기를 들려줄 수도 있을 것입니다.

나오면서

한국의 스토리텔링은 할리우드식 이야기에 익숙해져 있던 캐나다인에게 새롭게 다가가고 있다. 그것이 한국으로부터 소개된 것이든 캐나다 로컬에서 자생적으로 만들어진 것이든 동일하다. 또한 스토리 중심의 영화와 드라마, 문학이라는 장르뿐 아니라 케이팝, 게임, 만화책과 웹툰에서도 한국의 스토리텔링은 빛을 발하고 있다. 무엇이 한국의 스토리텔링을 차별화하는 것일까. 본고에서 진행한 인터뷰 등을 바탕으로 살펴보면, 식민통치와 전쟁, 경제성장과 군부독재, 민주화와 한류의 세계화 과정을 거친 한국은 경험과 갈등, 고통과 희망을 그대로 삶 속에 응축하고 내재화하여 다시 일어나고자 하는 역동적인 서사의 주춧돌로 삼고 있음을 알 수 있다. 또 한 가지 주목할 만한 것은 여러 문화와 민족이 함께 어울려 살아가는 캐나다에서 한국의 이야기는 단지 소비하는 문화재의 의미를 넘어서서 대중에게 다가가고 있다는 것이다. 한국 스토리텔링은 캐나다 커뮤니티에 닿아 그들의 진부한 사회 현상과 문제를 직시하게 하고, 애써 무시했던 자신의 소수자로서의 정체성에 긍정적인 의미를 부여하게 하며, 함께 연대하게 하고 커뮤니티의 변화를 촉구하게 하였다는 것을 알 수 있다.

캐나다에서 만든 〈김씨네 편의점〉이 넷플릭스를 통해 한국 대중을 만남으로 한류가 쌍방향으로 이루어질 수 있음을 알게 되었다. 이러한 현지에서의 자발적인 한류와 한국 스토리텔링의 생산은 양국의 문화 교류에 있어서 좀 더 지속 가능한 기반이 될 수 있을 것이다.

참고문헌

- 고한나 (2018. 2. 21.). "캐나다의 한국학 어디로 가야하나?", 한국국제문화교류진흥원 해외통신원 리포트. URL: http://kofice.or.kr/c30correspondent/c30_correspondent_02_view.asp?seq=15155&page=1&find=%EB%A1%9C%EC%8A%A4%ED%82%B9&search=&search2=%EC%BA%90%EB%82%98%EB%8B%A4
- _____ (2019a. 3. 12.). "대학 한국어 수업의 새로운 대안 - 요크 대학 '한류 동아리' 언어 교환 모임", 한국국제문화교류진흥원 해외통신원 리포트. URL : https:// kofice.or.kr/c30correspondent/c30_correspondent_02_view.asp?seq=16713&page=1&find=%EC%96%B8%EC%96%B4&search=&search2=%EC%BA%90%EB%82%98%EB%8B%A4
- _____ (2019b. 9. 9.). "영화 기생충의 토론토국제영화제 내 첫 상영과 전석 매진 기록", 한국국제문화교류진흥원 해외통신원 리포트. URL: https://kofice.or.kr/c30correspondent/c30_correspondent_02_view.asp?seq=17455&page=1&find=%EC%98%81%ED%99%94%EC%A0%9C&search=&search2=%EC%BA%90%EB%82%98%EB%8B%A4
- _____ (2019c. 9. 28.). "44년간 토론토 국제 영화제에 출품된 한국 영화", 한국국제문화교류진흥원 해외통신원 리포트. URL: http://kofice.or.kr/c30correspondent/c30_correspondent_02_view.asp?seq=17541&page=1&find=%EC%98%81%ED%99%94&search=&search2=%EC%BA%90%EB%82%98%EB%8B%A4
- _____ (2021. 10. 24.). "캐나다의 한국 문학 강연", 한국국제문화교류진흥원 해외통신원 리포트. URL: https://kofice.or.kr/c30correspondent/c30_correspondent_02_view.asp?seq=20625&page=1&find=%EB%AC%B8%ED%95%99&search=&search2=%EC%BA%90%EB%82%98%EB%8B%A4
- _____ (2021. 12. 1.). "한국 만화,캐나다에서 더딘 불로 타오르다", 한국국제문화교류진흥원 해외통신원 리포트. URL: http://kofice.or.kr/c30correspondent/c30_correspondent_02_view.asp?seq=20812&page=1&find=%EB%8D%94%EB%94%98%20&search=&search2=%EC%BA%90%EB%82%98%EB%8B%A4
- Benchetrit, Jenna (2021. 10. 1.). "Squid Game is a brutal show about social inequalities - and it's Netflix's next major hit", CBC. URL: https://www.cbc.ca/news/entertainment/squid-game-netflix-1.6195607
- Brown, Dan (2020. 9. 4.). " Korean mothers' story has universal appeal", The London Free Press. URL: https://lfpress.com/entertainment/books/brown-korean-mothers-story-has-universal-appeal
- Kwong, Evelyn (2021. 10. 11.). "Why Does The Success of 'Squid Game' and Korean Pop Culture Continue to Surprise People?", Toronto Star. URL : http//www.thestar.com/entertainment/television/2021/10/11/why-does-the-success-of-squid-game-and-korean-pop-culture-continue-to-surprise-people.html
- Menezes, Vivek (2020. 9. 30.). "Reading Yeong0Shin Ma's Moms' to understand why the Korean Wave has swept through parts of India", Scroll.in. URL : https://scroll.in/article/974451/reading-yeong-shin-mas-moms-to-understand-why-the-korean-wave-has-swept-through-parts-of-india

- Wong, Jan (2021. 5. 16.). "Is Asian identity even a thing? Who cares, pass the popcorn for K-drama", CBC. URL: https://www.cbc.ca/news/canada/first-person-asian-heritage-month-jan-wong-1.6027548

4
영국

United Kingdom

영국에서의 한류 소프트파워, 현실 혹은 허상

김화정 이화여자대학교 국제지역연구소 학술연구교수

1. 들어가는 말

　영어문화권에서 한류의 영향력에 대한 견해는 크게 두 가지로 나뉜다. 주류에 속하지 못하는 경계인이나 비주류권이 향유하는 문화 혹은 국내 미디어에서 증폭시킨 현상이라는 관점이다. 두 가지 관점 모두 영어문화권 국가에 대한 우리의 열등의식에서 비롯된 것일지 모른다. 첫 번째 견해는 영어문화권의 국가, 특히 앵글로색슨으로 인식되는 주류사회계층이 한류를 적극적으로 소비하지는 않을 것이라는 회의적인 전제가 깔려있다. 두 번째 견해는 영어문화권 국가에서의 한류는 우리가 성취해야 할 가장 높은 목표이기에 미디어를 통해 한류 성공 프레임으로 확대 해석하여 국내 청중에게 전달하려는 의지, 즉 강한 국수주의를 일컫는 소위 '국뽕' 의식이 반영된 것으로 보인다.

　영화배우 윤여정이 제74회 영국아카데미 시상식에서 영화 〈미나리〉로 여우조연상을 차지하면서 했던 수상 소감이 화제가 되었다(중앙선데이, 2021). "세계에서 가장 콧대 높은 snobbish 영국"이라고 표현했기 때문이다. 이 소감에 시상식은 웃음바다가 되었다. 타자에 의해 자국의 이미지가 매우 직설적으로 묘사되었다는 데에 윤여정의 소감이 비호감으로 비춰졌을 법하다. 그러나 예상 밖으로 그 표현이 영국인들의 공감과 웃음을 자아내는 장면을 시청하면서 그들에게 장착되어 있는 자신감이 느껴졌다. '영국적인 것Britishness'이란 아마도 영국인 개개인에게 공기처럼 스며들어 있는 국가 정체성에 대한 자신감을 뜻하는 것이 아닐까?

최근 영국 내에서 한국에 대한 관심이 높아지고 있는 분위기를 주영한국대사의 인터뷰를 통해 접할 수 있었다. 박은하 대사는 케임브리지대 유니언, 싱크탱크 채텀하우스, 영국 주요 미디어·언론사의 초청이 많아졌고, G7, 코로나19 대응, 남북정상회담, 손흥민 선수 등 한국과 관련한 주제의 폭도 매우 넓어졌다고 전했다(최윤정, 2021). 온라인 언어교육을 제공하는 듀오링고라는 웹사이트에서는 2020~2021년에 한국어를 배우려는 영국인의 수가 78% 증가했다고 발표했고, 영국 언론사《데일리 메일 Daily Mail》은 한식과 한국 음식 재료의 판매량이 많게는 200%까지 급증하고 있다고 보도했다(사혜원, 2021). 과연 이와 같은 한국 인지도 상승을 영국에서의 한류라고 부를 수 있는지, 단순히 '한류 현상'인지 아니면 '한류 열풍'의 수준인지에 대한 진단이 필요한 시점이다.

이 장에서는 우리가 영어문화권에서 '한류 4.0'을 성급하게 논하고 있는 것은 아닌지에 대한 문제의식에 기초해 영국에서의 한류를 소프트파워 관점에서 분석해 보고자 한다. 이를 위해 다음 2장에서 소프트파워의 진화된 담론을 설명하고 이를 적용한 개념적 분석 틀을 소개하겠다. 3장에서는 문화세계화 선두 국가로서의 영국을 '영국적인 것Britishness과 보편성', '영국적 규범의 문화적 보편성'이라는 측면에서 탐색하여 영국 소프트파워의 특징을 도출한다. 4장에서는 영국에서 한류의 시발점과 최근 추세를 짚어보고, 소프트파워 결정요인 측면과 효과성 측면에서 영국에서의 한류 소프트파워를 분석한다. 결론에서는 보편적 영어권 문화 속 한류에 대한 시사점을 제시하겠다.

2. 소프트파워론의 진화

조지프 나이(Joseph Nye, 1990; 2004)가 발전시킨 소프트파워 개념은 국제정치학 이론과 실제에 큰 반향을 일으켰다. 2000년대 중후반 국내 학계에서도 한국적 맥락에 맞는 소프트파워 개념에 대한 탐색이 시작됐다(전재성 외, 2009). 2010년대 중반 이후에는 개념적 발전보다는 기업 전략, 올림픽, 문화 경쟁력, 4차 산업혁명, 문화 영향력 등 여러 이슈 영역과 연계된 소프트파워 연구가 주류를 이루고 있다. 필자가 수행했던 문화정책과 관련한 소프트파워 연구(김화정, 2021)는 소프트파워 개념 발전에 어느 정도 기여는 하나, 조지프 나이가 주장한 네 가지 권력 자원(가치, 문화, 제도, 정책) 중에 문화 측면에만 집중한다는 점에서 한계가 있다.

한편 해외 학계를 보면, 호주 매쿼리대학 Macquarie University의 소프트파워연구소 Soft Power Analysis & Resource Centre를 중심으로 소프트파워 담론이 진일보하고 있다. 2017년에 발간된 학술서 「Routledge Handbook of Soft Power」는 개념적 발전이 어느 단계에까지 이르렀는지 명확히 보여준다. 네런 치티 Naren Chitty가 시민 공화주의적 민주주의 civic republicanism democracy 관점에서 덕 virtues과 실천 virtuosity의 차이점을 구분하여 소프트파워 개념에 접목했고, 이 개념의 창시자인 조지프 나이의 공감을 얻었다.◆ 네런 치티 (2017a, 2017b)에 의하면, 소프트파워는 정부나 국민이 개별적으로 혹은 서로 연계하여 그 사회에서 용인하는 미덕과 실천력을 바탕으로 발휘하는 일국의 권력이다. 덕은 한 국가가 지향하는 주요 가치를 뜻하고 그 국가의 소프트파워 권력 자원이다. 이를테면, 시민의 덕목, 자비와 정직, 지혜, 용기 등이 소프트파워를 '구성 construction ([그림 1]◆◆의 소프트파워 개념 1◆◆◆에 해당)'한다고 볼 수 있다. 일국이 지향하는 덕이 타국의 관점에서도 반드시 긍정적으로 받아들여지는 것은 아닐 수 있다. 양국이 동일하게 자유와 평등과 같은 인류 보편적 가치를 추구하더라도 양국의 정치적, 사회적, 문화적, 혹은 종교적 이념이 서로 다르면 상대의 가치를 받아들이고 해석하는 바가 다를 수 있기 때문이다. 정치적 기교나 대담한 국가행위를 가리키는 실천은 소프트파워 '능력 competence ([그림1]의 소프트파워 개념 2에 해당)'으로 발휘된다. 이는 덕에 기초해서 발휘될 수 있지만 그렇지 않을 수도 있다. 예컨대, 평화유지활동은 자유주의 수호를 위한 군사력으로 덕에 기초한 정치외교적 실천에 해당하고, 세계평화를 위협하는 국가가 평화를 지향하는 올림픽을 개최하는 것은 덕에 기초하지 않은 국가행동에 해당한다고 볼 수 있다. 후자의 경우에는 핍진성◆◆◆◆이 생길 수 있다. 덕과 실천을 모두 관통하는 요소는 커뮤니케이션으로 소프트파워를

◆ 필자와 네런 치티가 소프트파워 개념에 대해 토론한 내용을 바탕으로 한다(2022년 1월 7일).
◆◆ 그림으로 형상화한 것은 네런 치티의 개념을 필자가 재구성한 것이다.
◆◆◆ 일련번호(1-4)는 네런 치티가 제시한 순서를 그대로 따랐다. 이에 대해서는 Chitty(2017a: 27-29)를 참조.
◆◆◆◆ 이는 verisimilitude를 뜻하는 용어로서, 신뢰할 만하고 개연성이 있는 이야기로 상대를 설득시키는 행위를 뜻한다.

'합성composition ([그림1]의 소프트파워 개념 4에 해당)'하게 된다. 정부와 국민 사이의 또는 양국 간의 '긍정적' 혹은 '부정적' 커뮤니케이션이 소프트파워에 영향을 미치게 된다. 긍정적 커뮤니케이션과 일국의 덕목이 만나는 지점에서 국가 간의 '조정·화해reconciliation ([그림1]의 소프트파워 개념 3에 해당)'가 일어나기도 한다.

[그림 1] 소프트파워 개념

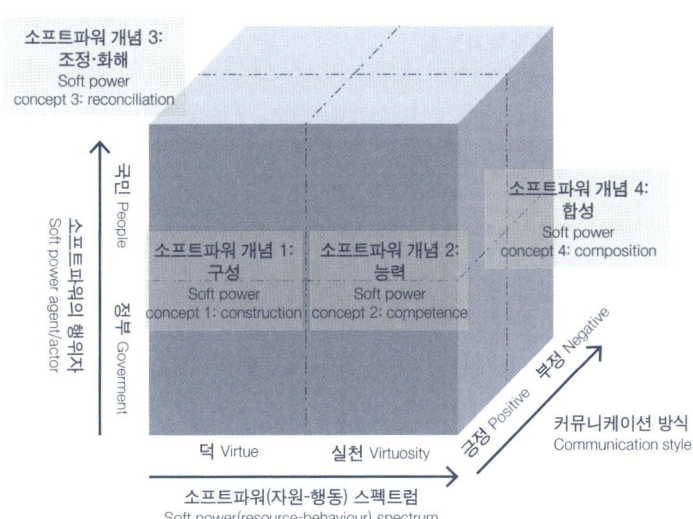

(출처: H. J. Kim, (2023), 'South Korea's Civic Virtue Soft Power' in N. Chitty, L. Ji, G. Rawnsley, and C. Hayden (eds.), *The Routledge Handbook of Soft Power*(second edition, forthcoming))

필자는 치티의 이론을 3차원으로 분석하여 소프트파워의 결정요인(덕, 실천, 커뮤니케이션)과 효과성(조정·화해)으로 구분하고, 결정요인 3가지의 교차지점에 정의되지 않은 영역이 있음을 밝혀 해당 영역을 개념화했다(Kim, 2023, forthcoming). 다음 [그림 2]에서 A영역(실천과 긍정적 커뮤니케이션의 교차 부분)은 '리더십leadership', B영역(덕과 부정적 커뮤니케이션의 교차 부분)은 '가치충돌value clashes', C영역(실천과 부정적 커뮤니케이션의 교차 부분)은 '프로파간다propaganda'로 정의했다. 이 접근법은 덕목에 기초하지 않은 정치적 기술의 프로파간다 개연성(Chitty, 2017a; 2021)을 가치충돌과 구분하여 구체화했다는 점에서 의미가 있다.

[그림 2] 소프트파워 효과성 영역

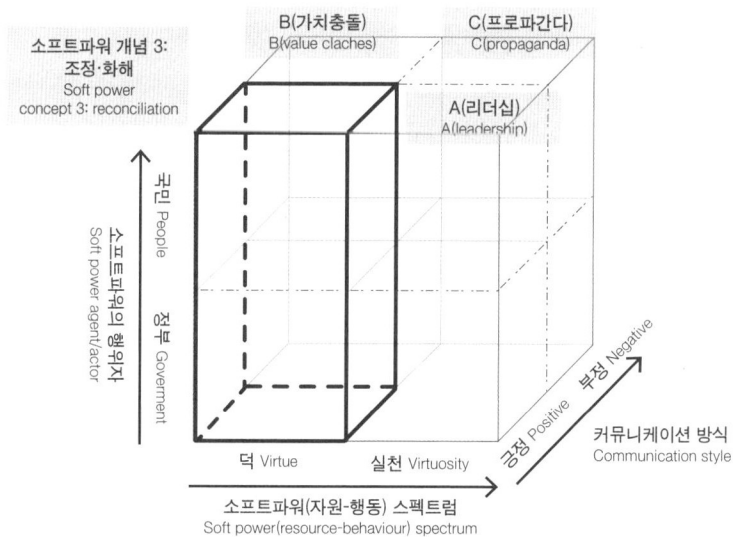

(출처: H. J. Kim. (2023). 'South Korea's Civic Virtue Soft Power' in N. Chitty, L. Ji, G. Rawnsley, and C. Hayden (eds.), *The Routledge Handbook of Soft Power*, (second edition, forthcoming))

3. 문화세계화 선두 국가, 영국

3-1. 영국적인 것^{Britishness}과 보편성 사이

영국을 설명하는 표현은 정치, 경제, 문화 영역에 걸쳐 광범위하다. 유럽 최초의 민족국가, 조직적인 정치체제 구축, 최초의 산업혁명 주도, 영연방국가를 중심으로 한 해양문화 선도국, 프랑스와 더불어 유럽 대륙 문화의 선도국 등이 대표적이다(Simms, 2016; 김도희·박병진, 2016). 음악을 통한 사회문화적 규범성을 대표하는 비틀즈의 유산을 가진 영국은 이미 문화세계화를 선도한 국가로 평가받는다(김두진, 2018). 소프트파워30 지수가 국가 순위를 측정하기 시작한 2015년부터 현재까지 영국은 최상위권에 속한다(〈표 1〉 참조). 교육, 문화, 참여 지표만 따로 떼어 보았을 때 꾸준히 2위를 기록하고 있고, 2019년 소프트파워30의 종합평가에 따르면 영국은 특히 문화와 교육 영역이 강세인 것으로 나타난다.

〈표 1〉 영국의 소프트파워 순위

연도	측정 지표별 순위						여론 순위 (30%)	전체 순위 (총점)
	객관적 데이터 분석 (70%)							
	디지털	기업	교육	문화	참여	정부		
2015	2	-	2	2	2	-	-	1 (75.61)
2016	3	-	2	2	2	-	-	2 (75.97)
2017	2	13	2	2	2	11	8	2 (75.72)
2018	3	7	3	2	2	11	6	1 (80.55)
2019	3	10	2	2	3	12	10	2 (79.47)

(출처: 소프트파워30(https://softpower30.com/), 필자의 재구성.)
※ 2015년과 2016년에 소프트파워30이 측정 지표별 10위권 밖의 국가를 따로 표기하지 않아 "-"으로 표시하였음.

국가의 순위를 측정하는 여러 지표가 있지만 소프트파워30 지수가 의미가 있는 점은 소프트파워의 개념을 구체화하고 측정 가능한 항목을 개발하여 객관적 데이터 분석(70%)과 주관적 데이터 분석(30%)을 활용해 각국의 소프트파워를 비교할 수 있게 했다는 점이다. 2016년을 전후로 영국의 유럽연합이탈브렉시트, Brexit 결정과 이탈 과정이 영국의 소프트파워에 어떤 영향을 끼쳤는지 추이를 볼 수 있다. 브렉시트 이후에도 영국의 소프트파워 위상이 여전히 높다.

브렉시트 추진 당시 학계와 전문가들은 브렉시트가 주요 변수로 작동할 것으로 예측했고 문화예술계에 미칠 부정적인 영향(Arts Council England, 2017)을 우려했지만, 이는 기우였다. 5년이 지난 현시점에서는 경제·무역에 부정적인 영향을 미친다는 여론이 우세(Helm, 2021)하긴 하나, 문화 분야에서의 영향력은 여전히 긍정적이라는 점이 주목할 만하다. 영국은 브렉시트와 무관하게 여전히 높은 소프트파워를 지니고 있다. 왜일까?

'영국적인 것Britishness'에 대한 성찰은 1980년대 후반부터 영국 학계의 새로운 화두로 떠올랐다. 당시 영국 역사가들은 전원성, 실용주의, 자유주의, 개인주의를 영국적인 것으로 간주했다. 켈트인의 전설적인 영웅 아서왕, 민중문화를 대표하는 로빈후드, 중간계급의 표상인 존 불, 제국주의 팽창기의 대외적 표상인 브리타니아 여신과 같은 상징적 캐릭터에서 나타나는 자유, 사랑, 민중문화 등은 영국이 지향하는 가치를 보여준다(박지향, 2006). 이 외에도 다문화주의 이민자 통합정책과 모순되는 기독교 국가◆

◆ 영국정부는 1944년과 1988년에 기독교 교육을 명시한 「교육개혁법」을 통과시켰다(정희라, 2009).

로서의 정체성 강화(정희라, 2009), 군주정과 왕실의례를 매개로 공유하고 있는 영국인으로서의 정체성(김원동, 2016), 스코틀랜드의 분리독립 실패와 브렉시트에서 작동하고 있는 국가 정체성(윤성욱, 2017), 제국의 영광 혹은 세계 경영에 대한 향수와 이에 대치되는 신자유주의적 세계화의 행보(남종석, 2016) 등이 있다.

인류 보편적 가치와 영국적 가치는 상당 부분 중첩된다. 제도화를 통해 영국적 가치를 규범화하고 가치 지향적인 국가행동으로 실천에 옮겨 보편성을 구축했기 때문이다. 영국 천년의 역사를 제도와 규범의 역사로 보는 이유이기도 하다(Simms, 2016). 영국적인 것이 보편성을 띠는 이유는 영연방연합체를 통한 긍정적 커뮤니케이션 메커니즘 때문으로 볼 수 있다. 영연방이 세계주의 글로벌 사회를 지향하는 국제기구로 기능하면서 지식공동체 구축을 통한 서구권 규범 체계가 확산하게 되었는데, 그 이면에는 연방재단의 역할과 문화 영향력 증대가 있다(김화정·조기숙, 2021). 영국이 지향하는 보편적 민주주의 가치와 이념의 저변 확대가 영연방연합체의 5대륙에 걸친 '규범권력normative power'으로 발현되었다. 영연방국가들이 영국의 유럽연합이탈을 모국의 귀환으로 여기고 있다는 점은 영국과 영연방의 결속력과 응집력을 나타낸다. 21세기에도 '영국적인 것'이 영연방연합체의 모태가 된다는 사실은 부정할 수 없다.

자유, 사랑, 인본주의의 가치가 영국의 소프트파워를 구성한다. 제국주의로부터 서구권 규범권력의 중심이 되기까지 영국이 보여준 행보는 소프트파워 능력을 대변한다. 제국주의의 열망을 인류 보편적 가치를 지향하는 방향으로 선회하여 영연방연합체를 통해 5대륙을 연결하고, 유럽연합이탈 이후에도 다양한 채널로◆ 유럽권 국가들과 소통하고 있다. 영국이 확장적인 커뮤니케이션을 활용해 소프트파워를 합성했기 때문에 조정·화해 및 리더십 효과성을 발휘할 수 있었다. 이처럼 영국이 긍정적인 소프트파워를 발휘하는 데에는 영국적인 것이 보편성을 띨 수 있도록 문화 정체성을 세계화(김규철, 2010)하고 영국적 규범의 문화적 보편성을 실천하고 있다는 점을 주목할 필요가 있다.

3-2. 영국적 규범의 문화적 보편성

영국이 세계적 문화의 중심이 되는 데에는 영국적 규범의 문화적 보편성이 주요했다(김두진, 2018). 영국정부는 문화외교를 국제문화교류 관점으로 이해하고 이를 추진하는 데 직접적인 책임을 지거나 관여하지 않아 왔지만, 외교정책의 한 부분으로 중시해 왔다(이종열, 2005). 일례로, 1995년에 웨일즈 왕자가 문화외교의 무한한 가치의 중요성을 피력하면서 영어과 영국문화는 전 세계의 자산이라는 점을 강조했던 것을 통해 영국정부의 문화세계화 노력이 어느 정도였는지 가늠할 수 있다. 1997년 신노동당정부의 집권으로 창조산업 분야가 급진적으로 발전했다. 미래산업으로서의 중요성을 강조한 블레어 정부의 문화정책이 영국팝$^{Brit\text{-}pop}$과 같은 대중문화와 더불어, 클래식이나 비인기 영역이던 전통문화의 성장과 확산을 도모했다(Park, 2018).

◆ 유럽연합의 실질적 리더인 독일과 유럽연합을 이탈한 영국이 국제문화교류연구연합(International Cultural Relations Research Alliance)을 2019년에 창립하고 공동 주관하고 있다. 영국은 브렉시트 이후에도 유럽과 협력하며 글로벌 문화 담론 플랫폼을 제공하면서 영국적 가치를 실천하고 있다.

20세기 후반부터 영국은 문화외교와 관련된 기관의 독립성과 자립성을 보장하고, 시민단체와 비정부조직^NGO을 문화교류 행위자로 인정하며 그들의 활동을 국가 차원에서 장려했다. 그 기관들은 영국에서의 교육 기회와 문화에 대한 인식 제고, 민주적 가치와 절차 확산, 거버넌스와 인권 강화를 위해 외국과의 파트너십을 수행했다. 영국의 가치는 정부로부터 하향식^top-down이 아닌 민간으로부터 상향식^bottom-up으로 확산했다. 영국 시민은 도덕성을 지닌 국가로서의 영국, 국제사회에 긍정적 영향력을 미치려는 목적, 성숙한 시민사회, 비정부조직과 개인 자유의 보장, 상호보완적인 거버넌스(Risse, 2013)를 대표했고, 영국적 규범이 문화적 보편성으로 승화하는 데 일조했다. 이는 영국의 가치가 세계적 보편성을 띠는 이유이다.

21세기 초부터는 영국의 국제적 영향력과 급변하는 외교환경에 대한 요구가 있었다(김화정·조기숙, 2021). 2002년, 영국정부는 국가미래전략기구를 설립하고 공공서비스 개혁과 미래경제에 대한 집중 7대 과제 중 하나로 소프트파워 외교를 추진했다. 2010년대로 접어들면서 소프트파워의 중요성과 함께 자국의 문화적 자산 활용에 대한 담론이 확대되었다. 2012년부터 영국정부는 '대영제국^Great Britain' 캠페인을 벌여 민관파트너십을 독려하고 경제적 국익으로 환원될 수 있는 문화산업 분야에 집중했다. 영국문화원의 신뢰지불^Trust Pays, 문화적가치프로젝트^Cultural Value Project 등이 당시 영국의 소프트파워 역량 강화를 위한 노력을 대변한다.

이처럼 영국적 가치에 기반한 문화를 대외적 발신으로 가능하게 한 데에는, 18세기 이후 런던이 유럽의 문화적 중심지가 된 역사적 배경이 있다. 당시 런던은 경제적 풍요와 정치적 안정기로 접어들었고, 국민이 콘서트를 관람할 수 있도록 했다. 19세기 중반부터 콘서트홀과 같은 문화공간이 만들어졌는데, 이는 런던이 세계적 문화의 요람이 되는 계기를 마련했다. 세계적인 음악가와 그룹이 런던의 콘서트홀에서 공연을 했고, 런던 시민은 고전적, 종교적, 포크적, 대중적 음악, 뮤지컬, 재즈, 세계 음악, 공연예술 등을 매우 폭넓게 향유했다(Park, 2018). 이를 계기로 런던에는 바비칸 센터Barbican Centre, 사우스뱅크 센터Southbank Centre의 로열 페스티벌 홀Royal Festival Hall, 퀸 엘리자베스 홀Queen Elizabeth Hall과 같은 크고 작은 콘서트홀과 극장, 페스티벌이나 버스킹이 가능한 공공문화장소가 생겨났다. 영국이 문화세계화 선두 국가가 된 데에는 런던의 역할이 크다고 할 수 있다.

　　영국문화의 중요한 분야는 음악이다. 영국인의 특징은 음악을 향유할 때만큼은 그들의 정체성을 잉글랜드, 스코틀랜드, 웨일즈, 아일랜드로 나눠서 보지 않고, 영국이라는 통합된 국가 정체성을 보인다는 것이다(Park, 2018). 따라서, 비틀즈 음악의 사회문화적 규범성에 대해 살펴보는 것은 의미가 있다. 김두진(2018)에 따르면, 비틀즈가 저급문화(대중음악)와 고급문화(고전음악)의 경계를 허물어 대중음악의 예술성을 끌어냈고, 1960년 당시 사회경제적으로뿐만 아니라 문화적으로 미국의 존속하에 놓이게 되었던 영국의 상황에서 비틀즈의 존재는 '종속'을 탈피해 미국과의 거의 대등한 '상호의존'의 위상을 정립하는 계기를 마련했다. 반세기 동안 대중음악 예술가로 활동한 밥 딜런이 2016년 노벨문학상을 받으면서 비틀즈의 예술성이 재평가되고, 소위 '문화 대통령'으로 불리는 비틀즈가 여전히 세계 대중문화의 중심이라는 점을 재확인하였다. 이를 계기로, 비틀즈가 대중음악의 예술성을 넘어 사회적 규범, 문학적 규범 그리고 음악적 규범을 제시한 사례로 평가받고 있다. 비틀즈 음악이 '시대정신'으로 여겨지는 이유가 바로 이와 같은 규범적 위상의 정립이라고 할 수 있겠다. 이 논의에서 영국적 규범의 문화적 보편성이 강조된다. 비틀즈가 사회문화적 규범을 제시하여 문화세계화를 이끌었다고 보는 이유이다.

이 현상을 소프트파워 관점에서 보면 다음과 같이 정의할 수 있다. 영국적 규범의 문화적 보편성이란, '영국적인 것'을 규정짓는 가치와 덕목이 정부와 국민의 긍정적 커뮤니케이션(제도와 영연방연합체 메커니즘)에 기반한 소프트파워 실천 노력으로 세계적으로 보편타당한 규범적 위상(또는 규범권력)을 획득해 간문화 갈등조정·화해와 세계문화리더십을 발휘하는 현상을 뜻한다. 문화세계화 선두국의 위치를 점하고 있는 영국에는 제국적 문화의 영향, 문화적 강제의 가능성이 상존한다. 과거로부터 축적되어 온 영국문화의 제국성은 무시할 수 없다. 영국적 규범의 문화적 보편성이 대내적으로 포스트-비틀즈의 저항성(김두진, 2018)을 동시에 낳는다는 것은 문화세계화의 특성 중 하나일 수 있다. 영국 소프트파워가 부정적 효과성인 가치충돌과 프로파간다를 일으킬 수 있다는 점을 암시한다. 문화세계화의 선두국이자 포스트-비틀즈의 저항성이 있는 영국에서 한류의 실체는 무엇인지에 대해 다음 장에서 살펴보겠다.

4. 영국에서의 한류 소프트파워

4-1. 영국 내의 한류 시발점과 최근 추세

2000년대 초중반 중국, 일본, 동남아에서의 한류 열풍이 일기 시작하면서 유럽권에서도 한류 현상이 나타났지만, 각 지역권에서 나타나는 특징은 다르다. 당시 동아시아에서 대중문화 중심의 대중문화콘텐츠가 우세했던 데 반해 유럽권에서는 김치, 태권도, 예술영화, 불교문화(템플스테이)와 같은 한국의 전통과 예술이 반향을 일으켰다(이종열, 2005). 런던 코리아 페스티벌, 리버풀 페스티벌 등의 영국 현지 행사에서 선보였던 한국 전통문화와 예술이 영국인의 한국에 대한 관심으로 이어졌다고도 볼 수 있는데, 이는 1982년에 한국과 영국이 맺은 문화협정에 기초해 문화관광부가 설치한 문화공동위원회 문화교류협력의 결과이기도 하다(문화관광부, 2004).

양국의 문화교류협력 이후 한국인 음악가의 클래식 공연, 외교 계기 행사에서의 한국 전통문화 공연, 런던대학의 한국학 설치 등이 점증적으로 이루어졌다(Park, 2018). 1990년대 초만 하더라도 영국에서의 한국에 대한 인지도는 낮은 편이었으나, 이후 한국영화가 현지에 소개되면서 학계와 영화 관객의 관심을 받기 시작했다(Lee, 2006). 영국 청중이 한국 사회에 대한 이해를 위해 역사, 경제발전, 한국전쟁 등을 다룬 한국영화를 관람했다. 영국인은 한국의 문화적 역량과 탈식민지화 역사에 관심을 기울였고, 영화를 통해 한국의 역사와 6·25전쟁, 경제발전, 사회에 대해 이해했다. 당시 한국 정부 차원에서도 문화산업의 중요성과 문화정책이 강조되기 시작했고(김정수, 2014), 한국과 영국의 문화협력 파트너십의 기틀이 마련됐다.

영국에서 한류가 어떻게 시작되었는지에 대한 내용은 2014년도에 발간된 책, 『The Global Impact of South Korean Popular Culture: Hallyu Unbound』에 콜레트 발먼(Colette Balmain)의 챕터, "Pop goes Korean popular culture: An investigation into popularity of Hallyu culture in the UK"에서 좀 더 구체적으로 찾아볼 수 있다(Marinescu, 2014). 그녀는 참여관찰자 관점과 설문조사 방법을 활용해서 한류의 무엇이 영국 청중의 호응을 끌어냈는지에 대해 연구했다.

발먼(Balmain, 2014)에 따르면, 2000년대 초반 영국에 소개된 한국영화가 2010년대 초의 케이팝 인기를 견인했고 2010년 중후반에는 한류를 일으켰다. 한국영화가 영국에 진출한 배경은 2001년부터 아시아권 영화를 소개하기 시작한 '타르탄 아시아 익스트림(Tartan Asia Extreme)'이다. 당시 아시아 지역권의 문화는 이국주의(exoticism)와 타자성(alterity)으로 획일화되어 있었고, 박찬욱, 김기덕, 김지운 감독의 작품이 한국영화를 대표했다. 대중성보다는 예술성이 높은 한국영화가 영국 대중에게 소개되었다. 이는 영국인의 케이팝에 대한 관심으로 이어졌는데, 그 시초가 2011년 런던한국영화페스티벌 개막식에 초청된 샤이니의 공연이었다.

이듬해 2012년에는 영국에서의 한류 현상이 뚜렷이 나타났다. 당시 세계적인 인기몰이를 한 싸이의 〈강남스타일〉이 영국의 공식적인 음원순위 집계기관인 OCC(The Official Charts Company)의 싱글차트 1위를 달성했고, 영국 미디어 매체가 한국음악과 한국문화를 통틀어 '한류'라고 부르기 시작했기 때문이다(Park, 2018). 그뿐만 아니라 빅뱅의 〈Alive〉 투어 공연으로 1만 2,500명을 수용하는 웸블리 아레나 공연 관람권이 한 시간 안에 매진되어 이튿날의 일정이 추가되었고, 이 역시 매진을 기록했다(Balmain, 2014). 영국 팬들은 SM 타운을 런던에 설립할 것을 요구하기 위해 플래시몹flash mob 댄스로 청원을 했다. 당시 영국에서의 케이팝 인기를 가늠할 수 있는 현상이다. 런던올림픽을 계기로 큰 규모의 한국 페스티벌이 런던에서 열리기도 했다. 이후 케이팝, 영화, 드라마 등 대중문화뿐만 아니라 한식, 게임, 애니메이션, 한국 전통문화 등 다양한 한국문화콘텐츠의 잠재소비자로 프랑스와 함께 영국이 부상했다(김도희·박병진, 2016). 주영국 한국문화원이 런던에 케이팝 아카데미를 설립해 영국 팬들을 대상으로 한국문화 전반을 소개하고 교육하기 시작했다(김도희·박병진, 2016). 당시 문화센터 30여 군데에 세 곱절 이상의 지원자가 몰려 성황을 이룬 데다가, 소셜미디어로 한국 드라마가 영국의 젊은 층에 퍼져 케이팝과 한국 드라마가 영국의 전 연령층에 의해 소비되는 현상이 나타났다(Balmain, 2014).

하지만 2012년에 나타난 한류 현상은 제한적이었다. 런던 KOTRA 무역관의 분석에 의하면, 당시 영국 내에서 케이팝을 소비하는 계층은 온라인 불법 공유가 일상적인 10대 소녀들이기 때문에 한류 소비시장이 제대로 형성되었다고 보기 어려운 시기였다(김두진, 2018). 그런데도 영국 주류 매체는 한류의 부정적 측면을 다루었다. 《BBC》는 한국문화산업에 대해 청소년에 대한 노예계약, 정부가 주도하는 문화산업, 아이돌의 경쟁적 양성 등을 문제로 지적하였다(Williamson, 2011). 이는 영국인이 한류 문화콘텐츠의 수용에 대해 저항성이 있었기 때문으로 보인다.

2010년 중후반에 접어들면서 영국에서의 한류 성장이 뚜렷해졌다.

한국관광공사가 수행한 「한류관광시장 조사 연구」를 보면, 2014년에 유럽권 국가 중에서 한류 현상이 나타나는 곳으로 프랑스와 영국이 비슷한 정도인 것으로 조사되었는데, 5년 후에는 영국에서의 한류가 프랑스에서의 한류를 추월했다. 2019년 집계에 따르면, 유럽 권역에서 한류스타와 관련한 전체 버즈량 약 1,818만 건 중에 영국이 약 1,495만 건을 기록해 프랑스(300만 건)와 독일(15만 건)보다도 월등히 앞서는 것으로 나타났다(한국관광공사, 2019: 330-332).

2020년대 초반인 최근의 추세를 보면, 영국에서의 한류 영역은 매우 확장적이다. 케이팝 아이돌그룹 BTS, 블랙핑크와 〈오징어 게임〉과 같은 넷플릭스 시리즈, 축구선수 손흥민, 한국 전통음악 국악, 한국 식품에 이르기까지 한국의 다양한 문화와 콘텐츠가 영국인의 관심과 인기를 끌고 있다(Park, 2018; Chaudhary, 2019; Pearson-Jones, 2021). 특히, 한국의 넷플릭스 콘텐츠가 영국의 주류사회를 파고들었다. 〈오징어 게임〉과 〈지옥〉이 흥행한 후에, 한국 예능프로그램 〈솔로지옥〉이 영국 넷플릭스 순위 10위 내에 진입했는데, 이는 비영어권 프로그램으로 유일했다(윤태연, 2022). 영국인의 한국 식품 소비도 상승 추세이다. 2021년에 고추장, 쌈장 매출이 전년도보다 200% 올랐고, 한국식 치킨 매출은 250% 올랐다(Pearson-Jones, 2021). 영국 미디어도 한류 현상을 인정하고 있다. 《The Times UK》, 《The Drum》, 《Daily Mail》과 같은 미디어 매체가 한류의 성공이 지구적 현상인 것으로 보도하였다(Gibson, 2021; 김지홍, 2021).

이러한 한류 열풍이 한인으로 구성된 코리아타운에도 영향을 미치고 있다(이진영, 2012). 1990년대 초반부터 런던 남부의 뉴몰든에 형성된 코리아타운은 한류 이전까지는 한인, 조선족, 탈북자, 동포 차세대로 구성되어 있었으나, 한류 이후 외국인의 참여가 증가하면서 코리아타운이 국제화된 초국가적 이주공동체의 양태를 띠고 있다. 재외동포와 이주자를 지원하던 '기능' 중심의 코리아타운이 한류의 새로운 '공간'으로 변모하고 있다는 점도 특이할 만하다.

4-1. 영국에서의 한류: 소프트파워 결정요인 측면

그렇다면 영국 내의 한류 성장에 있어 주요했던 소프트파워는 무엇이었을까? 앞서 2장에서 소개한 분석 틀에서 소프트파워의 결정요인 세 가지로 제안한 덕(소프트파워 구성), 실천(소프트파워 능력), 커뮤니케이션(소프트파워 합성) 측면에서 영국 사례를 분석하겠다.

콜레트 발먼이 2014년에 영국 내의 한류 향유층을 대상으로 수행했던 설문조사 결과를 먼저 살펴보겠다. 그녀는 18~51세의 영국인을 대상으로 조사했고, 25세 이하인 그룹과 26세 이상인 그룹으로 나누어 특징을 파악했다. 그 결과, 한류를 향유하는 영국인의 나이와 인종이 매우 광범위하고 다문화적 배경을 갖고 있다는 점과 지배적인 그룹이 아시아계 영국인이라는 것을 밝혔다. 이들이 중시하는 한국의 미덕은 유교적 문화, 노력과 인내, 종교인 것으로 나타났고, 이를 바탕으로 존중의 가치가 중시되는 한국문화를 선호하는 것으로 분석했다(Balmain, 2014). 당시까지만 해도 한국문화와 아시아문화가 뚜렷한 구분 없이 단지 '독특함uniqueness'으로 일반화(Russell, 2008)되었던 상황을 반추해 보면, 이 연구는 중요한 발견이라고 할 수 있겠다. 한국만의 독특한 대중성과 예술성에 내재된 가치가 무엇인지를 밝혔기 때문이다. 이 외의 연구나 언론 보도에서 한국의 문화적 보편성으로 관통하는 한국의 미덕으로 감사, 존중, 겸손, 친밀성 등이 거론되고 있다(Russell, 2008; 김지홍, 2021; 김수영, 2022).

한국의 초국적 보편성에 관한 논의도 살펴볼 필요가 있다. 김두진(2018)은 한류문화콘텐츠가 한국의 고유한 문화정체성을 창출했다기보다 미국이나 일본의 스타일을 변형한 측면이 강해 독자적 국지성을 지닌다는 것이 불가능하다고 보았다. 한류가 한국산이라기보다 다국적 문화상품으로 인식되어야 한다는 것이다. 한류를 글로컬-로컬 양방향의 혼종화나 문화변환을 통한 한류의 글로벌화 현상(이수안, 2012)으로 보기에는 아직 이른 감이 있지만, 필자는 한류 향유층의 공감을 일으키는 한국적 가치와 정서가 분명히 있고 이것이 한류 소프트파워를 구성한다고 생각한다. 한국 역시 타자의 문화세계화의 수용자였고 한류콘텐츠는 그 결과물이기 때문이다. 20세기 중후반 할리우드로 대표되는 미국문화, 전통과 예술의 중심인 유럽권 문화 그리고 1980년대 일본 J-pop, 1980년대 말 홍콩 스타들이 주도하는 문화세계화 과정이 한국문화에 영향을 미쳤으나, 앞서 살펴본 것과 같이 한류 향유층이 느끼는 한국의 미덕이 분명히 존재한다.

실천 측면에서 주목할 것은 정부 주도의 민관협력과 민간 주도의 팬덤이다. 이 두 가지는 한류 소프트파워의 능력을 나타낸다. 앞서 언급한 대로, 주영국 한국문화원의 역할이 영국 내에서 예술, 음악, 문학, 영화, 한식과 관련한 다양한 사업을 가능하게 했고, 특히 케이팝 아카데미의 운영은 한류의 성장을 추동했다(Park, 2018). 이런 현상은 양국의 쌍방향 교류협력으로 더욱 가시화되었다고 볼 수 있다. 2012년에 휴고 스와이어

Hugo Swire 국무장관이 런던에서 했던 연설은 한국과 영국이 파트너십을 맺는 주요한 계기였다. 그는 한국에 전략적 파트너로서 양자 간의 문화교류를 제안했고, 한국 내의 영국문화원에 의해 시각예술 분야부터 양국 교류가 본격화되었다.

이는 영국 내에서 한류 확산의 밑거름이 되었다(Park, 2018). 2012년 당시 런던올림픽 개최와 〈강남스타일〉 인기가 맞물려, 런던에서 'All Eyes on Korean Culture-festival'이 6월 1일부터 9월 2일까지 3개월간 성황리에 열렸다. 2015년에 열린 'Korean Festival'은 런던의 트라팔가 광장에서 큰 규모의 행사로 열렸고 매우 성공적이었다. 이는 영국 내에서 한류의 범주 확장에 도움이 됐다. 한국의 'K-Music Series'가 창조 과정을 제시하여, 한국전통음악그룹(블랙스트링)과 영국민속음악(노섬브리안 파이프 연주자)의 크로스오버 협연을 추진했는데, 이는 영국 음악계에 파장을 일으켰다(Denselow, 2017). 한국국제문화교류진흥원이 추진하는 해외한류 커뮤니티활동 지원사업과 'Hallyu Com-on' 등의 사업도 영국 내 한류 확산에 지지대 역할을 하고 있다.

한류 위상의 주된 요인 중 하나는 케이팝 팬덤이다(Choi & Maliangkay, 2014; Kim, Unge, & Wagner, 2017; Balmain, 2014). 영국 내의 한류 수요자는 팬덤이 형성한 일정한 규칙 안에서 행동하고 소통하며 결속력을 다진다. 케이팝 팬들의 SM 타운 설립 요구나 케이팝 아카데미에의 참여는 팬덤의 한 현상이다. 케이팝 팬덤은 문화적 유사성 혹은 차이점으로 인해 생겨난 것이 아니라, 국적을 넘어선 팬과 스타 간의 친밀감 때문이다(Chin & Morimoto, 2013). 팬덤은 소셜미디어를 통해 기하급수적으로 확산하는 양상(Kim, 2019)을 보이고, 한국 음식 주기적으로 먹기, 한국어나 한식 수업 듣기, 케이팝 콘서트 참가하기 등의 집단적 행동 양식으로 나타나기도 한다.

소프트파워를 결정하는 마지막 요인인 커뮤니케이션은 한류의 성공 요인으로 꼽히는 소셜네트워크 활용에서 찾아볼 수 있는데, 이와 관련해서는 발면의 연구뿐만 아니라 다양한 매체의 글과 문헌에 명시적으로 나타나 있다(Balmain, 2014; Kim, 2019; 윤태연, 2022; 김지홍, 2021). 신한류 소비자는 유튜브, 스마트폰 등 뉴미디어를 적극적으로 활용하며 한류콘텐츠를 소비하고 전파하는 성향을 보인다(김도희·박병진, 2016). 특히 통신산업, 컴퓨터산업, 정보·콘텐츠산업의 중첩이 일어나는 현상인 멀티미디어의 수렴화 과정은 영상산업을 고부가가치 산업으로 만들었으며, 그 결과 한류는 가속화되었다(이종열, 2005).

영국에만 국한한 것이 아니라 세계적인 추세로도 한류의 소셜미디어 영향력에 관한 논의는 활발하다. 한류스타는 마케팅 고도화에 대응하기 위해 고유한 가치관과 팬덤을 보유하고 싶어 한다(여수경·정미선, 2019). 예컨대, 방탄소년단 BTS은 신비주의, 이상성, 파격 등으로 공감과 공유를 일으켜 글로벌 주류 음악 시장에 안착했고(윤여광, 2019), BTS의 팬 그룹인 아미ARMY는 글로벌 팬덤의 공동체성(이동배, 2019) 현상을 대표적으로 보여준다.

4-3. 영국에서의 한류: 소프트파워의 효과성 측면

영국 내 한류는 2012년의 분기점을 지나 2010년대 후반으로 넘어가면서 뚜렷한 성장세를 보였다. 한국의 미덕이 한류의 소프트파워를 구성하고 정부 차원의 민관파트너십과 민간 차원의 팬덤이 실천력을 더해 소프트파워 능력으로 발휘되었다. 소셜미디어의 적극적인 활용으로 글로벌 커뮤니케이션이 일어나 긍정적인 소프트파워 합성이 일어났다. 영국 소프트파워처럼 한국에서도 한류를 통한 화해·조정이나 리더십 효과성을 기대해 볼 수 있다.

그러나 영국에서의 주된 한류 향유층이 아시아계 영국인이라는 점에는 한류가 리더십 효과성을 나타내기에 한계가 있어 보인다. 이것이 화해라는 측면에는 긍정적일 수 있다. 인종 간, 연령그룹 간, 문화 간 소통을 가능케 하기 때문이다. 팬덤이라는 공동체성 안에서 서로를 더 참여시키고 그들 간의 정체성을 구축하려는 특징이 문화 간 가치충돌을 완화할 수 있다. 이는 포스트-비틀즈의 영국적 저항성(김두진, 2018)이 있는 영국인에게 침투하고 있는 한류 현상과 성장, 즉 탈한국화된 글로벌 변형으로서의 한류가 문화세계화의 양상으로 의미가 있다고 보인다.

소셜미디어를 통한 한류의 기하급수적인 확산은 세계적으로 영어권의 지배적인 현상은 줄어들고 비영어권의 다양한 콘텐츠에 대한 수요는 늘어나고 있음을 부분적으로 증명한다. 문화세계화를 선두에서 이끈 영국의 문화적 보편성에 도전하는 주체는 단순히 한류가 아닌 비서구권 규범과 문화적 보편성에 대한 글로벌 청중의 갈증이었을지 모른다.

5. 결론

영국 내에서의 한류는 허상이 아닌 현실이다. 다만 영국에서 한류가 단순히 피상적 현상인가 혹은 한류 열풍이라고 일컬을 만큼 한류 대중화가 본격적으로 이루어졌는가에 대한 질문에 대해서는 '한류 현상'과 '한류 열풍' 중간 정도인 '한류 성장기'라고 답할 수 있겠다. 2012년 한류 현상의 태동이 뚜렷하고 2020년 전후로 한류가 발전하는 단계로 나타났기 때문이다. 런던과 몇몇 대도시를 제외하고는 한국문화에 대한 인지도가 낮다는 사실만으로 런던에서 감지되고 있는 한류를 간과해서는 안 된다. 런던은 세계적 문화의 중심지이자 영국 정체성의 자신감을 일으키는 원천이므로 런던에서의 한류 현상에 주의를 기울일 필요가 있다. 특히, 21세기는 문화지구화 추세와 세계적 도시의 명성이 국가 명성을 뛰어넘는 양상(Khanna, 2016)이 나타나고 있다는 점에서 더욱 그렇다.

소프트파워 관점에서 봤을 때, 20세기 영국은 신자유주의 가치를 미덕으로 과거 제국주의에서 현대 자유민주주의 선도국가로의 변화를 실천했다. 신자유주의 핵심가치가 과거와 현대를 잇는 '영국적인 규범'을 형성하고 '서구권 규범'으로 확장되어 영국이 자유주의 레짐 국가를 선도하는 리더십을 발휘하도록 했다. 영연방연합체가 가치 확산의 커뮤니케이션 메커니즘으로 작동하여 '영국적인 것'이 서구권의 '규범적 보편성'으로 받아들여지도록 일조했다. 이에 따라 영국의 문화는 영국적인 규범과 함께 서구권 보편성을 띠게 되었고 문화세계화를 선두적으로 이끌었다. 20세기와 21세기에 걸쳐 비틀즈가 만들어낸 '영국적 규범의 문화적 보편성'이 대표적인 예이다. 영국이 미덕에 기반한 대담한 실천력으로 긍정적인 소프트파워 효과성(화해, 리더십)을 달성했지만, 자국에 내재되어 있는 포스트-비틀즈 저항성과 타자로부터 받는 문화제국주의 비판은 부정적인 소프트파워 효과성(가치충돌, 프로파간다)이 공존할 수 있음을 시사한다.

비서구권의 관점에서 영국을 바라봤을 때, 우리는 스스로 열등한 위치로 인식할 수 있다. 영국적 규범의 문화적 보편성이란 역사의 흐름에 따라 희석된 제국주의의 결과물이고, 근저에는 백인우월주의white supremacy가 잔존해 있기 때문이다. 따라서 비서구권에서 발생한 한류가 서구권 세계문화의 중심적 위치에 있는 영국, 런던에서 파장을 일으키고 있는 것이 확대 해석될 수 있는 개연성은 충분하다.

영국 내에서 한류라는 소프트파워가 형성된 주된 요인은 유교적, 종교적 전통에 뿌리를 둔 가치와 서구권-비서구권의 혼종성을 띠는 현대적 대중문화 양식이다. 한국의 어떤 덕목이 영국인에게 미덕으로 받아들여졌는지에 대한 단독적인 연구가 필요하겠으나, 지금까지의 문헌에서 두드러지는 한국의 미덕은 존중이다. 소프트파워 실천 차원에서 정부로부터의 하향식(문화정책과 문화교류지원사업), 국민으로부터의 상향식(팬덤)의 상호작용이 뚜렷이 나타났다. 또한 커뮤니케이션 측면에서 소셜미디어를 활용한 접근방식이 매우 유용했던 것으로 밝혀졌다. 한류가 소프트파워의 긍정적인 효과성으로 뚜렷한 특징이 드러난다고 보기는 어렵지만, 향후 영국 내의 한류가 인종 간, 세대 간 화해를 도모할 수 있을 것으로 기대한다. 한류 향유층이 아시아계 영국인이고 케이팝을 소비하는 주요 계층이 젊은 세대라는 점에서 비주류 문화 현상이라기보다, 이미 1960년대 중반부터 다문화 사회로 진입한 영국에 한류는 영국의 미래가치를 대변하는 전략적 매개체가 될 수 있다고 생각된다. 예컨대, 2021년에 방탄소년단과 영국 록밴드 콜드플레이Coldplay가 협업한 곡 〈마이 유니버스My Universe〉가 미국 빌보드 메인 싱글차트 1위를 차지한 사례가 그에 해당한다.

전 지구적 차원에서 한류의 위상이 논해지고 있는 현시점에 영국에서의 한류라는 소프트파워는 우리에게 보편적 영어권 문화 속에서 다음과 같은 쟁점을 시사한다. 첫째, 21세기 초반 문화세계화의 한 축으로 자리한 한류가 지향하는 가치는 무엇인가라는 점이다. 타자의 공감을 불러일으킬 수 있는 덕은 대부분 인류 보편적 가치라고 볼 수 있으나, 한류의 핵심적 가치는 한국적인 전통과 문화에 기초하는 부분이 두드러진다. 한류에 내재한 한국적 가치에 대한 학계의 지속적인 연구와 가치에 기반한 한류 문화정책 수립이 동시에 이루어져야 한다.

둘째, 소프트파워는 긍정적인 효과성과 부정적인 효과성을 모두 일으킬 수 있는 속성을 지니고 있다. 한류 위상이 높아지는 현상은 한류가 가치충돌, 프로파간다로 받아들여질 가능성을 의미한다. 소프트파워의 긍정성과 부정성이 공식처럼 정비례하거나 물과 기름처럼 구분되는 것도 아니지만, 한류가 문화제국주의의 현상 혹은 문화제국주의의 역전으로 보일 수 있다는 지적(임동욱, 2009; 김두진, 2018)은 소프트파워의 상충하는 효과성을 상기시킨다. 21세기 문화세계화 관점에서 문화와 커뮤니케이션 영역에서 '중심-주변', '지배-피지배'와 같은 일방적 종속의 흐름이 더는 존재하지 않고 문화교류가 상호 존속의 양태를 보인다고는 하지만, 현실적으로 한류의 프로파간다 위험성(Williamson, 2011; Lyan, 2019)은 다른 문화권에서 대두되고 있다는 점을 주지할 필요가 있다.

마지막으로, 한류가 타국에서 어떻게 수용되고 있는가에 대한 문제의식을 바탕으로 한류의 도전 과제를 탐색하는 것이 매우 중요하다. 이를 통해 한류의 문화적 보편성으로서의 가능성과 한계, 지구화 시대에 대중문화의 역할, 나아가 세계문화정치에 대한 함의를 도출할 수 있기 때문이다. 이러한 점에서 한류 연구는 21세기 문화지구화를 설명하고 개념화하는 데에 중요한 학문적 가치를 지닌다.◆

◆ 이 원고는 2021년 대한민국 교육부와 한국연구재단의 지원을 받아 수행된 연구(NRF-2021S1A5B5A16078325)를 발전시킨 것임

참고문헌

국내문헌

- 김규철 (2010). 공공디자인에서의 문화정체성의 중요성에 대한 연구-영국, 프랑스, 일본의 사례를 중심으로. 《디자인지식저널》, 15권, pp. 159-169.
- 김도희·박병진 (2016). 한류콘텐츠 경험이 국가 이미지, 한류콘텐츠 만족도 및 충성도에 미치는 영향 유럽 신한류 잠재소비자를 중심으로. 《대한경영학회지》, 29권 12호(통권 제146호), pp. 1,871-1,894.
- 김두진 (2018). 한류의 초국적 보편성과 '미디어 제국주의 역전' 테제 영국의 K-pop과 포스트-비틀즈의 제국성(imperialness). 《아세아연구》, 61권 1호(통권 제171호), pp. 7-47.
- 김수영 (2022. 1. 26.). "지난해 K팝 관련 트윗 78억건 발생…1위 방탄소년단·2위 NCT", 《한경》. URL: https://www.hankyung.com/entertainment/article/202201264159H
- 김지홍 (2021. 10. 5.). "트위터 김연정 상무 "K-콘텐츠 확산의 중심에 트위터 있어", 《제주교통복지신문》. URL: https://www.jejutwn.com/news/article.html?no=96234
- 김원동 (2016). "영국인의 국가정체성: '군주성'과 '정체성의 연속성' 문제를 중심으로. 《담론201》. 19권 4호, pp. 5-30.
- 김정수 (2014). "한류에 관한 여섯 가지 질문 그리고 문화정책의 역할." 《문화정책》. 1호. pp. 75-113.
- 김화정 (2021). 소프트파워 관점에서의 문화정치와 국가역할: 미국, 영국, 프랑스, 독일 사례분석. 《문화정책논총》. 35집, 1호, pp. 163-190.
- 김화정·조기숙 (2021). "공공외교 선발국인 영연방 3국의 문화외교로의 방향선회." 《공공외교: 이론과 실천》. 1권 1호. pp. 67-92.
- 남종석 (2016). 브렉싯(Brexit)의 뿌리: 유럽적인 것과 영국적인 것. 《오늘의 문예비평》. pp. 156-178.
- 문화관광부 (2004). 『문화정책백서』. (서울: 문화관광부.)
- 박지향 (2006). 『영국적인, 너무나 영국적인』. 서울: 기파랑.
- 사혜원 (2021. 11. 2.). "영국의 '한류 열풍'보다는 '한류 현상'이 더 와닿는 이유", 《시사저널》. URL: https://blog.naver.com/sisa1011/222555411866
- 여수경·정미선 (2019). 방탄소년단 팬덤의 복합 영향력 분석을 통해 브랜드 활성화 방법 연구. 《한국과학예술융합학회》, 37권 3호, pp. 295-307.
- 윤성욱 (2017). 양날의 칼로서의 영국 정체성-스코틀랜드 분리 독립 실패와 영국의 EU 탈퇴. 《영국연구》, 38호, pp. 231-265.
- 윤여광 (2019). 방탄소년단(BTS)의 글로벌 팬덤과 성공요인 분석. 《한국엔터테인먼트산업학회논문지》, 13권 3호, pp. 13-25.
- 윤태연 (2022. 1. 20.). 한국의 연애 리얼러티 쇼-영국차트에 등장하다, 《한국국제문화교류진흥원》. URL: http://kofice.or.kr/c30correspondent/c30_correspondent_02_view.asp?seq=20794&page=5&find=&search=&search2=
- 이동배 (2019). 피스크의 팬덤 논의를 바탕으로 하는 글로벌 팬덤의 공동체성 연구: 방탄소년단(BTS)의 아미(ARMY)를 중심으로. 《인문콘텐츠》, 55호, pp. 27-45.
- 이수안 (2012). 유럽의 한류를 통해 본 문화혼종화: K-pop 열풍을 중심으로. 《한독사회과학논총》, 22권 1호, pp. 117-146.

- 이종열 (2005). 「국제문화교류 활성화 방안에 관한 연구」 (서울: 문화관광부).
- 이진영 (2012). 런던의 코리아타운: 형성, 구조, 문화.《재외한인학회》, 27호, pp. 177-211.
- 임동욱 (2009). 문화제국주의의 비판적 고찰: 단선전 문화제국주의에서 역동적인 국제적 문화유동으로.《한국언론정보학회》, 2월호, pp. 151-186.
- 전재성 외 (2009). 「한국의 스마트파워 외교전략」, 서울: 한울아카데미.
- 정희라 (2009). 세속화·다문화 시대 영국의 종교교육과 기독교 정체성.《영국연구》, 22호, pp. 79-102.
- 중앙선데이 (2021. 8. 14.). 영국아카데미 시상식 평정한 윤여정의 "snobbish" 소감,《중앙선데이》. URL: https://www.joongang.co.kr/article/24127796#home
- 최윤정 (2021. 6. 23.). 주영 대사 "G7·한류…영국이 한국 보는 눈 완전히 달라져,《연합뉴스》. URL: https://www.yna.co.kr/view/AKR20210623002800085
- 한국관광공사 (2014). 「한류관광시장 조사 연구」 (서울: 한국관광공사).
- 한국관광공사 (2019). 「한류관광시장 조사 연구」 (서울: 한국관광공사).

해외문헌

- Arts Council England (2017). Impact of Brexit on the arts and culture sector. A report by ICM and SQW on behalf Arts Council England. URL: https://www.artscouncil.org.uk/sites/default/files/download-file/Impact_of_Brexit_Research_2017.pdf
- Balmain, C. (2014). Pop goes Korean popular culture: An investigation into popularity of Hallyu Culture in the UK', in Marinescu, Valentina (ed.), *The global impact of South Korean popular culture: Hallyu unbound*. Lanham, Boulder, New York, London: Lexington Books, pp. 81-87.
- Chaudhary, V. (2019. 7. 1.). "Feast from the east-whay Britain is surfing the Korean culture wave." *The Guardian*.
- Chin, B. & Morimoto, L. H. (2013). Towards a theory of transcultural fandom. *Participations: Journal of Audience and Reception Studies, 10(1)*, pp. 92-108.
- Chitty, N. (2017a). Soft power, civic virtue, and world politics, in Chitty, N., Ji, L., Rawnsley, G.D. and Hayden, C. (eds.), *Routledge handbook of soft power. First Edition*. New York: Routledge, pp. 9-36.
- Chitty, N. (2017b). Conclusion, in Chitty, N., Ji, L., Rawnsley, G. D., and Hayden, C. (eds.), *Routledge handbook of soft power. First Edition*. New York: Routledge, pp. 453-463.
- Chitty, N. (2021). World propaganda and personal insecurity: intent, content, and contentment, in Rawnsley, G. D., Ma, Y., and Pothong, K. (eds.), *Research handbook of political propaganda*. Cheltenham: Edward Elgar, pp. 7-21.
- Choi, J. B. & Maliangkay, R. (2014). Introduction: Why fandom matters to the international rise of K-pop. in Choi, J. B. & Maliangkay, R. (eds.) *K-pop: the international rise of the Korean music industry*, London: Routledge. pp. 1-18.
- Denselow, R. (2017. 9. 17.). "Black string and Kathryn Tickell review-surreal fusion of Korean and English folk." *The Guardian*.
- Gibson, D. (2021. 10. 27.). "Hallyu to the world: the incredible rise of Korean culture." *The Drum*.

- Helm, T. (2021. 10. 30.). "Brexit is haring the UK economy, say 44% of voters." *The Guardian*.
- Khanna, P. (2016). *Connectography: Mapping the future of global civilization*. New York: Random House.
- Kim, H. J. (2019. 7. 29.). "The exponential power of networks: Lessons learned from BTS fandom." *USC Center on Public Diplomacy*.
- Kim, J., Unger, M. A., & Wagner, K. B. (2017). Beyond Hallyu: Innovation, social critique, and experimentation in South Korean cinema and television. *Quarterly Review of Film and Video, 34(4)*, pp. 321-332.
- Lee, H. (2006). South Korea: Film on the global stage. in Ciecko, A. T. (ed.) *Contemporary Asian Cinema*, Oxford & New York: Berg, pp. 182-192.
- Lyan, I. (2019). Welcome to Korea Day: From diasporic to Hallyu "Fan-Nationalism." *International Journal of Communication, 13*, pp. 3,764-3,780.
- Marinescu, V. (ed.) (2014). *The global impact of South Korean popular culture: Hallyu unbound*. Lanham, Boulder, New York, London: Lexington Books.
- Nye, J. S. (1990). Soft power. *Foreign Policy*, 80, pp. 153-171.
- Nye, J. S. (2004). *Soft power: The means to success in world politics*. New York: Public affairs.
- Park, I. (2018). Emerging contemporary gugak as the essence of Hallyu in Britain: Rediscovery of gugak and the geomungo. *Asian Musicology*, 28, pp. 60-101.
- Pearson-Jones, B. (2021. 10. 8.). "Keeping up with the Koreans! How 'Hallyu culture' became mainstream the UK with Squid Game the most popular show on Netflix, BTS selling out Wembley in minutes and sales of gochujang soaring at Waitrose" *The Dailymail*.
- Risse, T. (2013). Governance under limited sovereignty, in Finnermore, M. & Goldstein, J. (eds.) *Back to Basics: State Power in a Contemporary World*, New York: Oxford University. pp. 78-104.
- Russell, M. J. (2008). *Pop goes Korea: Behind the revolution in movies, music, and Internet culture*. Berkeley, California: Stone Bridge Press.
- Simms, B. (2016). Britain's Europe. 곽영완 (역) (2017).「영국의 유럽: 영국과 유럽, 천년 동안의 갈등과 화합」서울: 애플미디어.
- Williamson, L. (2011. 7. 14.). "The dark side of South Korean pop music." *BBC News Asia-Pacific*.

영국에서 찾은
한식의 과거와 현재 그리고 미래

윤태연 한국국제문화교류진흥원 영국 케임브리지 통신원

1. 들어가며

『옥스퍼드 영어사전$^{\text{Oxford English Dictionary, OED}}$』은 영국의 옥스퍼드대학교 출판부에서 출간하는 영어사전으로, 세계에서 가장 권위 있는 영어사전으로 인정받고 있다. 『옥스퍼드 영어사전』에는 3개월마다 시대의 변화에 맞춰 새로운 단어가 추가되고 있는데, 2021년 9월의 업데이트에서는 한국인이라면 주목할 만한 변화가 있었다. 한국과 관련된 단어 26개가 새로이 추가된 것이다. 출판부에서는 한국 음악, 드라마 등 한류의 전 세계적인 인기와 영향력에 대해 언급하며 이 업데이트를 특별히 'K-업데이트$^{\text{K-update}}$'라고 칭했다(Danica Salazar, 2021). 옥스퍼드대학교 동양학 연구소 소속이자 『옥스퍼드 영어사전』의 한국어 컨설턴트인 조지은 교수는 이렇게 특정 문화의 단어가 한꺼번에 등재된 것은 이례적인 일이라고 평가했다. 이는 영어와 관련해 가장 보수적인 『옥스퍼드 영어사전』이 외면할 수 없을 만큼 한국 문화의 영향력이 커지고 있음을 의미한다(최윤정, 2021).

그렇다면 어떤 한국어 단어가 『옥스퍼드 영어사전』에 새롭게 등재되었을까. 필자는 해당 단어 26개 중에서 특히 한국 음식이나 음식 문화에

[사진 1] 『옥스퍼드 영어사전』에 등재된 한국어 단어

Daebak! The OED gets a K-update

(출처: CJ Nattanai/OED)

관련된 단어가 다수인 것을 발견하고 이를 살펴봤다. 관련된 단어는 9개로, 다음과 같다(영어 알파벳 순).

banchan(반찬), bulgogi(불고기), chimaek(치맥), dongchimi(동치미), galbi(갈비), japchae(잡채), kimbap(김밥), mukbang(먹방), samgyeopsal(삼겹살)

9개의 단어 중에는 불고기나 동치미, 갈비처럼 음식의 종류 그 자체를 뜻하는 것도 있고, 반찬이나 치맥, 먹방처럼 한국만의 독특한 음식 문화를 보여주는 단어도 있다. 삼겹살의 의미에는 돼지고기의 부위 중 하나라는 뜻뿐만 아니라 테이블 불판에서 구워 먹는 고깃집 문화도 함께 설명되어 있다. 한국 음식과 문화에 대한 섬세한 이해가 반영된 것이다.

한국의 음식과 문화가 녹아든 단어가 영국의 권위 있는 사전에 등재

되었다는 것은 영국에서 한류콘텐츠와 더불어 한국의 식문화에 대한 관심이 많아졌음을 보여준다. 그러나 동시에, 영어라는 언어가 전 세계 사람의 공통어Lingua Franca로 사용되고 있기 때문에, 영어와 영국의 관계를 직접적으로 이어서 생각하는 것은 성급한 일인지도 모른다. 전 세계 영어화자가 사용하는 언어의 형태를 반영한 것이기도 하기 때문이다.

그렇다면 실제로 영국 내에서 한식은 어떤 형태로 찾아볼 수 있을까. 영국에서 한식의 인기는 어떻게 변화했으며 그 계기는 무엇일까. 본고에서는 이와 같은 질문에 대한 답을 찾기 위해 인터뷰를 진행했다. 인터뷰이 4명은 영국에서 생활하고 있는 한인과 현지인이고, 모두 케임브리지와 런던을 중심으로 생활한 경험이 있다. 케임브리지는 런던 북쪽에 위치한 인구 13만 명의 작은 도시이다. 수도인 런던과 비교했을 때 다른 문화에 대한 수용이 상대적으로 느릴 수 있기 때문에 런던과 런던 이외의 영국에서 발견할 수 있는 한식에 대한 변화를 동시에 엿볼 수 있는 창구이기도 하다. 인터뷰 질문의 내용으로는 런던과 케임브리지 내 한식의 변화 양상과 함께 변화에 영향을 준 요소에 대한 의견, 예상되는 미래의 모습을 담았다.

2. 런던과 케임브리지 내 한식의 변화 양상 인터뷰

2-1. 현지 마트에서 발견한 한식의 확산: 한인 유학생 인터뷰

2012년에 런던에서 대학교 학부 유학을 시작해 2022년 현재 케임브리지에서 박사과정을 밟고 있는 한인 유학생 B 씨와 이야기를 나누었다.

영국에서 생활하신 지 10년 차가 되셨는데요, 런던에서 처음 유학을 시작할 당시의 한국 음식과 관련된 경험이 궁금합니다.

2012년 당시, 런던에서는 한국 요리에 대한 인지도가 아예 없는 건 아니었어요. 런던 시내에 한식당이 조금 있긴 했고요. 몇몇 고급 식당 같은 경우에는 현지인도 꽤 방문했는데, 진짜 한국 포차 같은 분위기가 나는 식당에서는 보통 한국인들 목소리만 들렸던 것 같아요. 저도 보통 한인 유학생들이랑 가곤 했고요. 김치 같은 한국 식료품이 필요할 땐 대중교통을 이용해서 멀리 있는 작은 한인 마트에 갔어요.

유학을 시작한 이후로 한식에 대한 경험이 많이 달라졌을 것 같은데요.

2014년쯤 런던에 처음으로 한식 테이크아웃 전문점이 생겼을 때가 생각나네요. 일식 테이크아웃 음식점은 자주 이용했는데, 한식은 처음이었거든요. 한국 음식이 좀 더 많은 사람에게 대중적으로 다가갈 수 있다는 게 신기했던 것 같아요. 그 후에 있었던 또 다른 변화로는 런던에 '오세요Oseyo' 같은 새로운 형태의 한인 마트도 생겼다는 점이에요. 한인이 아닌 현지인을 대상으로 하는 식료품점이자 식당이었고, 주로 케이팝 같은 한국 콘텐츠에 관심이 있는 사람을 타깃으로 한 것 같았어요. 케이팝 뮤직비디오가 항상 틀어져 있었고 앨범이나 굿즈도 함께 팔고 있었거든요. 지금은 런던 외의 지역에도 진출한 것으로 알고 있어요.

[사진 2] 오세요 내부 사진

(출처: 오세요 웹사이트)

그러면 최근에도 케임브리지에서 목격한 변화가 있나요?

사실 몇 년 전까지 케임브리지에서는 한인 마트 하나, 한식당 두 군데, 마켓 정도를 제외하고는 한식을 경험할 수 있는 곳이 많이 없었어요. 그런데 최근 1, 2년 사이에 한식당이 두 군데에서 네 군데로 늘어났고 한인 마트에도 예전보다 손님이 훨씬 더 많아진 것 같아요. 가장 최근에 생긴 한식당인 요리^{Yori} 케임브리지 지점에는 항상 사람이 넘쳐나요. 평일 점심 시간에는 가게가 열기도 전에 사람들이 줄을 서서 기다리고 있고 주말 저녁에는 예약 없이는 자리에 앉기도 어려워요. 그런데 손님 대부분이 한국인이 아니라는 사실이 더욱 놀랍죠. 연구실 동료들도 종종 같이 점심을 먹으러 가자고 하고요.

그런데 더 놀라운 건 테스코^{Tesco} 같은 현지 마트에서 볼 수 있는 '한식에서 영감을 받은$^{Korean\ inspired}$' 제품들이에요. 현지인이 주로 점심으로 많이 먹는 샌드위치와 랩 코너에서 이런 제품을 발견하고 정말 놀랐던 기억이 나요. 세인즈버리Sainsbury's 같은 현지 마트에서 제작한 한국식 바비큐 소스도 마찬가지이고요. 원래 보통 한인 마트에서만 구할 수 있던 고추장, 김치, 라면 같은 한식 재료도 현지 마트에서 함께 파는 걸 보면 한식의 인지도가 올라가고 있다는 게 느껴져요. 다른 현지 식당에서도 한국식 바비큐 소스나 고추장, 김치와 관련된 메뉴를 쉽게 찾을 수 있고요.

[사진 3~11] 영국 현지 마트에서 볼 수 있는 한식 관련 제품

(출처: 3~5 테스코 웹사이트/6 세인즈버리 웹사이트/7~11 통신원 촬영)

한식에 대한 인식 변화가 어떻게 가능했다고 생각하시나요?

우선 한류콘텐츠의 인기, 특히 드라마의 인기가 있었다고 생각해요. 최근에 넷플릭스 같은 플랫폼을 통해서 다양한 한국 드라마를 접하기가 쉬워졌잖아요. 느린 템포의 로맨스물이나 생동감 넘치는 좀비물 등 영국 콘텐츠와는 다른 한국 드라마만의 매력에 빠진 사람이 많아진 것 같아요. 저희 학교 연구실에서 일하던 중년의 영국 남자 직원도 저에게 먼저 한국 로맨스 드라마 이야기를 꺼낸 적이 있어요. 저희 집에 문을 고치러 온 수리 기사도 제가 한국인인 걸 알고 〈오징어 게임〉에 대해 이야기를 하더라고요. 그렇다 보니 한국에 대한 궁금증이 생길 것 같은데, 직접 한국에 가기는 어려우니 쉽게 시도할 수 있는 음식을 먹어 보려고 하는 것 같아요. 케이팝 팬들도 한식 소비와 관련해 주축이 되는 집단이라고 생각해요. 10년 전부터 빅뱅이나 소녀시대, 슈퍼주니어 같은 아이돌 그룹의 팬덤이 존재했고, 지금은 방탄소년단이나 블랙핑크를 중심으로 규모가 훨씬 더 커지고 있는 것 같아요. 그래서 한식당이나 한인 마트에서도 케이팝 음악을 틀어 놓는다고 생각해요.

음식 자체에 대해서는 한국 음식을 대체로 건강한 음식으로 인식하는 것 같고, 채식주의 트렌드와 연결되기도 하는 것 같아요. 채식을 하는 사람에게는 잡채나 비빔밥 같은 좋은 선택지가 더 생긴 것이기도 하고요.

한국에 대한 인식 변화도 있었나요?

우선 한국이나 한국인에 대한 전반적인 인식이 조금씩 바뀌고 있다고 생각하는데요, 영국에서 빼놓을 수 없는 건 손흥민 선수 같은 축구 스타의 활약인 것 같아요. 손흥민 선수는 토트넘 팀의 주축 선수이다 보니 해당 팀의 팬뿐만 아니라 다른 팀의 팬도 알 수밖에 없어요. 그리고 해설자들이 항상 '한국에서 온' 대단한 선수라고 표현하니까 한국이라는 나라를 알게 되고요. 그런 선수가 영국에서 TV 광고에도 나오고 잡지 모델도 하니까 한국인에 대한 고정관념이 조금씩 바뀌는 것 같아요. 선수 혼자 모든 변화를 만들 수는 없었겠지만 인종차별에 대한 영국 내 사회적 분위기의 변화와 시너지가 있었다고 생각해요. 물론 인종차별 문제가 해결된 것은 아니에요. 하지만 영국에서 대단한 활약을 한 박지성 선수에게 인종차별적인 응원가를 불러줬던 시절을 생각하면 큰 인식의 변화인 것 같아요. 저도 마찬가지로 2012년에 처음 유학을 시작할 때만 해도 한국인이라고 하면 '수학을 잘할 거다', '매일 게임을 할 거다' 같은 이야기를 들었는데 요즘엔 그렇지 않으니까요.

한식의 인기가 계속될까요?

오래갈 것 같아요. 제 생각에 음식은 처음 시도하는 게 가장 어렵다고 생각해요. 잘 모르는 나라의 음식을 선뜻 먹어 보기는 힘들잖아요. 그런데 한번 입맛에 맞으면 계속 찾게 될 수 있다고 생각해요.

2-2. 한식 사업의 변화상과 미래: 캠밥, 캠닭 박혜린 대표와의 인터뷰

2016년 케임브리지 마켓에서 매주 화요일과 수요일에 한식을 팔기 시작해 지금은 배달 위주로 한식 사업을 하고 있는 '캠밥^{Cambap}', '캠닭^{Camdak}'의 대표 박혜린 씨와도 이야기를 나누었다. 박혜린 씨는 런던과 케임브리지를 포함해 영국에 거주한 지 15년이 넘었다.

[사진 12] 캠밥의 로고

(출처: 캠밥 웹사이트)

2016년에 케임브리지의 마켓 점포에서 한식을 팔기 시작한 것으로 알고 있는데요, 초반의 분위기가 어땠는지 궁금합니다.

장사를 시작하기 전에, 매년 연말에 하는 '밀 로드^{Mill Road}◆ 축제'에서 한인 마트와 교회의 협업으로 김밥을 팔곤 했어요. 그 경험을 바탕으로 케임브리지의 중심부에 있는 마켓에서 직접 김밥을 팔아 보면 어떨까 하는 생각이 들었어요. 당시에도 케임브리지에 한식당이 두 군데 있기는 했

◆ 케임브리지 시내에 있는 거리로, 다양한 나라의 식당과 가게가 많은 곳이다. 케임브리지 주변의 유일한 한인 마트도 이곳에 위치해 있다.

지만 완전히 시내에 위치해 있지 않았거든요. 2016년 마켓에서 점포를 열 당시에는 지금 마켓과는 달리 대부분 물건이나 식재료 위주였고 음식을 파는 곳이 거의 없었어요. 그런데 '캠밥'을 열고 얼마 되지 않아 제 가게가 마켓에서 처음으로 줄을 서서 먹는 곳이 됐어요. 한국 음식이라서 인기가 많았던 건 아닌 것 같아요. 런던에 비해서 한국 음식이 잘 알려지지 않은 상태였고, 주문할 때 스시를 달라고 하는 사람이 많았거든요. 그럴 때마다 김밥이나 다른 한식에 대해 소개해 주곤 했고요. 처음에는 길거리에서 갓 만든 음식을 깔끔하고 빠르게 사 먹을 수 있다는 점에서 인기를 얻게 된 것 같아요.

그 이후 지금까지 어떤 변화가 있었나요?

점점 제가 한국이나 한국 음식에 대해서 설명해야 하는 순간이 적어진 것 같아요. 오히려 다른 한국 음식을 언급하면서 제 가게에서도 파는지 물어 보는 경우가 생기더라고요. 주된 고객은 점심을 먹으러 오는 학생과 회사원이었어요. 마켓에서 점심 메뉴를 헌팅하다가 처음 먹어 보고 단골이 된 경우가 많았죠. 사실 유행이 빠르게 변하는 한국과 달리 영국은 음식에 대한 변화가 조금 느린 듯해요. 3년 동안 매주 같은 요일에 같은 메뉴를 먹는 단골 손님도 많이 있거든요. 처음 마음을 열기는 어려워하는 대신에, 한 번 마음을 열면 꾸준하게 좋아하는 것 같아요.

코로나19 확산 이후로 지금은 마켓에서의 장사를 그만두고 올해 초부터 다시 케임브리지 근처 다른 동네에서 배달과 픽업 위주로 한국식 치킨을 팔고 있어요. 다시 장사를 시작할 때의 걱정과 달리 장사가 정말 잘

돼서 배달 가능한 지역을 줄이고 있는 정도예요. 특히 현재 손님 대부분이 한인이 아니고 동네 현지인이 85~90%예요. 동네 페이스북 그룹을 중심으로 계속 입소문이 나고 있는 것 같아요.

그렇다면 이렇게 영국에서 한식의 인기가 많아진 이유는 무엇일까요?

여러 이유가 있겠지만 우선 예전부터 김치가 여러 매체에서 수퍼 푸드로 선정되면서 한국 음식 중에서도 김치에 대한 관심이 생겨난 것 같아요. 자연스럽게 일식과 더불어 한식이 건강한 음식이라는 인식이 생긴 것 같고, 그렇게 음식 자체에 대한 관심도 늘어난 것 같아요.

더 중요한 요인으로, 한류의 영향으로 한국에 대한 관심 자체가 많아지고 있다고 생각해요. 드라마, 영화, 케이팝, 먹방 등 다양한 한국 콘텐츠의 인기가 많아졌으니까요. 10년 전에 런던에서 봉준호 감독의 영화가 상영됐을 때만 해도 영국 영화관에서 한국 영화를 볼 수 있다는 사실이 놀라웠는데 〈기생충〉은 영국 아카데미 시상식BAFTA에서 각본상과 외국어영화상까지 받았으니 많이 바뀌었죠. 얼마 전에 제 딸이 3월에 케임브리지 영화관에서 방탄소년단의 콘서트 실황 영상이 상영된다고 하더라고요. 런던도 아닌 케임브리지에서 이런 일이 일어나고 있다는 게 의미 있다고 생각해요. 또 영국 특성상 프리미어 리그 구단에서 한국인 선수를 영입한다는 소식도 (영국인에게) 크게 다가오는 것 같아요. 그 선수들이 광고 모델이 되기도 하고요.

영국 내 세대 간에도 차이가 있다고 생각해요. 나이가 있는 세대는 여전히 새로운 문화에 대해 보수적인 면이 있지만 젊은 층은 그에 비해 새로운 문화에 많이 열려 있는 것 같아요. 그래서 자연스럽게 열린 마음으로 한국의 문화에도 관심을 가진다고 생각해요.

앞으로 한식의 인기에 대해서는 어떻게 생각하세요?

계속 인기가 있을 것 같아요. 런던은 말할 것도 없고 케임브리지만 해도 한식의 인기가 많아지고 있다는 게 느껴지니까요. 그런데 이제 생각해야 할 부분이, 예전과 다르게 영국 사람들도 한식에 대해서 선택의 폭이 넓어지고 있고 비교 대상이 생기고 있다는 점이에요. 한식에 대한 각자의 기준이 생기게 돼서 예전처럼 간단하게 접근하기는 어려울 거예요.

한식이 인기가 많아지면서 동시에 개인적으로는 걱정이 되는 부분도 있어요. 요즘 브런치 카페나 호텔 식당 등 현지 식당에 가면 '한국식Korean style' 이름을 가진 메뉴가 정말 많아요. 그런 메뉴가 보이면 대부분 먹어 보는 편인데요, 창의적으로 한식을 해석한 곳이 있는가 하면 과연 한국식이라고 할 수 있을지 의문이 드는 곳도 많아요. 그만큼 '한국식'이라는 표현이 남용되고 있고 정통authentic 한식당은 찾기가 어려워지는 것 같아요. 그렇게 한식에 왜곡된 인상을 가지게 될 것 같아 아쉬운 부분이 있어요. 조금 더 한식에 애정을 가지고 접근하는 곳이 많아지면 좋겠다는 바람이에요.

3. '한국' 이름 붙은 식당은 인스타그램에 올릴 만한 instagrammable 콘텐츠: 영국인 20대 레오, 매트와의 인터뷰

케임브리지에서 어린 시절을 보낸 후 런던과 케임브리지를 중심으로 학교나 직장에 다닌 적 있는 20대 레오Leo 씨와 매트Matt 씨에게도 인터뷰를 요청했다.

개인적으로 한식을 어떻게 처음 접했고, 요즘에는 어떻게 즐기고 있나요?

레오: 8년 전, 2014년쯤에 친구랑 케임브리지에 있는 한인 마트에 가서 과자와 라면을 사 먹은 게 처음이었어요. 친구를 따라 저도 함께 케이팝을 좋아하게 되면서 먹어 보게 됐어요. 그 후 런던에서 대학교에 다니면서 다른 한식도 많이 먹어 봤어요. 요리도 해 보고 싶었지만 원래의 맛을 모르니까 시도하기 어려웠던 것 같아요. 비싸도 한식당에서 사 먹을 수밖에 없었죠. 그런데 한식을 많이 먹어 본 후에는 직접 요리도 하기 시작했어요. 적어도 일주일이나 2주일에 한 번은 꼭 한식을 (요리)해 먹는 것 같아요. 하우스 메이트들이랑 과일 소주도 자주 마시고요.

매트: 처음 먹어 본 건 2015년에 미국 여행을 하면서 LA에 갔을 때예요. 제가 좋아하던 래퍼가 한인 타운에서 활동을 했는데, 그 래퍼의 벽화를 보러 갔다가 주변에 있는 고깃집을 처음 가게 됐어요. 유튜브 버즈피드Buzzfeed 채널에서 추천한 곳으로 찾아 갔어요. 그 전에도 한국 음식에 대해서는 들어 봤었는데 영국에서는 접할 기회가 없었거든요. 영국에 돌아오고 나서는 한참 후에 케임브리지에 있는 한식당에 가게 됐어요. 회사

동료랑 갈 만한 식당을 찾다가 가게 됐는데 마음에 들어서 그 후로도 자주 갔어요. 그 후 한인 마트를 알게 되고 나서는 한식을 만들어 먹기 시작했어요. 유튜브 요리 영상을 따라서 여러 가지 음식을 많이 해 봤는데, 저는 떡볶이랑 소떡소떡을 좋아해요. 유튜브 '영국남자' 채널을 통해서도 한식을 많이 접했어요.

영국에서 한식의 인기가 변화하고 있는 것을 실감하시나요?

레오: 네. 예전에는 친구들과 함께 한식당에 가면 다들 저한테 주문해 달라고 부탁했어요. 저만 한식에 대해서 알고 있었으니까요. 그런데 이제는 그럴 필요가 없어졌어요. 다들 한식에 대해서 알고 있고, 심지어 각자 제일 좋아하는 한국 치킨 식당도 생겼더라고요. 모리슨Morrisons이나 테스코 같은 일반적인 마트에서도 라면이나 김치, 고추장은 쉽게 찾을 수 있게 됐고요. 얼마 전에는 케임브리지에 새로운 한식당이 생겼다며 친구들이 연락을 많이 해서 신기하기도 했어요. 요즘에는 중국 배달 음식점에도 가끔 한식 메뉴가 있는 걸 보는데, 그건 조금 당황스러운 것 같아요.

매트: 네, 당연하죠. 우선 런던에서는 정말 말도 안 되게 변화하고 있어요. 한식당이나 한국 마트는 시내에서 정말 쉽게 찾을 수 있고 최근에 생긴 '분식Bunsik' 식당◆ 앞에는 항상 사람들이 줄을 서 있어요. 또 얼마 전에 런던 킹스크로스King's cross역 근처에 유튜브 채널 '영국남자' 팀이 한국식 길거리 토스트 가판대를 열었어요. 저도 첫날 가 봤는데 정말 추운 날

◆ 한국식 핫도그와 떡볶이를 파는 분식집이다.

[사진 13] 런던에 위치한 한국 분식점, '분식'

(출처: 통신원 촬영)

[사진 14] 런던 시내에서 판매 중인 길거리 토스트

(출처: 영국남자 유튜브 채널)

이었는데도 세 시간이나 기다려야 했어요. 기다리는 사람들이 기대하는 목소리와 지나가는 사람들이 긴 줄을 보고 궁금해하는 목소리를 동시에 듣는 것도 재미있더라고요. 얼마 전에는 한 친구가 케임브리지 근처 식당에서 한국식 치킨 메뉴를 찾았다고 하면서 저한테 사진을 보내주더라고요. 그런데 사진을 보니 전혀 한국식이 아니라서 황당했어요. 그 자체가 요즘 영국에서 한국^Korean 이름을 붙이는 게 사람들에게 셀링 포인트가 되고 있다는 점을 보여주고 있다고 생각해요.

그렇다면 한식의 인기가 왜 변화하고 있을까요?

레오: 분명 케이팝의 인기가 영향을 준다고 생각해요. 그리고 한식을 먹어 본 사람들의 입소문으로 더 인기가 많아진다고 생각하고요. 제 또래들은 유튜브를 많이 보니까 유튜브 콘텐츠의 영향도 클 것 같아요. 저는 개인적으로 먹방을 좋아하진 않지만, 먹방 콘텐츠를 통해서도 한식이 지속적으로 노출되는 것 같더라고요. 런던에서는 인스타그램을 중심으로 트렌디하고 인스타그램에 올릴 만한^instagrammable 한식당이 많이 소개되면서 사람들의 관심을 끌고 있는 것 같아요. 라면 같은 간편 식품은 학생들 사이에서 간단히 먹을 수 있는 선택지로 인기를 얻게 됐다고 생각해요.

매트: 한국이라는 나라 자체에 대한 관심이 전반적으로 높아지고 있음을 느껴요. 한국이 처음 대중적으로 소개된 시점은 2013년도 싸이의 〈강남스타일〉이었는데, 그땐 주류문화로 다뤄지지는 않았던 것 같아요. 그런데 점차 영화 〈기생충〉의 수상이나, 넷플릭스 드라마의 인기 등에 힘입어 각종 영국 매체에서 한국을 다루는 일이 잦아지고 있어요. 한국 문화에 대한 관심이 높아지니까 자연스럽게 음식의 인기는 수반되는 것 같아요. 문화와 음식은 뗄 수 없는 관계이잖아요. 또 영화나 드라마를 보다 보면 맛있어 보이는 음식이 많이 나오는데 궁금하니까 먹어 보게 되고요.

한식 인기의 미래를 어떻게 예상하시나요?

레오: 지금 이미 너무 인기가 많아졌고 트렌디한 음식으로 유행하고 있어요. 장기적으로는 어떨지 모르겠지만 개인적으로는 계속 인기가 많았으면 좋겠네요. 맛있으니까요! 하지만 한국에 한 번 다녀오고 나니 영국에 있는 한식이 정통authentic 한식이라고 느껴지지는 않아요. 우선 맛이 다른데, 그건 구할 수 있는 재료의 차이 때문이겠죠? 지금까지는 전반적인 한식 문화가 전파됐다기보다는 비빔밥이나 치킨 같은 한정된 메뉴 위주로 알려지고 있는 것 같아요. 미래에는 또 어떤 식으로 변화할지 궁금하고 기대되네요.

매트: 영국에서 한국과 관련된 건 계속해서 인기가 많아질 것 같고, 따라서 음식도 분명 인기가 많아질 거라고 생각해요. 이 현상을 보여주는 것이 큰 회사들도 한국과 관련된 곳에 투자를 늘리고 있다는 점이에요. 예를 들어 넷플릭스가 한국 예능 프로그램에 또 투자를 시작했다고 들었는데요, 드라마의 인기에 이어 또 다른 차원의 관심을 불러올 수 있다고 생각해요. 사실 저는 회사를 다니다가 한국에 대한 관심 때문에 다시 한국학과 학부에 진학했는데요, 저희 학과의 학생 수도 예전에 비해 많이 늘어서 올해는 한 학년에 90명이 됐고 수업을 제대로 하려면 그룹을 세 개로 나눠서 진행해야 하는 정도예요. 이런 현상을 보면 분명히 앞으로 더 인기가 많아질 거라고 생각해요.

4. 나가며

본고에서 필자는 『옥스퍼드 영어사전』에 한국과 관련된 단어가 대거 등재된, 이른바 'K-업데이트'를 시작으로, 실제 영국 내 한식의 인기가 과거부터 현재까지 변화해 온 양상과 그 이유, 또 앞으로의 전망까지 다루어 봤다.

인터뷰 대상자 모두 영국에서 과거와 비교해 높아진 한식의 인기를 체감하고 있다고 답했다. 한식당이나 한인 마트가 많아지고 있다는 점과 함께 현지 마트나 식당에서 한국과 관련된 메뉴와 식재료를 쉽게 찾을 수 있는 현상에 대해 이야기를 나누었다. 또한 인터뷰에서 일부 언급됐듯이 런던에서는 이미 일반적인 한식당 이외에도 분식집, 길거리 토스트 가게, 한국식 칵테일 바 등 새로운 형태의 음식점도 문을 열면서 한식과 관련된 새로운 유행이 형성되고 있다. 이에 더해, 런던보다 작은 케임브리지 같은 도시에도 점차 그 유행이 퍼지고 있는 추세를 살펴볼 수 있었다. 최근 몇 년 동안 이러한 인식 변화가 가능했던 이유에 대해서는 각자 다양한 의견을 제시했다. 드라마, 영화, 음악, 유튜브 콘텐츠 등 한류콘텐츠의 인기에 힘입어 증가한 한국에 대한 관심과 더불어, 한국 축구 선수들의 활약, 건강한 음식에 대한 관심, 전반적인 사회 분위기의 변화 등도 이유로 들었다. 한식의 미래에 대해서도 모두 긍정적으로 응답했다. 한국에 대한 관심과 함께 한식의 인기도 많아질 것으로 전망했다.

그러나 동시에 '한국식'이라는 단어의 오남용이 정통 한식에 위협이 될 수 있다고 우려하는 의견도 있었다. 이와 관련해 지난 1월, 한국의 한 매체에서는 프랑스 파리에서 중국계 한식당이 확산되고 있는 것을 보도

하면서 이에 대한 사람들의 양면적인 반응을 언급했다. 한국 문화의 인기가 많아짐에 따라 일어나는 자연스러운 현상이라는 시각과 함께 잘못된 한식을 전파할 수 있다는 비판적인 견해도 존재했다(정철환, 2022). 이처럼 영국을 비롯한 유럽 지역에서 한식의 인기가 높아짐에 따라 한식의 형태에 대한 복합적인 반응이 나오고 있다는 것은 이제부터 한식에 대한 경쟁이 더 치열해질 것을 시사하기도 한다. 영국이라는 곳에서 이제 새싹을 틔우기 시작한 한식. 앞으로 이 치열한 환경 속에서 어떻게 꽃피우게 될지 생각해 볼 단계이다.

참고문헌

- Salazar, Danica (2021. 9. 6.). "Daebak! The OED gets a K-update". Oxford English Dictionary blog. URL: https://public.oed.com/blog/daebak-a-k-update/
- 정철환 (2022. 1. 29.). 깐풍기도 판다고? 왕서방들의 '짝퉁 한식당' 유럽서 확산. 《조선일보》. URL: https://www.chosun.com/international/international_general/2022/01/29/GWAQKGRN7JCABPHS2LDINGGGME/
- 최윤정 (2021. 10. 17.). '스킨십' 콩글리시에서 쿨한 말로…보수적인 옥스퍼드도 변화. 《연합뉴스》. URL: https://www.yna.co.kr/view/AKR20211016043600085

5
호주

Australia

유럽-북미와 아시아의 '절충적 선택자', 호주의 소프트파워와 한류

신성철 호주 뉴사우스웨일즈대학교 한국학과 교수

들어가는 말

흔히 호주라고 부르는 오스트레일리아Australia는 유럽 전체 면적보다 넓은 영토를 가진 '대륙' 국가이다. 호주의 국토 면적은 남한의 78배에 이르며, 알래스카를 뺀 미국의 국토 면적과 비슷하다. 보통 호주를 일컬어 세계에서 가장 작은 대륙이자 가장 큰 섬이라고 하는 이유이다. 이 큰 땅덩어리에 사는 인구는 고작 2,600만 명에 불과한데, 그 가운데 약 3분의 1(33%)이 호주 외에서 태어난 이민자이고, 그 가족 구성원이 상당수 호주 인구를 차지하는 다민족, 다문화 국가이다. 호주는 일반적으로 영국으로 대표되는 유럽 문화에 뿌리를 두고 사회가 형성되었고 운영되지만 국제외교, 안보, 군사 관계는 미국과 보조를 맞추고 있고 경제 교류와 무역은 주로 동북아시아와 이루어지는 '절충적 선택자'라고 할 수 있다.

이 글에서는 유럽과 북미 그리고 아시아 사이에서 호주만의 독특한 특색을 유지하며 문화-지정학적 기회를 선택하고 있으며 또 선택할 수 있는 호주의 소프트파워Soft Power의 배경과 매력은 무엇인지 몇 가지 소재를 통해 훑어보고 이것이 한국과의 관계 발전과 한류로 대변되는 최근의 교류 환경의 변화에 어떻게 작용하는지를 간략히 살펴보고자 한다. 소프트 파워, 즉 '부드러운 힘'이란 용어는 하버드대학교의 조지프 나이[Joseph Nye] 교수가 처음 사용한 용어로 군사력, 경제력 그리고 광의의 자원과 같은 소위 하드파워[Hard Power]의 상대적 개념이다(Nye, 2005). 조지프 교수는 물리적 강제력 대신에 사회 구성원의 정신적 가치관, 생활 방식, 문화 그리고 외교적 접근 방식과 같은 소위 '부드러운 힘'이 상대방을 설득할 수 있는 매력이며 세계를 움직인다고 설명했다. 호주의 사회문화적 그리고 지정학적 배경을 고려할 때 이 같은 개념의 소프트파워를 이루는 실질적 자원을 알아보는 일은 흥미로운 일이다. 기술의 편의를 위해 호주 사회의 소프트파워 요소를 다음 몇 가지 소재, 즉 다문화 사회 호주의 언어 정책, 사회 구성원과 정체성, 정치제도와 정서, 국제사회와의 관계와 지정학적 요소, 호주-중국 갈등과 전략적 선택, 사회적 지향성 등 순으로 간략히 들여다보고 한국과의 접촉과 교류 확대 등 한국-호주 관계에서 시사하는 바를 개진하려고 한다. 형식에 있어서는 일견에 쉽게 읽히고 흥미를 유발하도록 주로 기본적인 사실과 더불어 관찰과 일화, 경험론적 방법을 동원하여 기술하였다.

다언어·다문화 사회의 언어 정책과 영어의 사회적 위치

호주의 공용어는 영어이지만 호주 원주민과 이민자 공동체가 사용하는 언어는 300개가 넘는 다언어 국가이기도 하다. 호주 원주민의 언어는 한 때 200개가 넘었지만 고난의 세월을 거쳐 이제는 대다수가 사어가 되었거나 일부 구어만으로 전해지고 있고, 현재까지 나름대로 실용적으로 사용되는 언어나 방언은 20여 개인 것으로 보고되고 있다. 호주 통계청의 인구조사통계(ABS, 2016)도 호주 사회에서 원주민을 비롯한 300여 민족을 통해 300어 개의 언어가 사용되며 실제로 다섯 가구당 한 가구(21%)가 가정에서 영어 외 다른 언어를 사용하는 것으로 파악하고 있다. 호주의 최대 도시인 시드니와 멜버른에서뿐 아니라 브리스번, 애들레이드 같은 주도와 대도시, 인근 위성도시에서도 이 같은 다민족, 다문화, 다언어적 풍경을 쉽게 접할 수 있다. 예컨대, 특정 거주 지역에 집중하여 형성된 민족 공동체와 상가, 유무형의 고유 문화를 유지하고 행사하는 가정과 지역사회의 여러 문화 관련 행위, 가정 등의 사적 공간뿐 아니라 카페, 식당 같은 공적 공간에서 들리고 사용되는 수많은 언어, 공공 방송이 편성하는 이민자 중심 텔리비전, 라디오 프로그램 등이 있다.

이 같은 다민족, 다문화, 다언어 사회를 효율적으로 관리하고 활용하기 위해 필수적으로 요구되는 것 가운데 하나가 국가 언어 정책이다. 이에 호주 연방정부가 언어 정책의 중요성을 인식하고 위임하여 발주한 프로젝트의 결과물이 '호주국가언어정책 National Policy on Languages; Lo Bianco, 1987'이다. 1980년대까지만 해도 초중등학교에서 제공되고 교육되는 주류 언어는 프랑스어, 독일어 등 유럽의 언어였다. 국가 언어 정책의 수립을 계기로 호주의 언어 정책은 아시아 언어의 진흥에 초점이 맞춰지게 되었다. 이와 더불어 주정부 차원에서도 언어 정책의 수립과 교과 과정의 개혁 문서 발표를 통해 한국어를 비롯한 주요 아시아 언어의 진흥을 구체화하였다. 후속 정부 정책 사업으로 연방정부의 호주 초중등학교 아시아 언어

문화 교육 진흥책National Asian Languages and Studies in Australian Schools Strategy, NALSAS, 호주 초중등학교 아시아 언어 문화 교육 진흥 프로그램National Asian Languages and Studies in Schools Program, NALSSP과 같은 대규모 아시아 언어 진흥 프로젝트나 주정부 차원의 아시아 언어 교육 지원 프로젝트 등이 추진되었다. 현재 초중고등학교에서 제공하고 교육하는 언어 과목은 한국어를 비롯해 수십 개에 달하며 시드니가 주도인 뉴사우스웨일즈주 내 학교에서만도 40여 개의 언어 과목을 운영하고 있다.

그러나 그 어느 시점에서도 영어 외 언어의 진흥 정책으로 인해 호주의 공식어인 영어의 지위가 흔들린 적은 없다. 오히려 새로운 이민자에게 일상적으로 제공되는 정부 차원의 영어 프로그램을 제외하고도 초중등학교의 문해력literacy 강화 프로그램을 통해 읽기, 쓰기, 독해력 등 영어 교육의 질적 향상을 도모해 왔고 대입 수능 시험에서도 영어가 필수 과목임은 두말할 필요가 없다. 비록 호주 정부가 영어를 '국어'로 정하지는 않지만, 영어는 단순히 문서나 요식 행위 등에서 요구되는 공식어가 아니라 호주 사회 모든 구성원에게 요구되고 기대되는 언어이기 때문에 '사실상의 국어'라고 해도 과언이 아니다. 다언어 호주 사회가 추구하는 것은 영어를 국가 사회의 공용어로 하되 다양성을 수용하여 이민자의 언어를 진흥하고 다문화 사회를 풍요롭게 함으로써 개인과 사회의 자원이 되게 하려는 것이다. 이민자 언어의 유지를 권장하고 진흥하려는 정책적 배려는 결코 호주 사회 구성원이 영어 외 언어로 생활을 영위하도록 장려하거나 대체하도록 하는 것이 아니다. 물론 혹자는 영어를 한마디도 못 해도 살아가는 데 별 문제가 없다고 말할 수도 있겠다. 이민자 공동체가 밀집해서 살아가는 특정 지역에서 살거나 관련 업체나 상가를 중심으로 경제 활동, 사회 활동을 하는 경우엔 틀린 말도 아니다. 그러나 그것은 이민자 가운데 소수가 그럴 수도 있다는 말이지 공동체가 전반적으로 그렇다는 의미는 아니다. 또 그렇게 해서는 호주 사회에 성공적으로 정착하거나 소위 주류사회에 진입할 수도 없다.

사회 구성원과 정체성의 혼동 그리고 정중동

그렇다면 호주 사회를 구성하는 사람들은 어떤 사람들인가? 호주 인구의 과반(51%)이 이민 3세대 이상이기 때문에 세대를 거쳐가며 특정 민족의 경계가 흐려지고 있으나 조상의 문화와 민족적 배경을 밝히는 인구조사(ABS, 2016)에 따르면 앵글로색슨 영국계(36%), 호주계(34%), 아일랜드계(11%), 스코틀랜드계(9.3%) 등 대부분 유럽계 민족이다. 비유럽계 민족은 중국계(5.6%), 인도계(4.6%)가 많고 호주 원주민은 650만 명(2.1%)이다. 한마디로 호주 사회의 주요 구성원은 유럽계 백인이고, 이것이 호주의 정치, 사회, 문화 등 주류사회의 골격을 이루는 배경이다. 흥미로운 것은 자신이 '호주계'라고 밝힌 34%의 민족·문화적 배경이다. 인구조사통계로는 밝히기 어려우나 호주 땅에 뿌리를 내리고 3, 4, 5세대 이상을 거쳐 오늘의 자신에 이른 이들에게 몇 분의 일로 나뉜 민족·문화적 배경은 무의미하거나 '호주' 외의 다른 어느 민족문화가 자신을 그보다 더 잘 대표할 수 없다고 생각했을 수 있다. 이같이 점점 복잡해져 가는 민족문화 배경으로 인해, 다소 퉁명스럽지만 현실을 직시하게 하는 질문 가운데는 '누가 호주인인가?'와 같은 근본적 문제도 있다. 호주식 영어 발음만 구사한다면 영미권 문화 배경의 백인 호주인에겐 민족 배경과 크게 상관없이 '호주인'의 꼬리표가 자연스럽게 받아들여진다. 거대한 호주 땅의 첫 번째 주인을 형성한 사람들은 어떤가? '원주민' 혹은 '호주 원주민'이라는 꼬리표가 붙는다. 1 세대는 물론이고 2, 3 세대 이상을 거쳐 호주 땅에 뿌리를 내린 비유럽계 민족 배경을 가진 사람들도 마찬가지이다. '아시아계 호주인', '중국계 호주인', '중동계 호주인', '한국계 호주인' 등으로 각각의 민족 배경이 꼬리표로 붙는다. 이것은 태어날 때부터 호주 여권을 소지하고 자라온 비유럽계의 10대, 20대가 한때 심각한 정체성의 혼란을 느끼게 되는 이유가 되기도 한다. 이같이 비유럽계 호주인에 대한 민족 배경의 꼬리표는 의식적이든 무의식적이든 차별적 발상에서 기인한 것이나, 길게 보면 사회 구성원이 바뀌어 가며 호주 사회가 사회적 정체성의 혼동을 겪고 있음을 보여주는 것으로도 해석된다.

사실 호주 사회의 정체성과 방향성의 혼동은 어제 오늘의 일이 아니다. 최소 100년 이상 겪어온 일이고 지금도 겪고 있는 일이다. 1901년 백호주의 정책White Australia Policy을 표방하여 백인 유럽계 이주만을 수용하고 원주민의 권리와 비유럽계 이민을 받아들이지 않다가 1966년 당시 홀트Holt 총리가 백호주의 폐지를 선언했다. 1975년 「인종차별방지법The Racial Discrimination Act 1975」이 제정된 지 3년 후인 1978년에는 프레이저Fraser 정부가 정부 정책에서 출신 국가에 기초한 이민자 선택을 모두 폐지하고 마침내 다문화주의multiculturalism를 표방하였다. 이 같은 1960~70년대 일련의 조치와 변화는 호주 사회가 진일보하는 계기를 마련하였다. 그러나 이는 어디까지나 정치적 선언과 정책·법률적 장치를 마련한 것이지, 호주 사회 저변에 깔려 있는 인식과 정서, 호주 주류사회를 구성하는 구성원과 틀, 메커니즘이 한 세대 반 만에 쉽게 바뀔 일이 아니다. 백호주의 정책의 일환으로 원주민 자녀 '적어도 10만 명'(HREOC, 1997)을 부모와 강제로 분리시킨 잔혹한 처사에 대해 호주 정부가 공식적으로 사과한 것은 불과 10여 년 전인 2008년의 일이고 다문화주의를 표방한 지 30년이 지난 시점이었다. 이렇게 호주 주류사회의 흐름, 정서 그리고 문화의 변화는 눈에 띄게 감지되지 않았지만 그렇다고 호주가 정체된 국가는 결코 아니다. 국익을 따라 선택적으로 그리고 조금씩 꾸준히 정중동하며 앞으로 나아가고 있다.

절충적 정치제도와 사회 정서

호주 사회의 방향성을 논할 때 빠지지 않는 정치·사회적 어젠다 가운데 하나는 정치제도의 모호성이다. 호주의 국가원수$^{\text{Head of State}}$는 엘리자베스 2세 여왕이다. 엘리자베스 여왕은 영국의 여왕이고 동시에 호주의 여왕이다. 여왕을 대신하여 권한을 행사하도록 5년 임기(연임 가능)의 총독을 임명하는데 호주 연방총리의 추천을 받아 임명한다. 총독은 연방뿐 아니라 각 주의 주총독도 있다. 정치적 실권은 의원내각제를 통한 연방총리와 주총리에게 있지만, 연방총독과 주총독은 각각 여왕을 대신하여 선거에서 이긴 다수당 당수를 연방총리와 주총리 및 내각 장관으로 임명한다. 물론 임명장을 수여하는 의례적인 절차이나 헌법적 체계와 절차가 그렇다. 1788년 영국의 식민지가 된 후 100여 년이 지난 1901년에 식민 6개 주가 호주 연방국가를 형성하였지만 영국으로부터 법률적 권한을 온전히 모두 가져온 것은 지금으로부터 불과 35년 전인 1986년(Australia Act 1986)이다. 그럼에도 오늘날까지 '국가원수=영국여왕＞총독＞연방총리'라는 공식에 따라 군주제와 의원내각제를 결합한 독특한 정치시스템이 유지되고 있다. 이 때문에 호주를 국빈 방문하는 외국 정상을 위한 환영만찬 등에서 호주 총리는 "대통령을 위하여!"라는 건배사를 제의하나 외국 정상은 "여왕님을 위하여!"라고 건배사를 해야 하는 웃지 못할 의례가 벌어진다.

이 같은 절충적 정치제도를 비판하며 개선을 요구하는 목소리를 반영하여 일어난 움직임이 소위 '호주공화국운동 Australian Republican Movement'이다. 1990년대 계속된 호주공화국 캠페인은 마침내 1999년에 국민투표에 부쳐졌는데, 45 대 55로 부결되었다. 찬성하는 쪽은 오늘날 호주의 국가 정체성을 효과적으로 대변하기 위해서 호주가 공화국이 되어야 하고, 호주인 가운데서 국가원수인 대통령이 선출되어야 한다는 입장이다. 반대하는 쪽은 영국과의 정치, 사회, 문화 등의 밀접한 관계는 호주의 자랑스러운 역사이며 현재의 정치제도로도 아무런 문제가 없어 왔기 때문에 변경할 필요가 없다고 주장한다. 혹자는 노년 세대와 청년 세대가 확연히 갈리는 것이 아닌가 생각할지도 모른다. 그러나 실상은 꼭 그렇지만은 않다. 필자는 실제로 호주공화국운동이 한창이던 1990년대에 재미 삼아 필자의 강의를 수강하는 20대 초반의 대학생에게 거수 투표를 시켜본 적이 있는데 놀랍게도 찬반이 반반으로 갈렸다. 1999년 이후 약 22년이 지난 현재는 어떨까. 호주 국내외 정치·사회의 변화와 이민자 등으로 인해 사회 구성원 같은 변화가 어떤 요인으로 작용하여 국민적 정서에 변화를 가져왔는지는 불확실하나 변화가 있다 하더라도 아직 찬반을 확연히 역전시킬 정도의 변화는 아닌 것으로 추정된다. 35년간 일제의 혹독한 식민통치 속에 살아온 역사를 가진 한국인이 볼 때는 이 같은 호주의 정치제도와 호주인의 정서가 도저히 이해하기 어려운 부분일 수 있다. '죄수를 끌고 와서 정착한 식민의 역사가 자랑스러울까'라고 생각될 수 있고, 실질적 건국 230년이 넘어서도 영국 군주와의 끈을 놓치 않으려는 행보를 의아해하는 사람들도 있을 것이다. 바로 그것이 호주의 과거이자 현재이다. 식민 통치의 질과 사회문화적 유대관계의 차원이 한국-일본의 그것과는 완전히 다르다는 점도 유념해야 할 것이다.

국제 사회 참여와 개입 그리고 지정학적 요인

호주 사회 저변의 정치·사회·문화적 배경과 자신감은 호주로 하여금 국제 사회의 거의 모든 어젠다에 당당히 발언하고 개입하며 공헌하게 하는 원동력이기도 하다. 호주는 1914년 제1차 세계대전 이전부터 최근 아프카니스탄 전쟁까지 세계 전쟁과 지역 전쟁에 10여 차례 참전하였고 그 가운데는 한국전쟁도 포함된다. 연합군 가운데 두 번째로 빨리 파병하여, 호주 군인 17,000여 명이 대한민국을 위해 싸웠고 전사자와 부상자를 냈다. 혹독한 엄동설한 속의 가평 전투 등 호주군의 참전사는 지금까지도 많이 회자된다. 호주는 인도주의적인 측면에서도 매년 난민 2만 명 정도를 아프리카, 중동, 동남아 등지의 전쟁, 내란, 분쟁 지역에서 받아들인다. 유엔 창립 멤버로, 민주주의 선진중견국으로 호주는 유엔산하기구, 인권, 기후, 무역, 경제, 스포츠, 국제사법, 국제협약 등 각종 국제 사회 조직에 능동적으로 개입하여 공헌하고 국제기구의 주요 인사를 배출하는 등 리더십을 발휘한다. 아시아태평양국가의 경제협력체인 APEC의 핵심 창립 멤버이고 영어권 정보 동맹 파이브 아이즈$^{Five Eyes}$의 주요 멤버일 뿐 아니라 인도태평양 어젠다의 4개국 협력체인 쿼드^{QUAD}의 일원이다. 또한 최근 국제적 이슈로 불거졌던 호주, 영국, 미국의 3국 안보협력체 오커스^{AUKUS} 협약은 호주의 역량과 위상, 국익을 추구하는 자세를 잘 보여준다. 물론 기존의 지정학적 국제관계에 더하여 최근 중국이 인도태평양 역내에서 세력을 확장해 가는 것을 견제하려는 공통의 이해가 맞물린 협약이지만 영국과 미국이 제3국에 기술을 전수하여 핵잠수함을 건조하게 한다는 것은 지금까지 어느 나라에게도 허용된 적이 없다.

호주가 유럽과 북미 그리고 아시아태평양을 마치 별자리 꼭지점처럼 놓고 사안마다 국익을 따라 절충적으로 선택할 수 있는 역량의 원천은 호주의 지정학적 요인으로 볼 수도 있다. 태평양과 인도양에 걸친 대륙국가라는 입지는 행운의 기회인 동시에 위협 요소도 안고 있다. 역사, 사회, 문화적 뿌리가 있는 영국을 비롯한 유럽과 지속적으로 유대관계를 유지하려고 하나 지리적으로 거리가 멀다. 반면, 세계 최대 이슬람 인구를 가진 인도네시아가 위치상으로 호주의 바로 위에 있고 그 주위에 인접한 서남아시아의 파키스탄, 인도, 방글라데시에도 상당한 이슬람 인구가 있다. 기독교 국가인 호주로서는 역내에 이슬람 인구가 많은 국가가 인접해 있고 그 가운데는 이슬람 극단주의자가 자생하고 있으니 경계하지 않을 수가 없다. 실제로 호주는 이 같은 지리·종교적 이유 등으로 인도네시아를 호주의 최대 잠재적 위험국으로 분류해 왔다. 반면에 인도네시아의 견지에서 호주는 '아시아의 백인 부족'(Hardjono, 1992) 정도로 인식된다. 한편 호주는 영국의 식민지였거나 호주의 영향력 아래 있었던 남태평양의 섬나라 국가들에 대해 역내 주도권과 영향력을 잃지 않으려고 해외 원조의 명목으로 매년 많은 국가 재정을 투입하고 여러 가지 정치·사회적 지원을 제공하는 등 맏형 역할을 자임해 왔다.

최근 역내 갈등과 전략적 선택

이런 역내 국제관계에 변화가 생긴 계기는 최근 중국의 인도태평양 지역에서의 노골적 패권 확장과 미국-중국 갈등에 이은 호주-중국 갈등에 있다. 중국의 인도태평양 내 패권 확장은 단순히 동남아 국가와 미국의 걱정거리만이 아니다. 호주에도 우려스러운 일이다. 호주로서는 중국이 호주 수출의 33%, 수입의 26% 정도를 차지하는 최대 무역국이고 지난 수십 년 간 항상 흑자무역을 이뤄왔다(Austrade, 2020). 그런 이유로 경제적 전략 차원에서는 대중 관계에 신중해야 하고 중국을 의식할 수밖에 없는 위치에 있다. 그러나 호주는 단순히 남태평양 어딘가에 있는 평화롭기만 한 나라가 아니다. 중국의 역내 패권 확장에 대해 호주로서는 당연히 염려할 수밖에 없고 중국에 대한 미국과 서방의 견제와 염려에 동조할 수밖에 없다. 인도태평양 지역에서 일정한 국익과 '지분'의 이해관계를 가지고 있기 때문이다. 최근 호-중 관계가 악화된 결정적 계기는 작년 4월경 모리슨 총리가 중국을 코로나19의 발원지로 지목하고 국제적 조사를 요구하고 나서부터이다. 중국은 중-호 관계에 손상을 입을 것이라고 즉각 경고했지만 모리슨 총리는 그에 끄덕하지 않고 그 후에도 반복해서 국제적 조사를 요구하는 입장을 굽히지 않았다. 실제로 중국은 무역 보복 조치를 가하여 호주산 랍스터, 와인, 소고기에 이어 석탄까지 금수 조치하였다. 그러나 2년이 지나며 호주산 석탄 수입을 막아 타격을 입은 나라는 호주가 아니라 오히려 중국인 것으로 드러났다. 호주에는 시장을 다변화하는 계기가 되었지만, 중국은 석탄 부족으로 인한 정전 사태 등으로 스스로 무역 규제를 완화할 수밖에 없는 상황에 처했다. 또한 중국의 역내 패권과 호-중 갈등을 계기로 900억 호주달러(약 77조원)에 달하는 프랑스와의 디젤잠수함 건조 계약을 과감히 파기하고 미국, 영국과 오커스 안보협정을 맺어 핵잠수함 건조 기술 이전이라는 국익을 챙겼다.

호주는 늘 그래왔다. 호주를 정말 이해하고 싶다면 크리켓을 알아야 한다는 말이 있다. 선수들이 껌을 씹으며 먼 산 보듯이 여유작작하다가도 공이 오면 기가 막히게 캐치하는 모습은 호주인과 호주 사회의 행동 양식에 스며 있기 때문이다. 호주는 보편적 민주주의 원칙을 고수하면서 유럽과 북미 그리고 아시아 사이에서 절충적 기회에 국익을 선택한다. 영국 로열패밀리의 일정과 행사는 마치 국내 이슈처럼 관심사로 챙기는 한편 국제 외교와 안보, 군사 문제에 있어서는 미국의 생각을 알고 싶으면 호주에 물어보라는 얘기가 나올 정도로 미국과의 관계를 한층 강화하고 있다. 그리고 경제와 무역은 중국을 비롯한 일본, 한국 등 동북아시아에 의

존한다. 아시아-태평양을 맞대고 있는 호주 북쪽 땅끝에 미군 기지를 두면서도 그곳에서 멀지 않은 다윈항은 중국 기업에 99년간 반영구 임차를 준 상태이다. 오세아니아에 주어지는 '반 표의 슬픔'을 없애기 위해 아시아 지역 월드컵 축구 예선을 선택하고 아시아 프로축구 리그에 가입해 이익을 챙긴다. 이 시점에서 세계에서 스포츠 참여율이 가장 높은 나라 가운데 하나가 호주라는 점을 빼놓고 지나갈 수가 없다. 대략 75%의 스포츠 참여율을 자랑한다. 비교적 작은 인구가 정말 다양한 스포츠에 참여하고 올림픽 등 국제대회에서도 한국과 비슷한 10위 내외에 랭크된다. 유럽도 아니고 아시아도 아닌 나라이지만 유럽이나 미국보다는 지리적으로 아시아에 가깝다며 사안에 따라 전략적으로 '아시아'를 선택하는 것이다. 유럽계 호주인 일부도 서방 세계의 일원이 아니라 아시아에 더 연결된 느낌으로 사회적 이분화 현상을 안고 살아 간다.

운 좋은 나라에서 영리하고 스마트한 나라로

대학 중퇴 학력의 평론가, 연구원, 학장, 총장 등 특이한 이력의 도널드 혼$^{Donald\ Horne}$ 교수는 1964년 호주를 가리켜 『운 좋은 나라$^{The\ Lucky\ Country}$』라고 평하는 제목의 저서를 낸 바 있다. 대륙 같은 땅덩어리에 멋진 환경과 풍부한 지하자원에 만족하고 영국을 비롯한 유럽에서 일으킨 산업, 기술, 경제, 사회, 정치 혁명의 과실을 누릴 때에 국가로 발전하였기 때문이다. 그런 평가는 호주가 주어진 것에 만족하고 영국을 등에 업고 과거에 머무르며 창의성이 부족한 2류 정치인들이 통치하는 나라라는 함의적 비판이기도 하였다. 그로부터 20여 년이 지난 1988년, 당시 봅 호크 수상은 호주가 운 좋은 나라가 아니라 '영리한 나라clever country'가 되어야 한다고 주창했다. 다시 10년이 지난 1998년, 또 다른 저명한 사회평론가인 이언 로우Ian Lowe 교수도 그의 논문과 저서를 통해 호주가 두뇌에 기초한 산업과 경제로의 전환 등 '영리한 나라'가 돼야 한다는 설득력 있는 주장을 개진했다. 그리고 또다시 20년이 지난 최근에는 '스마트 네이션smart nation', '스마트 시티smart city' 비전을 내세우며 한국을 비롯한 전자기술 최첨단 국가와 보조를 맞추려고 부단히 노력하고 있다. 그러나 호주에는 결정적 단점이 있다. 제조업이 부실하다는 점이다. 그나마 정부 보조를 받아가며 지탱하던 자동차 제조업과 조선업 등도 지난 5~6년 사이에 공장 문을 폐쇄했다. 호주 자체의 기본 시장이 작은 데다 인건비 등 때문에 경쟁력과 채산성이 떨어지고 전자화, 자동화 등 시장 변화를 따라가기가 어렵기 때문이다. 전통적으로 광물, 농산물 등 1차 산업이 호주 수출의 반 이상을 차지하며 관광, 교육, 금융 등 3차 서비스 산업이 호주 경제의 주요 지표를 이룬다. 2차 산업이 부실한데도 1인당 GDP가 62,618달러(약 7,500만원, IMF, 2021)인 호주에 가히 '운 좋은 나라', '영리한 나라' 라고 꼬리표를 붙여도 무방하지 않을까 싶다. 그러나 이제 호주는 전통적으로 부실한 제조업과 2차 산업을 안고 4차 산업 시대를 맞이해야 한다. 바로 이 지점에서 한국이 운신할 수 있는 폭이 넓어지고 호주의 국가 어젠다에 매력적인 나라로 다가오는 듯하다.

한국과의 접촉: 선교사 파견부터 한인 이민과 경제, 동반자 관계로

한국이 호주와 첫 접촉을 하게 된 계기는 1889~1891년경 호주의 장로교 선교사들이 부산항에 도착하여 부산과 창원에 교회, 학교 및 의료 시설 등을 세우며 선교 활동을 하기 시작한 때로 기록되고 있다. 1920년대에 그 선교사의 자녀들이, 그 후 수십 명이 교육을 목적으로, 제2차 세계대전 중에는 일본 이름의 한국인이 호주 땅을 밟은 것으로 추정된다(AGDHA, 2018). 그후 한국전쟁에 호주가 참전하여 군인을 보내고 휴전 후에 호주 군인을 따라 몇몇 여성과 전쟁 고아가 호주에 입국하였다고 전해진다. 1963년 양국이 외교관계를 수립한 이후 이민의 문이 열리기 시작했고, 베트남전쟁을 계기로 1960년대 말과 1970년대 초에 한국인 기술자, 군무원이 호주로 이주하고 그 가족을 다시 한국에서 데려오면서 실질적으로 소위 호주 이민 1세대를 형성한다. 이때쯤 아르헨티나 등 남미로 이주했던 농업 이민자도 호주로 유턴하면서 초기 이민 세대에 합류했다(Han & Han, 2010; Shin, 2019). 1980년대 이후에는 투자 이민, 사업 이민, 기술 이민 등 본격적으로 한국에서 이민 온 교민과 유학생, 기관, 상사 주재원 등이 상주하면서 현재는 한인 인구가 영주권자 이상의 교민 10만 명을 포함하여 대략 13만 명에 이른 상황이다.

이와 더불어 호주로 수입되는 한국 제품의 규모도 늘어나고 있다. 정제유, 자동차, 전자, 전기 및 기계 장비 제품이 주를 이루는데 경제학자가 아니더라도 도로나 전자상가 등지에서 한국 브랜드의 자동차와 가전이 눈에 띄게 늘어났음을 쉽게 감지할 수 있다. 비록 현대, 기아 차의 판매 대수가 호주 최대 판매 차량 기록을 수십년 간 이어가는 도요타의 60%(120,883대)(RACV, 2020) 수준에 불과하지만, 호주 판매 차 2위, 시장 점유율 13% 이상을 기록하고 있다. 이는 여러 브랜드의 일제 차량과 유럽과 미국 차량 브랜드가 각축하는 호주 시장에서 대단한 성과를 거둔 것이라고 할 수 있다. 가전제품 역시 일렉트로룩스^{Electrolux}, 피셔앤페이켈$^{Fisher\&Paykel}$에 이어 LG와 삼성이 바짝 뒤를 쫓고 있고 일제는 파나소닉^{Panasonic}이 겨우 명맥을 유지하고 있다.

이와 같은 성과는 해당 기업체에서 지난 30여 년간 꾸준히 노력한 결과로, 앞으로 친환경차 시장 진입과 혁신을 추구하는 가전제품의 출시를 생각할 때 낙관적인 기대를 하게 한다. 정부 차원에서도 한국과 호주는 2013년 이후 양국 외교 및 국방장관 2+2 연례회담을 개최해 오면서 긴밀히 협력하고 있고, 산업부장관 회담도 열리고 있다. 국제무대에서도 APEC, ASEAN+6, G20 등 역내 국제협력체뿐 아니라 5개국 중견국 협력체 MIKTA를 통해서도 협력하고 있다. 최근에는 G7정상회의에 한국과 호주가 나란히 초대되어 변화된 위상을 목격한 바 있다. 특히 2021년 한국-호주 수교 60주년을 맞이해 양국 관계를 더욱 강화하고 군사, 안보, 방위산업 분야까지 협력을 넓혀가는 추세이다. 2021년 말 문재인 대통령이 국빈 방문하여 서명한 '포괄적전략동반자관계'로의 격상과 1조 원 규모의 K-9자주포 수출 계약은 그 결과물이라고 볼 수 있다.

한국과의 교류 확대: 문화, 케이팝에서 교육, 학문적 접근으로

한국과 호주의 관계는 이제 경제와 무역 관계를 넘어 최근 몇 년 사이에는 사람과 사람의 인적 교류와 문화교류로 확대되어 가는 양상이다. 시드니한국문화원이 조직하는 자체 문화행사에는 교민뿐 아니라 유럽게 호주인도 참여하여 즐기며, 문화원이 주관하거나 후원하는 한-호 예술인의 상호 방문 공연도 종종 개최된다. 연례적으로 열리는 호주한국영화제Korean Film Festival in Australia와 시드니영화제Sydney Film Festival에 한국 영화 출품, 호주 현지 극장의 한국 영화 상영 등을 통해 그동안 '아시아 영화' 하면 일본 영화나 중국 영화를 떠올리던 관객도 이제 한국 영화에 관심을 갖게 되었다. 김기덕, 임권택, 박찬욱, 봉준호 감독 등의 작품이 꾸준히 한국 영화의 팬층을 형성한 측면도 있겠고 칸, 베를린, 오스카 같은 주요 국제 영화제에서 한국 영화의 수상은 호주인에게도 한국 영화에 대한 인식을 한층 높이는 계기가 된 것으로 보인다.

특히, 최근 넷플릭스를 통해 접근할 수 있는 수많은 한국 드라마는 한인 교민도 놀랄 만큼 많은 비한국계 호주인이 즐기는 것으로 관찰된다. 드라마가 가진 문화적 파급력을 생각할 때 피상적으로나마 한국의 사회와 문화를 간접적으로 배우고 이해하게 하는 역할을 하고 있다. 그러나 무엇보다 케이팝으로 대표되는 '한류'의 열기는 호주 사회의 어느 한편에서나마 뜨거운 반응을 일으키고 있다. 호주 아이튠즈차트iTunes Charts Australia 등 음원차트iTop Chart(iTunes Charts Australia), 'TOP K-Pop Music Albums Chart'; 24 November, 2021)에는 트와이스, 블랙핑크, BTS(방탄소년단), 이승윤, SF9, 몬스타엑스 등이 상위에 랭크되어 있었고, 팬덤의 활동도 활발하다. 이와 같은 '가무 한류'가 호주 밖에서 발원된 것이라면, 최근 시드니한국문화원이 호주의 국민적 어린이밴드그룹 더 위글스The Wiggles와 협업하여 제작한 특별영상시리즈 프로젝트는 다른 차원의 접근으로 환영받을 만하다. 비록 어린이를 위한 퍼포먼스 그룹이지만 호주 주류사회를 관통하는 밴드를 활용하여 동심에 접근해 보려는 기획이었기 때문이다.

이렇게 한국에 대한 외국인의 관심은 '한류'라는 드라마틱한 현상에 힘입은 바가 크다. 특정 국가와 문화에 대한 관심과 호기심은 공부로 이어진다. 그것이 지난 20여 년간 세계 각국의 중등학교와 대학에서 제2, 제3언어로서의 한국어와 한국 관련 분야 강좌의 등록생 수가 폭발적으로 증가한 주요 이유이기도 하다. 1960~70년대를 걸쳐 1980년대까지만 해도 한국어를 배우는 외국인에겐 대체로 애인, 배우자, 군인, 주재원, 사업가 등 주어진 상황에 따른 특정한 실용적 목적이 있었고, 거기서 좀 더 발전하여 한국 사회, 문화, 역사에 대한 관심을 갖게 되다가 더 발전하여 학문적으로 한국학을 연마하는 패러다임이었다. 그러나 1990년대 이후, 특히 지난 10~20년간은 그런 패러다임이 '케이팝과 한국 드라마 → 한국 문화 → 한국어' 순서라는 패러다임으로 바뀌었다. 호주도 예외가 아니다. 호기심에 또는 친구를 통해 케이팝을 좋아하게 되거나 한국 영화나 한국 드라마에 빠져 한국 문화에 관심을 가지게 되고 그런 관심이 발전하여 한국어 강좌에 등록하는 식이다. 물론 호주에서는 서울올림픽이 끝나고 한국이 아시아의 파워하우스로 떠오르는 모습을 보며 1980년대 말, 1990년대 초에 호주 정부 정책 차원에서 중고등학교 교육 과정에는 한국어를, 대학에는 한국학 학위 과정을 도입하여 허니문-조정-회복 그리고 성장과 팽창의 시기를 거쳐 오늘에 이르고 있다(Shin, 2018).

현재 70여 개의 초중고등학교에서 학생 1만여 명(초등 K~6학년 과정 6,500여 명, 7~10학년 2,500여 명, 11~12학년 1,000명 내외)이 한국어를 공부하고 있고, 그 가운데 시드니가 주도인 뉴사우스웨일즈주 학생이 반 이상을 차지하는 것으로 전해진다op cit. 전체적으로 한국어 도입 학교가 조금씩 늘고 있다고 볼 수 있으나 다른 언어, 특히 동북아시아의 두 경쟁어인 일본어와 중국어가 교육 역사와 조직적 구조, 교육 자원 그리고 정책적으로 유리한 위치에 있기 때문에 학교의 한국어 신규 도입과 확대는 여간 힘든 일이 아니다.

대학에서는 호주의 주요 6개 대학에서 한국학 전공 학위 프로그램을 제공하고 있고 1개 대학에서 부전공, 나머지 3~4개 대학에서 한국 관련 강좌를 선택 과목으로 제공하고 있다. 전공과 부전공을 제공하는 7개 대학에는 매년 4,000명 정도가 한국어 및 한국 관련 인문학 강좌에 등록하여 공부하는 것으로 파악되고 있다. 두드러진 특징은 이들 등록생 가운데 많은 비율(특정 대학에서 한 해 등록생 수 500명 중 300명 정도)이 한국어 1학년 초급반에 등록하여 자기 본 전공의 교양과목이나 선택과목으로 수강한다는 점인데, 이는 앞서 언급한 케이팝 등 '한류'의 바람을 탄 학생이 많음을 시사한다(Shin, 2020). 즉, 한국어나 한국학 전공 학사 학위로 졸업하는 학생 수는 그리 많지 않은 실정이고, 이는 앞으로의 과제로 남은 부분이다. 최근에 이들 7개 대학의 움직임은 한국어보다 주로 사회, 역사, 문화 등 인문학에 치중하여 강좌를 넓히고 교수 요원을 확충하는 모습인데, 전략적으로 한국어를 교육할 수 있는 인문학 전공 교수 요원을 선호하곤

한다. 주로 재정적 이유로 이렇게 하고 있는데, 이는 학문적으로나 장기적인 발전 전략적으로 꼭 바람직한 일은 아니다. 또 다른 움직임은 대학원 프로그램의 확충 노력이다. 호주의 석박사 과정은 여러 강좌를 수강하고 논문을 쓰는 미국식이나 한국식 대학원 운영이 아니라 처음부터 지도교수와 1 대 1 도제식 연구에 전념하는 영국식 '연구' 제도로 운영되어 2년 혹은 4년간 온전히 학위 논문 완성에 초점이 맞춰져 있다. 대학원 프로그램은 한국학의 학문적 발전에 매우 중요한 일이므로 앞으로 지도교수 학자군을 더욱 확충하고 차세대 교수-연구요원을 꾸준히 훈련시키며 지원해 나가야 할 것이다.

한국 사회에 대한 시사

지금까지 호주 사회의 다언어, 사회 구성원과 정체성 그리고 국제관계 등을 간단하게 검토해 보았다. 호주의 정치, 사회, 문화적 특성과 지정학적 위치를 소프트파워 요소라는 측면과 연관 지어서 요약하면 다음과 같다. 첫째, 호주에서는 성숙되고 안정된 민주주의 정치 시스템하에 인권, 법치, 공정, 기회의 균등 등 사회적 가치가 비교적 투명하고 실제적으로 실행된다. 이러한 사회 시스템과 가치는 호주가 국제사회에 정정당당하게 적극 참여하고 개입하게 만드는 원동력이 된다. 둘째, 다민족, 다문화, 다언어의 풍부한 사회 자원 역시 호주 소프트파워 발현의 또 다른 원천이다. 간혹 특정 민족 공동체의 안팎에서 사회적 갈등을 야기하는 사건과 사고가 일어나고 인종, 문화, 종교적 배경이 다양한 공동체가 함께 생활하다 보니 사회적 불편과 비용이 발생하는 것은 사실이다. 하지만 호주 사회는 대체로 이민자가 가지고 온 언어와 문화를 유지하고 계승하며 발전시키도록 장려하면서 호주 사회가 추구하는 문화와 생활을 배양하도록 유도한다. 이 과정에서 가장 중요한 사회적 덕목은 타인에 대한 존중respect과 배려care이다. 호주에서 대학은 물론이고 학교 교육의 교과목에 윤리나 도덕 같은 소위 인성 또는 교양 과목은 없으나 어느 학교를 가든지 거의 모든 공사립 학교의 교훈이나 훈시 가운데 '존중'이 있고 실제 생활 속에서도 잘 실현되는 편이다. '건전한 시민 사회의 일원으로의 육성'은 학교 교육의 궁극적인 목표를 이루게 하는 덕목으로, 다문화 사회에서 무엇보다 중요하게 여겨진다.

  호주가 가진 '부드러운 힘'의 세 번째 자원은 영어권 유럽계 문화를 바탕으로 하는 소통력과 중견국으로서의 리더십이라고 할 수 있다. 미국과 유럽 주요국과 언어·문화적 거리가 사실상 없는 호주는 국제 외교에서 유리한 위치에 있어 국제기구에서 다양한 리더십을 발휘하고 있으며 리더를 배출하였다. 호주인 국제기구 수장, 다국적 기업 책임자, 유명 연예인 등 명사가 간혹 영국인 또는 미국인으로 잘못 인식되기도 한다. 그러나 호주인은 보통 군계일학과 같이 으스대는 것을 싫어하는 톨 포피 신드롬Tall poppy syndrome의 문화 습성이 있고, 허례허식보다는 실용실사를 추구하는 다운 투 어스Down to earth 문화가 저변에 깔려 있다. 이 같은 문화 습관 자체도 국제 사회에서 상대방을 대할 때 발휘되는 호주인의 힘이다.

  이러한 호주의 사회상은 한국 사회에도 여러 시사점을 부여한다. 첫째, 한국도 지난 수년간 국제 결혼과 외국인 거주자가 증가하며 다문화

사회로 향하고 있는데, 이 과정에서 호주 사회가 시사하는 바는 우선 '한국인'에 대한 정의를 바르게 정립하고 차별적 '다문화가정' 꼬리표를 떼어버려야 한다는 점이다. '다문화가정'이란 꼬리표는 정치적으로 부적절하고 문자적으로 부정확하기 때문이다. 또한 이문화bicultural 또는 이민 가정의 소수 민족 언어는 한국 사회의 자원이 될 수 있다. 그 자녀들이 해당 언어를 지속적으로 사용하고 계발하여 이중언어화자가 될 수 있도록 언어 정책을 수립하고 지원에 힘써야 할 것이다. 자신의 문화적 배경을 이해하지 못하고, 모국어를 구사하지 못하거나 배격하는 이문화 한국인으로 성장케 하는 것은 개인적 손실은 물론이고 사회적 손실이 될 수 있기 때문이다.

둘째, 호주는 영국, 미국과 뿌리가 같고 인도태평양 역내 위치한 영어권 국가이다. 호주는 외교, 안보, 군사적 측면에서 거의 모든 사안에 개입하고 목소리를 내고 있다. 특히 인도태평양 역내 문제에서 미국 등과 밀접한 파트너십 관계에 있다. 그것이 한국이 미국과의 문제이든, 유럽과의 문제이든 아니면 아시아 내의 문제이든 국제 문제에서 호주를 간과하기보다는 호주를 활용해야 하는 이유이다.

셋째, 한국과 호주는 국제적 위상이 비슷한 국가이다. 무역을 비롯한 많은 면에서도 상호 보완적인 관계에 있다. 한국과 호주의 관계는 호주-중국, 호주-일본 관계와 경제적 측면에서 비슷한 점이 있지만 다른 면도 많다. 한국과 호주 간의 '포괄적전략동반자관계'가 정치적·상업적인 차원에만 머무르지 않도록 수십 년간 구가된 호주-일본 관계처럼 일반 시민사회 차원의 긍정적 이미지 제고에도 힘써야 한다. 그런 측면에서 한류의 소프트파워가 가져온 긍정적 이미지는 환영할 만하다. 또한 '한국=북한 이슈'라는 부정적으로 고착된 틀을 벗어나 최근 부쩍 늘어난 호주 ABC뉴스의 한국 사회 일상을 전하는 보도 방향의 전환도 앞으로의 한-호 관계에 대해 긍정적인 전망을 기대하게 한다.

넷째, 한류로 인해 해외에 효과적으로 한국을 홍보하고 이미지를 크게 향상시킨 점은 고무적인 일이지만, 한류 마니아와 팬덤 형성을 넘어 한류가 호주 주류사회의 문화로 자리 잡은 것은 결코 아니다. 기본적으로 쇼 비즈니스Show biz가 비록 퍼포먼스를 '보여주는' 것에 그 목적이 있지만, 한류가 한때의 뜨거운 인기로 정점을 찍고 사라지기보다는 한 시대를 풍미하는 주류사회의 '문화'로 자리 잡아 세월이 지나도 즐기고 그리워지는 그 무엇이 되어야 한다. 가무나 오락으로 '보여주는' 일회성 쇼 문화보다는 호주를 비롯한 세계 각지의 현지 주류사회에서 자연스럽게 뿌리를 내리고 문화화하는 문화 아이템을 구상하고 발굴하면 좋을 것으로 사료된다.

다섯째, '문화적 거리cultural distance'라는 심리학 개념이 있다. 언어는 물론이고 사회적 가치, 지향점, 관습과 심지어는 민족적 구성에 이르기까지 실질적·심리적 차이의 거리감을 나타내는 말이다(Triandis, 1998). 국제사회에서 상대편을 친근하게 '내 편'이 되게 하려면 이 문화적 거리를 좁혀야 한다. 뿌리와 정서가 다른 국가·사회 간 가장 근본적이고 확실한 방법은 교육이다. '머리가 다 큰' 대학생과 공부 시간에 쫓기는 고등학생을 교육하는 것도 좋겠지만 호기심이 많고 흡입력이 있으며 편견 없이 받아들이는 초등학생 때부터 문화적 거리를 좁히는 것이 가장 효과적이다. 초등학생이 언어 과목 시간에 한국어를 공부하고 사회 과목 시간에 한국 사회를 공부한다면 10여 년 후 대학에 들어가거나 사회인이 되었을 때 그들은 이미 '팔이 안으로 굽은' 친한 인사가 되어 있을 것이다.

참고문헌

- AGDHA(Australian Government Department of Home Affairs) (2018). South-Korean born Community Information Summary. Australian Bureau of Statistics Census of Population and Housing.
- Han, Gil Soo & Han, Joy J. (2010). Koreans - Dictionary of Sydney (see the website below).
- Hardjono, Ratih (1992). The White Tribe of Asia: An Indonesian View of Australia. Melbourne: Monash Asia Institute.
- Horne, Donald (1964). The Lucky Country. Penguin Books Australia.
- HREOC(Human Rights and Equal Opportunity Commission) (1997). Bring them home - National Inquiry into the Separation of Aboriginal and Torres Strait Islander Children from Their Families. Sydney: Human Rights and Equal Opportunity Commission, Commonwealth of Australia.
- Morgan, Kenneth (2012). Australia - A Very Short Introduction. Oxford University Press.
- Nye, Joseph S. Jr (2005). Soft Power: The Means to Success to World Politics. Public Affairs.
- Lo Bianco, Joseph (1987). National Policy on Languages. Canberra: Australian Government Publishing Service.
- Lowe, Ian (2016). The Lucky Country? Reinventing Australia. Brisbane: University of Queensland Press.
- Shin, S. C. (2018). Korean Language Education: Australian Practices and Perspectives. Seoul: Sotong Publishing.
- _____ (2019). Korean Heritage Language Maintenance, Learning and Development: Australian Practices and Perspectives. Seoul: Sotong Publishing.
- _____ (2020). The Current State and Challenges of Korean Studies in Australian Universities. Journal of the International Network for Korean Language and Culture, 17(2): 75-98.
- Triandis, Harry C. (1998). Cultural Distance - Introduction to Diversity in Clinical Psychology. IN Bellack A. S. and Hersen, M. (eds) Comprehensive Clinical Psychology. Elsevier Science Ltd.

웹사이트

- https://www.abs.gov.au/
- https://www.austrade.gov.au/
- https://www.dfat.gov.au/geo/republic-of-korea/republic-of-korea-south-korea-country-brief
- https://dictionaryofsydney.org/entry/koreans
- https://en.wikipedia.org/wiki/Korean_Australians
- https://www.imf.org/external/datamapper/NGDPDPC@WEO/OEMDC/ADVEC/WEOWORLD/AUS
- http://www.itunescharts.net/aus/
- https://www.korea.net/NewsFocus/Culture/view?articleId=119489
- https://www.koreanculture.org.au/

- https://www.kotra.or.kr/KBC/sydney/KTMIUI010M.html;jsessionid=6EFiv0dvjnfGZMpjCzn2WvW07ee5Uq7TUOZXO71Al4TdGj0ypEw78dSQPntk1aWc.CI023_KHWAS_servlet_kh
- https://www.racv.com.au/royalauto/transport/cars/australia-top-selling-cars-2021.html#:~:text=The%20Toyota%20Corolla%20was%20the,segment%20with%2013%2C%20081%20sales.
- https://republic.org.au/
- https://www.themercury.com.au/news/opinion/more-than-25-years-after-the-clever-country-little-has-changed/news-story/53c45ed466e2b4c6840f4271d1952cad

다양성과 보편성 사이, 역동성 갖춘 한류콘텐츠 : 앤디 트리우, 블레어 윌리엄스, 러셀 에드워즈와의 인터뷰

김민하 한국국제문화교류진흥원 호주 시드니 통신원

1. 남반구의 나라 호주의 모습

　남반구의 호주에는 다양한 인종과 문화가 어우러져 있다. 지구촌 곳곳의 다양하고 독특한 문화를 배경으로 하는 이민자가 모여 함께 살아가는 곳이다. 이는 다른 나라에서는 쉽게 찾아볼 수 없는 호주만의 특징이라고 할 수 있다. 다양한 문화가 어우러져서 생긴 장점으로는 글로벌 시대에 리더로 성장해 나갈 수 있는 잠재성을 꼽을 수 있다. 호주에는 한국 문화를 비롯한 아시아 문화 외에 그리스, 이탈리아 등의 유럽 문화와 멀리 아프리카, 남아메리카 등의 문화가 흡수되고 스며들어 자리 잡고 있다. 특히 음식 종류의 다양함에서 멀티 컬처$^{Multi\ Culture}$를 실감하곤 한다. 하나의 민족으로 구성된 한국과 꽤나 다른 곳이 호주이다. 다양한 얼굴과 다양한 언어, 다양한 음식을 일상적으로 마주할 수 있다. 이러한 호주의 특징은 글로벌 시대에 다른 나라와 관계를 형성해 나가는 데 커다란 장점으로 작용할 수 있다.

　또 다른 시각에서 호주를 대표하는 호주 원주민$^{Indigenous(Aboriginal)}$ ^{Australian}의 문화는 호주의 독특한 가치가 배가되게 한다. 그동안 호주의 주류사회는 원주민들에 대한 인식과 태도를 변화시키고, 그들의 역사와 전통, 그리고 권리를 더 전향적으로 수용하고 있다. 호주를 대표하는 문화자산으로 원주민들의 예술Aboriginal Arts은 빼놓을 수 없다. 1770년대부터 오세아니아 대륙에 영국군이 들어오고, 1828년 공식적으로 영국의 지배하에 탄압을 받게 된 원주민은 주요 사회에서 변방으로 밀려나게 되었다. 현재도 원주민은 자신들의 권리 회복을 위해 지속적으로 노력하고 있다. 호주 공영방송사 《ABC Australian Broadcasting Corporation》의 2021년 보도에 따르면, 뉴사우스웨일즈주 New South Wales 극서부 Far West 지역의 커뮤니티 리더가 모여 전국 수준의 조직을 목표로 하는 호주원주민당 The Indigenous Australia Party을 창설하고 호주선거관리위원회 Australian Election Committee에 의해 승인을 받았다(ABC, 2021). 이를 통해 원주민들의 목소리를 호주 의회에 적극적으로 반영하는 활동을 할 것으로 기대된다.

호주가 근대에 들어 다문화 국가가 되었다는 사실은 부정할 수 없지만, 오래전부터 이미 호주에서 살아왔던 원주민의 역사와 문화는 국가적인 자산으로 간직해야 하며 원주민에 대한 특별한 예우도 필요하다. 호주의 전통문화라고 하면 자연스럽게 아보리진 작품을 떠올리게 된다. 원주민의 미술작품은 일반 시민도 쉽게 접할 수 있으며 특별한 매력과 독특한 개성을 느끼게 된다. 아보리진의 예술작품에서는 작가의 자연에 대한 성찰과 그들이 가진 가치, 신화, 소망 등을 느낄 수 있다. 대표적 사례는 서호주 킴벌리 Kimberley 지역의 사암 sandstone에 그려진 캥거루 암석 벽화 Rock Painting이다. 1만 7,500여 년 전에 그려진 것으로 추정되는 캥거루 벽화는 지구상 현존하는 동물 벽화 중 가장 오래되었다는 점(BBC News, 2021)에서 호주 원주민의 문화사를 이해하는 데 도움을 줄 것으로 기대를 모으고 있다. 원주민의 미술은 오늘날에도 다양한 소재를 바탕으로 창작이 이루어지고 있으며, 현존하는 미술 형식으로 호주를 대표하는 소중한 문화 자산임은 누구도 부인할 수 없을 것이다.

2. 한국과 호주의 대중문화 교류 현황: 영화·케이팝·드라마

호주에는 독특한 원주민 문화와 더불어 다양한 문화가 살아 숨 쉬며 공존하고 있다. 최근에 부상하기 시작하여 영향력을 보여주는 문화는 한국 문화라고 할 수 있다. 2021년은 한국과 호주, 양국이 수교 60주년을 맞이한 해로, 이를 기념하기 위한 문화교류 행사가 개최되고 있다. 양국은 이러한 행사를 통해 상호 관계가 문화적으로도 더욱 돈독해질 것으로 기대하고 있다. 2011년, 수교 50주년에는 시드니에 주시드니 한국문화원(원장 김지희, 이하 문화원)이 개원하였다. 2011년 이전에는 주시드니 대한민국 총영사관(총영사 홍상우, 이하 총영사관)의 문화 담당 부서가 문화교류 관련 업무를 담당하여 호주한국영화제Korean Film Festival in Australia를 개최해 왔다. 2011년 문화원이 개원한 후로 호주한국영화제는 문화원의 주요 행사로 자리 잡았다. 호주한국영화제는 시드니, 멜버른, 브리즈번을 중심으로 캔버라, 퍼스, 호바트 등 호주 주요 도시를 순회하며 호주인에게 한국 영화를 꾸준하게 알림으로써 호주인에게 한국 영화를 자연스럽게 접하는 기회를 제공하고 있다. 호주한국영화제 외에 한국 영화는 호주의 주요 국제영화제인 시드니영화제Sydney Film Festival와 멜버른국제영화제Melbourne

International Film Festival에도 꾸준히 초청되며, 한국 영화의 예술성이 국제적으로도 통할 수 있음을 여실히 증명해 냈다. 특히, 봉준호 감독의 영화 〈기생충Parasite〉은 2019년 6월에 열린 시드니영화제의 공식경쟁부문의 대상인 시드니 필름 프라이즈Sydney Film Prize를 수상했다. 수상 후, 현지 영화관에서 개봉한 〈기생충〉의 열풍도 매우 뜨거웠다. 이제는 호주에서 봉준호 감독과 영화 〈기생충〉을 모르는 사람은 드물 정도가 되었다.

영화 외에, 케이팝을 향한 관심도 꾸준히 높아지고 있다. 케이팝은 글로벌스타 방탄소년단BTS의 등장으로 정점을 찍었다. 현지에서 가장 많은 팬을 보유한 아티스트도 방탄소년단이다. 신곡이나 앨범이 나올 때마다 현지 아미Army, 방탄소년단의 팬클럽는 소셜미디어를 통해 소식을 공유하고, 앨범 공동 구매를 진행하는 모습을 쉽게 볼 수 있다. 방탄소년단은 케이팝 아티스트 최초로 앨범 《Map of The Soul: Persona》로 호주음반산업협회가 매주 발표하는 현지 음악차트인 아리아차트ARIA Chart, Australian Recording Industry Association에 2019년 4월 20일 자로 1위에 올랐다. 이후 현재까지 호주 아침방송, 드라마, 스포츠 경기를 비롯한 방송 프로그램에서는 〈Dynamite〉와 〈Permission to Dance〉 등 방탄소년단의 히트곡이 배경음악으로 자주 등장하고 있다.

2020년 코로나19 팬데믹 이후, 전 세계적으로 사람들은 집에서 지내는 시간이 길어졌다. 취미생활 역시 집 안에 머무르며 즐길 수 있는 종류가 각광받게 되었다. 이러한 추세 가운데 글로벌 콘텐츠 스트리밍 서비스인 넷플릭스Netflix의 구독자도 많아지면서 시청 시간도 함께 증가했다. 특히 넷플릭스 시리즈 〈오징어 게임〉에 대한 현지 반응은 뜨거웠다. 2021년

9월 17일, 〈오징어 게임〉이 넷플릭스를 통해 공개되자마자 한류 팬뿐 아니라 많은 호주인이 관심을 보였다. 〈오징어 게임〉은 호주의 많은 시청자가 공감할 수 있는 사회문제인 가계 부채$^{Household\ Debt}$를 소재로 하여 높은 파급력을 보여주었다. 〈오징어 게임〉은 공개 이후 4주간 연이어 호주 넷플릭스 1위를 유지했고, 그 이후 6주 동안 상위 10위에 머무르는 성과를 보였다.◆ 그동안 영어를 사용하지 않는 외국어 시리즈가 호주 주류사회에서 흥행하기는 쉽지 않았다. 〈오징어 게임〉은 그 편견을 넘어선 작품이라는 점 그리고 콘텐츠의 흥행이 극 중에 등장하는 달고나, 구슬치기 등 한국인이 어린 시절에 즐겼던 전통 놀이에 대한 관심으로 자연스레 이어졌다는 점에서 주목할 만하다(Walden, 2021).

3. 한국 문화 관련 3인과의 인터뷰: 앤디 트리우$^{Andy\ Treiu}$, 블레어 윌리엄스$^{Blair\ Williams}$, 러셀 에드워즈$^{Rusell\ Edwards}$

한국 영화를 비롯한 케이팝, 드라마 등의 한국 대중문화 콘텐츠가 현지인의 관심을 꾸준히 끌고 있는 가운데, 통신원은 한류와 밀접한 분야에서 일하는 전문가 3인에게 그들의 호주 문화 정체성과 한류 동향에 대한 생각과 이야기를 들어볼 수 있었다. 인터뷰 대상자는 호주 공영방송 《SBS》에서 아시아 대중음악을 소개하는 TV 프로그램 〈팝아시아^{PopAsia}〉

◆ Squid Game in Official Netflix Australia TOP 10, https://flixpatrol.com/title/squid-game/top10/australia/#table

의 진행과 프로듀싱을 담당하고 있는 앤디 트리우^Andy Treiu, 한국 《jtbc》의 방송 프로그램 〈비정상회담〉을 비롯한 한국의 여러 방송에 출연하여 호주 문화를 소개하고 있는 방송인 및 마케팅 전문가 블레어 윌리엄스^Blair Williams 그리고 저명한 영화비평가로 아시아 영화에 관해 현지 대학생에게 강의하고 있는 러셀 에드워즈^Russell Edwards이다. 이 전문가 3인에게서 한류 콘텐츠와 한국 문화 전파에 필요한 부분에 대해 현장의 생생한 목소리를 들을 수 있었다.

[사진 1~3] 인터뷰이 3인

호주 《SBS》 방영 프로그램
〈팝아시아〉의 진행자이자 프로듀서
앤디 트리우

〈비정상회담〉 호주 대표이자
마케팅 전문가
블레어 윌리엄스

아시아 영화비평가
러셀 에드워즈

먼저 간단한 자기소개를 부탁드립니다.

앤디 트리우: 저는 앤디 트리우이며, 방송 진행 및 프로듀서 그리고 마셜 아티스트^Martial Artist로 활동하고 있습니다.

블레어 윌리엄스: 안녕하세요. 제 이름은 블레어 윌리엄스이고, 브리

즈번에 살고 있습니다. 10년 동안 한국의 서울에 거주했던 경험이 있고, 현재는 호주에 돌아와 생활하고 있습니다.

러셀 에드워즈: 저는 러셀 에드워즈라고 하고요. 영화비평가이자 학자로 활동하고 있습니다.

호주에서 생활한 지는 얼마나 되셨나요?

앤디 트리우: 저는 호주의 수도인 캔버라에서 태어나고 자랐습니다.

블레어 윌리엄스: 저는 만 18세에 한국에 가기 전까지 호주에서 자랐습니다. 최근 1년은 브리즈번에 돌아와 지내고 있어요.

러셀 에드워즈: 저는 어릴 때부터 호주에 살고 있습니다.

현재 어떤 직종에 종사하고 계신가요?

앤디 트리우: 저는 호주 아시안팝의 원스탑 쇼라고 할 수 있는 〈앤디 트리우쇼 Andy Trieu Show〉의 진행과 프로듀싱을 하고 있습니다. 이 외에 영화나 TV 프로그램에서 무예 Martial Arts를 하고 있으며, 다양한 채널에서 TV 진행자로 활동하고 있습니다.

블레어 윌리엄스: 저는 실제 여러 가지 일을 하고 있어요. 주된 일은 마케팅, 브랜딩 및 카피라이팅이고, 때때로 TV, 라디오 등 방송 및 엔터테인먼트와 관련 일도 하고 있습니다.

러셀 에드워즈: 저는 영화비평가로 잘 알려져 있는데, 대학에서도 강의를 하고 있습니다. 대학에서는 아시아영화를 학생에게 가르치고 있습니다.

2021년은 한국과 호주가 수교를 맺은 지 60주년이 되는 해입니다. 지금 하고 계시는 일이 양국 관계와 어떤 관련이 있는지 말씀해 주세요.

앤디 트리우: 저는 여러 케이팝 아티스트를 인터뷰해서 그들의 음악을 호주에 알리는 데 도움을 주고 있습니다. 그리고 호주 케이팝 팬 커뮤니티와 함께 한국 문화에 관한 관심과 사랑을 공유하고 있답니다.

블레어 윌리엄스: 저는 2009년부터 퀸즐랜드대학에서 한국학Extended Korean major을 전공했고, 한국에 교환학생으로 다녀왔습니다. 호주에 돌아와서 남은 학업 일정을 마치고, 다시 한국으로 돌아가 10년 동안 지냈습니다. 한국에서 방송 및 엔터테인먼트 관련 일을 하게 되면서 양국 간에 문화 대사의 역할도 하게 되었습니다. 저는 제가 출연 중이던 한 프로그램을 호주에서 촬영하기도 했고, 제 가족이 서울에 와서 유명 TV쇼에 출연하기도 했습니다. 이러한 흥미진진한 기회를 통해 저는 호주의 아름다움과 경이로움을 한국에 소개할 수 있었고, 역으로 한국의 아름다움과 경이로움을 호주에 소개할 수 있었습니다. 그러한 경험을 할 수 있어서 영광이었고요.

러셀 에드워즈: 양국과 관련된 제 역할은 현재 비공식적이지만 수년 동안 저는 한국의 가장 큰 영화제인 부산국제영화제에 출품될 호주 (및 뉴질랜드) 영화를 선택하거나 조언하는 고문으로, 때로는 프로그래머 역할을 맡았습니다. 여기에는 때때로 호주 정부의 영화 담당 기관과의 연락 등이 포함됩니다. 영화제 기간에 질문 및 답변 세션Guest Visits을 수행할 때 저는 호주의 (비공식) 대표로 역할하기도 했습니다. 2011년 시드니에 개원한 한국문화원에서 간헐적으로 영화 관련 강연을 해오고 있습니다. 이것

이 한국과 소통하는 것이라고 할 수 있겠지만, 꼭 제가 그런 역할을 하고 있다고 의식하면서 활동한 것 같지는 않습니다.

호주 문화의 정체성과 특징은 어떤 것이라고 생각하십니까?

앤디 트리우: 제 생각에는 호주 문화의 정체성은 느긋함 easy going 이라고 생각합니다. 사람들을 대할 때 느껴지는 편안한 태도와 긍정적인 면이 특징이라고 할 수 있죠.

블레어 윌리엄스: 제 생각에 호주에는 한국인에게 상쾌함을 선사해 줄 수 있는, 어느 정도의 휴식, 여유로움 그리고 일상의 자유로움이 있다고 생각합니다. 한국은 일상이 분주하게 돌아가기 때문에 호주만의 여유로운 문화를 보는 것이 색다르고 흥미로울 거예요. 또 호주에는 개방적인 문화와 다양함이 있죠. 한국과 매우 다른 자연경관과 기후를 빼놓고는 호주에 대해 이야기할 수 없고요.

러셀 에드워즈: 이 질문의 답은 어떤 날에 묻느냐에 따라 다르다고 할 수 있어요. 긍정적인 관점에서 저는 호주인의 정체성이 솔직함, 정직함, 근면에 기반을 두고 있다고 믿습니다. 그러나 호주인은 항상 최선을 다하지는 않는 것 같습니다.

호주 문화를 한두 단어로 정의한다면 무엇일까요? 그 이유도 함께 말씀해 주세요.

앤디 트리우: 호주 문화는 앞에서 말씀드렸듯이 느긋함이라고 할 수 있답니다. 사람들의 여유와 분위기를 보면 아실 수 있습니다.

블레어 윌리엄스: 제가 생각한 두 단어는 여유와 다양함입니다. 서울에서 장기간 거주하고 호주에 돌아왔을 때 두 단어가 가장 눈에 들어왔습니다.

러셀 에드워즈: 호주 문화를 '날것raw'과 '머뭇거림tentative'으로 생각하는 경향이 있습니다. 약간 모순적으로 들릴 수도 있을 텐데요. 일부 호주인은 예술적 또는 문화적 표현을 위해 열심히 노력하지만, 그 결과는 세련되지 않고 때로는 정교하지 않은 경향이 있습니다. 우리가 문화생활에서 주저하며 머뭇거리는 것도 마찬가지입니다. 제가 말씀드렸듯이 호주인은 솔직한 경향이 있지만 우리 예술가들은 재고하는 경향이 있습니다. 이러한 머뭇거림은 그들이 생산하는 작업을 연마하도록 강요하기보다는 창의적인 작업을 방해하는 경향이 있습니다. 호주인은 내부 또는 외부 출처의 비판에 지나치게 민감한 경향이 있습니다.

처음 한국 문화에 관심을 갖게 된 계기는 무엇이었나요?

앤디 트리우: 저의 눈을 사로잡았던 것은 한국 가수의 뮤직비디오였는데, 콘텐츠의 스토리텔링 요소가 매우 감성적이고 잊기 어려웠습니다. 이후 저는 한국의 음식, 간식거리 그리고 사람들에게 매료되었죠.

블레어 윌리엄스: 활력The Dynamism이라고 할 수 있겠습니다. 끊임없이 변화하고 변화하지만 길고 자랑스러운 역사를 가진 문화라는 점에 끌렸죠. 활력은 국가가 얼마나 대단한 추진력과 결단력을 가지고 있는지를 증명해 주는 요소라고 할 수 있지요.

러셀 에드워즈: 1997년 도쿄국제영화제에서 아시아영화상을 수상한

장선우 감독의 영화 〈나쁜 영화Timeless Bottomless Bad Movie〉를 관람한 적이 있는데, 그의 과감하고 오만한 태도에 감동받았습니다. 한국에 처음 방문한 것은 1999년이었는데, 당시 극장가에서 센세이션을 일으켰던 영화는 이명세 감독의 〈인정사정 볼 것 없다Nowhere To Hide〉였습니다. 저는 그 당시 이명세 감독의 영화는 보지 못했고, 한국 문화에 대해서도 거의 아는 것이 없었습니다. 이후 영화 〈인정사정 볼 것 없다〉를 관람하고 대담한 성격과 놀라운 스타일 감각이 대단히 인상 깊었는데 첫 방문에서 본 다른 한국 영화의 다양성에도 깊은 인상을 받았습니다. 일반적으로 저는 한국인의 관대함, 가식 없는 진솔함 그리고 진지함과 재미가 균형을 이루는 문화에 깊은 인상을 받았습니다.

호주에 한국 문화가 잘 알려져 있다고 생각하시나요? 과거와 비교했을 때 뚜렷하게 다른 점이 있다면 무엇입니까?

앤디 트리우: 온라인 콘텐츠를 통해 한국 문화에 대한 인지도가 높아졌다고 볼 수 있습니다. 다양한 플랫폼에서 팬들이 콘텐츠를 공유하고 퍼뜨린 것이 큰 역할을 했다고 할 수 있습니다. 팬들이 다른 팬들 그리고 팬 커뮤니티와 쉽게 친해질 수 있게 된 점도 꼽을 수 있어요.

블레어 윌리엄스: 대단히 성장했다고 할 수 있어요. 제가 한국어를 공부했던 2009년 당시에는 호주의 대학에서 한국어 수업이 한두 개 정도 개설되곤 했습니다. 이제는 여러 스트림Stream으로 접할 수 있게 되었고, 케이팝 동아리도 생겼습니다. 10년 전만 해도 한국 뉴스는 대부분 정치나 안보 분야에 한정되어 접할 수 있었습니다. 10년 전과 비교했을 때, 지금

은 판이하게 달라졌습니다. 특히 한국 영화계는 그에 합당한 명성으로 주목받고 있습니다. 한국 음식은 식당뿐 아니라 집에서 식사하는 사람들에게도 인기가 높아지고 있고요. 그리고 케이팝은 현지 상업 라디오 방송국에서도 재생되는 것을 자주 들을 수 있습니다. 10년 전과는 완전 다른 세상이 되었어요.

러셀 에드워즈: 한국 영화와 인연을 맺은 첫 몇 년 동안은 제가 한국 영화에 대해 인정하는 부분과 이해한 내용을 호주인에게 이야기하면 사람들은 마치 제가 화성에서 영화를 보고 있다고 할 정도로 그들과는 다른 세계에 있는 사람으로 보였던 것 같습니다. 저는 대중음악(어느 나라에서든)을 듣거나 TV를 시청하지 않지만, 호주인이 한국 영화를 (지금처럼) 보지 않던 때에도 저에게 TV 시리즈나 한국 영화에 대해 알고 있는지 묻는 일이 점차 더 잦아졌습니다. 영화 〈괴물The Host〉과 싸이의 〈강남스타일〉은 한국 대중문화에 대한 호주인의 인식에 중요한 전환점이었습니다.

최근 한류콘텐츠와 관련된 성공 사례를 많이 접할 수 있었는데요, 각자 생각하시는 한류콘텐츠의 장점은 무엇입니까?

앤디 트리우: 앞에서도 말씀드렸듯이 한류콘텐츠의 강점은 유니크한 스토리텔링, 화려한 비주얼 그리고 재능이라고 할 수 있어요.

블레어 윌리엄스: 한국 콘텐츠는 이전에 볼 수 없었던 신선한 시각을 제공한다고 생각합니다. 케이팝은 공연 위주이며 댄스에 중점을 두고 있어 관심을 끌고, 흥미롭게 볼 수 있는 큰 무대의 존재감이 뚜렷하죠. 한국 영화를 통해 전달되는 대사의 톤과 메시지도 호주 관객이 예상하지 못한

부분이라고 할 수 있죠. 음식 면에서도 한국 요리는 흥미롭고 생소한 맛을 선사합니다.

러셀 에드워즈: 박사학위를 받은 이후로 한국 영화에 대한 최신 정보가 없고 TV를 보거나 팝 음악을 듣지 않기 때문에 제 대답이 시대에 뒤쳐져 있을 수 있습니다. 그러나 한류콘텐츠에서 보이는 고품질 영상, 정교한 연출, 훌륭한 편집은 제가 화면에서 보는 사람들이 한국 안팎에서 만나는 한국인과 일치한다는 점에는 변함이 없습니다. 이러한 한류콘텐츠의 특성은 호주 영화뿐 아니라 일반 영화에서 보기 드문 품질이라고 생각합니다. 이런 진정성이 작품에서 흘러나오기 때문에 많은 사람이 한국 사람을 만나본 적이 없어도 그 진정성을 느낄 수 있다고 생각합니다. 그것은 다소 무형적이며 측정하기 어렵지만 제 생각에는 그런 점이 한 국가의 영화산업의 매력을 어필하는 데 필수 불가결한 부분이라고 할 수 있지요.

한류콘텐츠를 더 홍보하기 이전, 호주 사회에 대해 이해해야 하는 점이 있다면 무엇입니까?

앤디 트리우: 다양한 행사에 함께, 직접 체험하는 기회를 제공해야 한다고 생각합니다. 물론 무료로 제공되어야 한다고 생각해요. 계속 즐기다 보면 호주인도 어느새 한국 문화에 더 가까워져 있을 거라고 믿어요.

블레어 윌리엄스: 호주는 '모든 사람에게 적합한 하나의 모델'이 없는 다양성을 존중하는 곳이라고 할 수 있습니다. 그렇기 때문에 접근하려는 대상에 따라 알맞게 맞춤형 콘텐츠를 준비하는 것이 중요하다고 생각해요.

러셀 에드워즈: 제가 정말로 그것에 대해 대답할 수 있다면, 아마 저는

지금보다 훨씬 더 부자가 될 수 있었겠지요. 호주는 다양성에도 불구하고 앵글로계가 강력하게 주류인 시장이라는 점을 말씀드리고 싶네요.

콘텐츠 크리에이터로서 자신의 배경이나 정체성이 콘텐츠를 제작하는 데 어떠한 영향을 미치는지 말씀해 주세요.

앤디 트리우: 저는 비슷한 크리에이터들과 관계를 맺고 있으며, 도전적인 콘텐츠보다는 더 친숙한 콘텐츠를 만들려고 하는 경향이 있는 것 같아요.

블레어 윌리엄스: 어떤 창의적인 일이든 자신의 개인적인 배경과 경험이 항상 결과물에 영향을 미친다고 생각합니다. 제작된 모든 콘텐츠는 무언가에 대한 자신의 관점이며 자신의 이야기를 전하는 것이기 때문에 그렇습니다.

러셀 에드워즈: 저 자신을 특별히 호주인이라고 생각하지 않음에도 불구하고 장편 영화의 대본을 작성할 때 자연스럽게 호주에 관련된 주제, 풋볼, 원주민 토착 문화 등을 떠올린다는 사실에 항상 놀랐습니다. 이러한 것들이 제 성격의 지배적인 부분으로 생각하지는 않음에도 불구하고 말입니다.

호주 내 한류 팬이자 관계자로서 한국의 콘텐츠 관련 업계에 제안하고 싶은 점이 있습니까?

앤디 트리우: 가능한 모든 플랫폼을 사용하고 그 도시에 맞은 콘텐츠를 만들며 현재 트렌드를 따라야 한다고 생각해요. 호주 사회에 대해 철

저희 조사하고, 호주에 거주하고 있는 현지인과도 많은 이야기를 나눠볼 것을 제안해 봅니다.

블레어 윌리엄스: 저는 마케터의 관점에서 이 질문에 답해야 한다고 생각합니다. 스토리와 내용에 집중하는 것이 중요해요. 사람들은 사물을 새롭고 다른 방식으로 생각하고 느끼고 보게 만드는 것을 좋아합니다. 그들은 놀라움과 영감을 원하기 때문이죠. 강력한 스토리텔링에 초점을 맞추고 프레젠테이션과 참여를 통해 콘텐츠를 제작한다면 좋은 성과를 낼 수 있을 것이라고 생각합니다.

러셀 에드워즈: 인내심을 가지세요. 끈기 있게 행동하세요. 그러나 100% 성공률을 기대하지 마십시오. 호주는 한국의 모든 것을 포용하기에는 너무 앵글로 지배적입니다. 여기에는 두 가지 사례가 있습니다. 첫째, 스웨덴의 혼성 4인조 그룹 아바ABBA에 대한 것입니다. 호주에서 아바와 영어로 쓰인 그들의 노래는 큰 사랑을 받았지만, 그 노래가 스웨덴에 대한 사랑으로 이어지지는 않았습니다. 물론 스웨덴 정부가 아바를 계기로 그들의 문화를 세계에 확산하려는 노력을 기울였다는 단서는 없지만 말입니다. 둘째, 호주인의 태국 음식에 대한 사랑입니다. 호주인은 태국 음식을 사랑하지만 그 사랑이 태국 문화에 대한 사랑으로 이어지지는 않거든요. 이러한 면을 종합해 보면 한국 콘텐츠의 파급력이라고 할 수 있는 것은 특정 콘텐츠에 대한 인기보다는 콘텐츠에 담긴 진정성과 진실성, 전문성 그리고 스타일리시함이라고 할 수 있습니다.

한류콘텐츠를 더 많은 호주인에게 소개할 방법이 있다면 무엇일까요?

앤디 트리우: 세대별 소비층에 맞는 전략을 세워야 합니다. 콘텐츠 또는 이벤트를 기획할 때, 잠재적 소비층을 넓게 또 많이 잡는 것보다 한 타깃층을 잡아서 구체적으로 콘텐츠를 제작하는 것이 중요하다고 할 수 있어요. 그리고 만들어진 콘텐츠를 담은 게시물을 플랫폼을 통해 더 적극적으로 홍보해야 합니다.

블레어 윌리엄스: 한국의 역동성에 주목해야 한다고 생각합니다. 역동성은 호주 문화와 한국 문화가 보이는 가장 큰 차이점 중 하나이기 때문이죠. 호주가 '슬로우 라이프'라면 한국은 '패스트 라이프'입니다. 문화적 다양성, 옛것과 새것의 차이에 초점을 두어야 합니다. 이러한 한국의 이중성은 호주인에게 가장 이질적이지만 동시에 흥미로운 문화 중의 하나입니다. 한국은 커다란 사건, 커다란 트렌드, 큰 목표를 가지고 끊임없이 변화하는 재미있는 곳입니다. 이런 종류의 이야기가 매력적일 것입니다.

러셀 에드워즈: 지금과 같이 지속적으로 높은 가치의 콘텐츠를 만들어 낸다면 관객은 따라오게 되어 있다고 생각합니다.

4. 나가며

이처럼 호주는 다양한 문화가 공존하고 있는 나라로 문화적 다양성 Cultural Diversity은 호주의 정체성에 있어 큰 부분을 차지하고 있음을 인터뷰를 통해 확인할 수 있었다. 호주는 원주민 문화에 여러 이민자의 문화가 더해져 문화적으로 풍부한 요소를 갖추게 되었다. 이러한 호주가 한국과

60년간 수교해 오면서 한국 문화가 현지인에게 소개되며 점차 한류가 유입되기 시작했다. 호주인이 처음 접한 한국 문화는 신선한 충격이었을 수 있다. 호주가 가지고 있던 기존 문화의 가치와 외형적으로나 내면적으로 다른 면을 지니고 있기 때문이다. 영화 〈기생충〉, 케이팝을 대표하는 방탄소년단BTS 그리고 넷플릭스 시리즈 〈오징어 게임〉에 이르는 다양한 한국 문화 콘텐츠에 대한 관심은 점차 확산하는 추세이다. 이는 한류가 첫 단계를 지나 다음 단계로 도약하기 위한 수순을 밟고 있음을 의미한다. 대중문화 콘텐츠를 필두로 한 한류가 현지에서 한 단계 더 성숙해지기 위해서는 현지인에게 더 많이 접할 기회가 주어져야 한다고 전문가는 지적한다. 또한 호주 시장은 앵글로계가 주류라는 점과 인내심을 가지라는 조언도 귀담아 들어야 할 내용이다. 한국 사회의 특징이라고 할 수 있는 역동성Dynamic을 중심으로 한 문화적 보편성 위에 한국 문화의 독특한 가치를 강조하며 전하는 것이 중요하다는 분석도 예리한 지적이다. 양국 간의 관계가 더욱더 긴밀해지고 깊어짐에 따라 시간을 갖고 더 적극적으로 문화 교류에 힘씀으로 한국 문화가 현지인에게 더 가까이 다가갈 수 있기를 희망한다. 〈오징어 게임〉에 이어 한류콘텐츠의 확장은 현재진행형이다. 이것이 어느 한 나라가 아닌 지구촌의 모든 개개인이 공감하는 스토리가 있는 새로운 콘텐츠를 기대하는 이유이다.

참고문헌

- Ormonde, Bill (2021. 12. 7.). "Indigenous community leaders in far western NSW launch national political party". *ABC*. URL: https://www.abc.net.au/news/2021-12-07/new-political-party-launches-voice-for-all-indigenous-people/100679784
- Walden, Max (2021. 9. 30.). "Squid Game is on track to become Netflix's most popular show ever. Here's what you need to know". *ABC*. URL: https://www.abc.net.au/news/2021-09-30/what-is-squid-game-netflix-k-drama-explainer/100502544
- *BBC* (2021. 2. 23.). "Australia: Oldest rock art is 17,300-year-old kangaroo". URL: https://www.bbc.com/news/world-australia-56164484#:~:text=Australian%20scientists%20have%20discovered%20the,for%20its%20Aboriginal%20rock%20paintings

한류, 다음

한류, 다음

권역특서 영어권 편

한류, 다음

1판 1쇄 인쇄 2022년 4월 30일
1판 1쇄 발행 2022년 4월 30일

발행인 정길화
발행처 한국국제문화교류진흥원(KOFICE)
주소 03920 서울시 마포구 성암로 330 DMC첨단산업센터 A동 203호
전화 02-3153-1776
팩스 02-3153-1787
전자우편 research@kofice.or.kr
홈페이지 www.kofice.or.kr

지은이
신견식 | 번역가·저술가
방희경 | 서강대학교 서강대 국제한국학선도센터 연구교수
강기향 | 한국국제문화교류진흥원 미국(뉴욕) 통신원
박지윤 | 한국국제문화교류진흥원 미국(LA) 통신원
강석진 | 한국항공대학교 자유학부 학부장
고미진 | 주한캐나다 대사관 수석공보관
고한나 | 한국국제문화교류진흥원 캐나다(토론토) 통신원
김화정 | 이화여자대학교 국제지역연구소 학술연구교수
윤태연 | 한국국제문화교류진흥원 영국(케임브리지) 통신원
신성철 | 뉴사우스웨일즈대학교 한국학과 교수
김민하 | 한국국제문화교류진흥원 호주(시드니) 통신원
조소영 | 한국국제문화교류진흥원 조사연구팀 연구원

기획·편집 한국국제문화교류진흥원 조사연구팀 최경희, 조소영
디자인 studio 213ho | www.213ho.com

ISBN 979-11-91872-09-5
ISSN 2765-527X

이 책의 전부 또는 일부를 인용하려면 반드시 출처(한국국제문화교류진흥원)를 밝혀주시기 바랍니다.